〔原书第三版〕

流程圣经
让流程自动管理绩效

〔美〕吉尔里·A·拉姆勒（Geary A. Rummler）〔美〕艾伦·P·布拉奇（Alan P. Brache）◎著
王翔　杜颖◎译

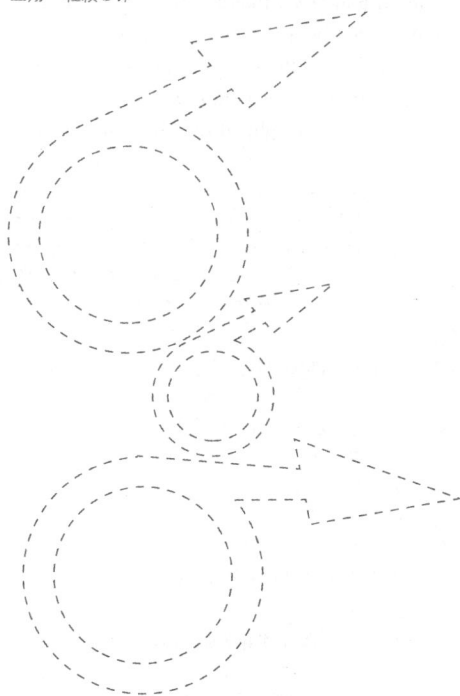

IMPROVING PERFORMANCE
HOW TO MANAGE THE WHITE SPACE
ON THE ORGANIZATION CHART

人民东方出版传媒
People's Oriental Publishing & Media
东方出版社
The Oriental Press

图书在版编目（CIP）数据

流程圣经／（美）拉拇勒（Rummler, G. A.），（美）布拉奇（ABrache, A. P.）著；
王翔，杜颖 译. —北京：东方出版社，2014.9
书名原文：Improving Performance：How to Manage the White Space on the Organization Chart
ISBN 978 - 7 - 5060 - 7764 - 4

Ⅰ.①流… Ⅱ.①拉… ②布… ③王… ④杜… Ⅲ.①企业管理 Ⅳ.①F270

中国版本图书馆 CIP 数据核字（2014）第 217656 号

中文简体字版版权属东方出版社所有
著作权合同登记号　图字：01 - 2014 - 5711 号

流程圣经
（LIUCHENG SHENGJING）

作　　者：[美] 吉尔里·A·拉姆勒　　[美] 艾伦·P·布拉奇
译　　者：王　翔　杜　颖
责任编辑：申　浩
出　　版：东方出版社
发　　行：人民东方出版传媒有限公司
地　　址：北京市东城区朝阳门内大街 166 号
邮　　编：100010
印　　刷：北京汇瑞嘉合文化发展有限公司
版　　次：2014 年 10 月第 1 版
印　　次：2022 年 10 月第 16 次印刷
开　　本：710 毫米×1000 毫米　1/16
印　　张：21.5
字　　数：220 千字
书　　号：ISBN 978 - 7 - 5060 - 7764 - 4
定　　价：54.00 元
发行电话：(010) 85924663　85924644　85924641

目录

第一部分　绩效改进框架

企业是一个系统，我们应该以怎样的一个系统思考框架来看企业，看企业中的流程、组织和人呢？从组织绩效的角度来看，流程、组织与岗位分别为企业的绩效做了哪些贡献呢？流程绩效与组织绩效、个人绩效有什么样的关系呢？本部分逐层剥洋葱般地为您展现组织的绩效三层面。

第二部分　绩效三层面剖析

企业作为一个系统，有三个绩效层面：组织绩效层、流程绩效层、岗位绩效层。其中，流程绩效是组织绩效与岗位绩效衔接的桥梁。没有流程这个桥梁，组织绩效无法落地到岗位；没有流程这个桥梁，个体绩效无法有机协调为客户带来价值，也就无法为组织带来绩效回报。

第三部分　三层面绩效应用

运用三层绩效体系，可以把组织绩效与企业战略挂钩；运用三层绩效体系，可以优化组织架构，更好地为客户服务；运用三层绩效体系，可以优化人力资源绩效管理；运用三层绩效体系，可以将组织作为一个绩效系统来管理；运用三层绩效体系，可以持续改进企业绩效，让企业成为一个自适应系统。

序言

　　本书是流程改进学科的开山之作，也是流程改进的操作指南。

　　本书阐述的方法论是如此地广受欢迎，以至于两位作者，拉姆勒先生和布拉奇先生被流程专业人员尊崇为流程教父。这个世界，因他们而产生了流程管理分析师、流程管理软件提供商、流程管理顾问、流程管理类作家以及流程管理论坛、会议。

　　在今天的企业管理咨询舞台上，有许多的流程改进方法论和技术在同台竞技。而昭若日月星辰的事实是，那些方法论和技术拥有共同的鼻祖：拉姆勒-布拉奇方法论。

　　拉姆勒-布拉奇方法论之于流程，恰如金本位之于金融。它是一套严谨而系统的、不只用于改进流程绩效的框架。事实上，它更多地用于提升组织绩效、流程绩效以及人力资源绩效。它能将三层绩效相互挂钩，形成逻辑严谨、因果关联的"组织绩效指标链"，以支撑组织战略的实现和组织目标的达成。

　　流程践行者们对拉姆勒-布拉奇方法论表达出的如宗教般的经久崇拜曾令我无比愕然。起初，我以为这无非是星航迷们对星际迷航大会般的发烧而已。直到亲眼目睹拉姆勒-布拉奇方法论的应用之后，我才真正领悟了崇拜的缘由。与其说人们痴迷于该方法论，倒不如说是痴迷于该方法论的真实产出——组织绩效硬指标达成。

本书为读者描绘了一幅清晰而明确的蓝图，让人们按图索"绩"，获取稳定而实质性的绩效成果。本次发行的第三版，更为这幅蓝图添加了最新的强化内容：一系列的、用以提升流程改进项目的成果与速度的实操工具。

作为流程经典，本书颇具重温价值。温故而知新，对处于强竞争环境下亟需迅速实施正确的系统化转型的企业，本书意义非凡。

乔·艾伯格

普睿驰咨询机构全球总裁

引言

在如此竞争激烈和持续变化的环境之中，管理者们所面临的挑战异常严峻，并且这种现象也绝非是暂时的。随着客户需求不断升级，全球化竞争逐渐加剧，以及政策监管愈发严格，我们当前所在市场环境的这种不稳定性显然是不会消失的。对于变化而言，现在是，未来还将继续成为恒久的唯一。

透过大量的图书及文章，大多数的美国工商业人士早已理解和感受到了直面竞争与挑战的号角。我们所担忧的并不是管理者对问题缺乏理解，而是他们没能采取实质性的行动来解决问题。我们之所以创作这本书，是因为我们拥有一个整体的框架和一系列工具来切实地解决问题。市面上充斥着大量关于管理与组织行为方面的书籍，但我们发现其中大部分的书籍要么没有提供实操的工具（导致读者说道："我对此坚信不疑，但明天我到底该做些什么呢？"），要么即便是提供了工具，但也仅是关乎众多需求的其中一个侧面。根据对众多管理文献、培训课程及咨询服务的考察，我们看到了一些非常有价值的理论、线索及工具。然而，我们竟没有见过一个概念合理、实用、具有实践依据且完整全面的方法论。因此，我们较不谦虚地相信，我们所呈现给大家的这个基于绩效3层面的方法论，正符合上述这些标准。应用这套方法论完全可为组织的变革管理提供一幅蓝图。

我们创作本书的第二个原因，是由于我们渴望将50年来我们各自在组织绩效改进领域里所积累的经验汇聚在一起。我们二人最早都是由从事培训（在培训演变为人力资源开发之前）开始的。和许多其他人一样，我们很快就意识到，培训并不是影响人员绩效的唯一变量。在我们的职业经历之初，我们开始了解到影响绩效的环境和管理变量。接着，我们又开始转向组织战略对绩效的影响，并且共同开发出一项技术，可以针对填补组织战略和员工个体之间差距的业务流程来进行创建、改进与管理。

随着流程管理的演进发展，以及最近兴起的"将组织作为系统来管理"，我们相信我们一定可以找到对影响组织系统的质量、数量和成本绩效的主要变量进行优化的一个方法。通过流程管理的应用，我们发现，相比关注部门内部的活动而言，组织的管理者（尤其是高层管理者）应当投入同样甚至更多的关注在各部门之间往来的产品流、文件流和信息流上。而流程管理刚好为管理组织结构图中各个方框之间的空白区提供了一套行之有效的方法论。

本书的目的

创作这本书旨在对支撑我们的3层面框架的基石进行深入的阐释，并向读者展示我们可借以运用该框架和管理组织空白地带的大量工具。这本书是主要写给那些专注并实践绩效改进的人士（也许会是从事人力资源开发、工业工程、质量或系统分析工作的人），以及那些为寻求显著绩效改进机会而对流程进行深入研究的直线经理和职能经理们。我们认为通常情况下，专职于绩效改进的人员会是一个组织中最先阅读此书的人，而后他们将把本书的全部或部分内容推荐给他们的内部客户。此外，那些研究商业和组织行为的教授也许会发觉到我们的方法论所呈现出来的不同寻常的视角。

美国管理界惯常通过以管理概要的形式来进行管理。针对某一问题，总监拿到的是一页纸的报告，副总裁拿到的是一段汇报，而总裁拿到的则是仅有 3 点事项的清单。在最近一次有关提升美国制造业在全球市场竞争能力的会议上，一位与会者提出了这样的批评观点："如果不能将一个想法总结提炼到一页纸上，那它根本就毫无价值而言。"如此的看待向管理层提供信息和分析，让我们无法从中看出美国企业究竟怎样才能够击败全球的竞争者。

我们反对"放到一页纸上"这样的管理论调。管理者若要长久的成功，就要详细掌握组织的业务情况。因此，3 层面方法具备相当的严密性。3 层面方法的实用性体现在，它不仅涉及一系列简单直接的提问和步骤，而且通过在世界各地、各类型的组织与机构中的广泛应用，此流程的有效性早已得到了验证。运用 3 层面方法甚至可以是很有趣的，因为各团队在改进生产与服务的效率和质量的同时，还可以改进工作生活的质量。然而，鉴于现实挑战的复杂性，该流程操作起来也不会十分简单容易。对于那些想要寻求快速见效的捷径或希望找到最新颖的活动方案，来使员工激情鼓舞的任何管理者或绩效改进的专业人士来说，这本书很有可能会令您们大失所望。

译者导读

木桶原理说，企业好比木桶，桶板代表企业各个部门，或是各个岗位。短板理论说，企业之桶的绩效水平取决于最短的那块板。其实，短板理论当且仅当企业桶板间严丝合缝，密不透水时才成立。试问：

哪家企业敢声称部门接口无缝，岗位间交接平滑？

如果有缝隙，该由谁管？难道该董事长、总经理管吗？

是的，部门间的板缝，只有靠更大的领导，也就是董事长、总经理管！就连岗位间的板缝——工作衔接矛盾，有时也要靠董事长、总经理来摆平！所以企业大大小小的问题，无不靠董事长、总经理来解决，所以企业的董事长、总经理最累！谁能为董事长、总经理分忧解难，把板缝管理起来呢？

答案是：流程！

本书的两位作者，国际流程教父，在早年的咨询中发现，组织的绩效关键点，在部门与部门之间的衔接部分，即跨部门接口环节。这些部门接口往往成为组织管理的空白地带，是组织的绩效断点。所以，两位流程教父，藉由这本流程圣经，为企业家、企业高管们传授一套方法论、手段和工具，来管理组织的空白地带，让他们从琐事中脱身，让企业成为一个自适应系统，自主地追踪企业绩效。

流程圣经以系统科学为理论基础，将组织视为一个系统，这个系统对外适应，对内协调，内外统一，与大环境形成有机整体，应和东方"天人合一"的经典哲学，让企业"天企合一"。流程圣经的知识体系自 2006 年引入中国以来的大量企业实践证明，这套方法论能切切实实为为数众多的中国企业带来绩效回报。尤其在劳动力缺乏、劳动力成本升高的今天，对企业压缩成本、提升效率、改进绩效的实践活动有着立竿见影的帮助。

愿众多的企业家、总经理、组织绩效顾问、人力资源总监、流程专员从本书中学到真经，参悟到流程之于组织绩效的重要性，掌握国际最为经典的流程方法论与流程绩效管理手段、工具，为组织的绩效提升做出实实在在的贡献。

译者　王翔

2014 年 12 月于涵合园

第一部分

绩效改进框架

第1章　视组织为系统

适者生存。

——无名氏

传统（垂直的）组织观

许多管理者并不懂自己的企业。照最近流行的所谓"回归本原"和"走自己的路"的说法，他们通常可能了解自己的产品与服务；最多也只算了解自己的客户和竞争态势。而他们却并不完全了解自己的企业是如何做产品研发、制造、销售和配送的。我们相信，大多数管理者（以及非管理人员）之所以缺乏这种认知，主要原因在于他们用有着根本性缺陷的组织观来看自己的组织。

当我们邀请企业管理者绘制一幅其管辖的 Business（生意，可能是整个公司，一个业务单元，或是一个部门）视图时，往往会得到一张与图 1.1 相仿的传统组织架构图，或许会比该图多些层级、多些方框，部门的名称有所不同，但无不清晰明确地强调了职能间的上下级关系。

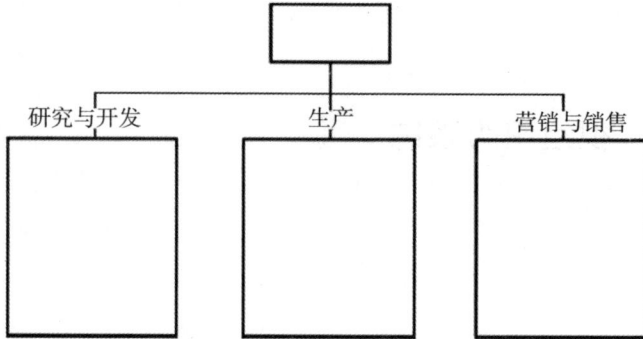

图 1.1　传统（垂直的）组织视图

作为一幅企业视图，图 1.1 缺了什么呢？

首先，我们没有看到客户。其次，看不到要提供给客户的产品与服务。第三，没有清晰地标明企业的产品与服务从研发到生产、到配送的整个工作流转过程。因此，图 1.1 并没有反映出"做什么"、"为谁做"和"怎么做"这些基本要点。没有这些，它又如何称得上是一幅企业视图呢？你或许会反驳说，一个组织结构图本就不必展现些东西。好吧，那么展现那些东西的图在哪里呢？

对于小型组织或新创立的组织而言，这种垂直的组织观不会导致大的问题，因为人们在组织中都彼此熟悉，且能够相互了解对方的职能。随着时间的推移，环境将发生变化、技术将日趋复杂，组织本身也将变得越来越庞大、复杂。若仍然以这样垂直式的组织观来看待企业，就会阻碍企业的发展。

这种危害在于，管理者一旦垂直式地按职能看待组织，自然就会趋向垂直地、按职能线条施行管理。各部门的主管经理只会垂直地管理自己的部门，而多部门的分管经理，往往也会分别对各个部门施行垂直管理。目标也垂直地按职能来分解。各个部门间的相互交流与接触，仅限于活动报告的形式。

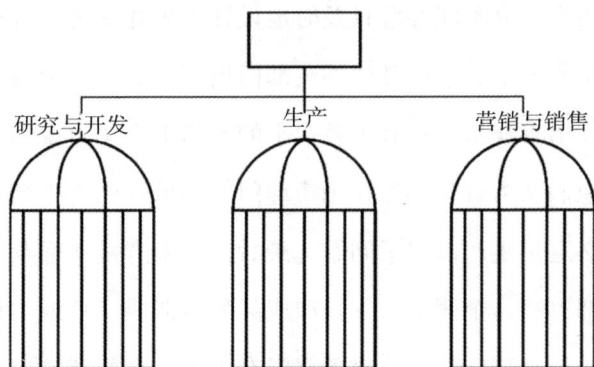

图 1.2　金钟罩现象

在这样的环境中，部门经理会视其它职能部门为对手，而非同一个战壕的战友。每个部门仿佛有顶金钟罩罩着（图 1.2）。这些金钟罩使得跨部门的问题在基层甚至中层都得不到解决。某个急需正确处理的跨职能问题，往往要逐级上报到金钟罩的罩顶。罩顶的经理要与其它罩顶的经理作"顶尖沟通"来解决问题。然后，双方的罩顶经理再把决定逐层向下传达，直到具体的办事员。

金钟罩文化迫使管理层把大量的时间耗在基层、低级问题的解决上，而把宝贵的关注客户和竞争对手的重要时间挤占殆尽。同时，那些本可以现场解决问题的基层人员既没资格，也无权力为结果负责，感觉自己不过是个干活的小卒或/和送信的邮差而已。这还不是最差的情形。更有甚者，各部门的头头们经常是各执一词、争执不休，让跨部门的问题久悬不决。每到这个时候，就会听到"事情卡了壳"和"问题石沉大海"的说法。

事实上，各职能部门无一不在力求达标，追求卓越（让财务数据亮丽）。但事与愿违的是，这种部门最优往往导致组织整体次优。譬如，营销/销售部可通过推销更多的产品来完成部门目标，成为公司的真心英雄。但若所卖产品不能经济且及时地设计出来并交付给客户的话，他们认为一定是研发部、生产部或物流部门出了问题，与销售部无关！研发部通过设计出有技术含量和工艺水平的产品来靠实力说话，一旦产品卖不出去，他们认为责任必然在销售部门；如果是由于生产成本高，利润太低，那必定是生产部出了问题。最后，如果产量达标及废次率未超限，则生产部也算是个明星。一旦产成品积压造成库存成本提高，那就与配送部门、营销部门甚至是财务部门有关了。在所有这些情形中，各部门无不擅长应对传统的管理措施，长袖善舞地将自身责任推得一干二净。整体而言，这对组织危害颇大。

在卖方市场的那个美好年代，企业可以按自己的节拍推产品上市，达成企业自己的质量目标，根据利润水平来为产品定价。即便管理演化成"金钟罩"式的职能结构，也不至于造成严重后果。然而，那个时代已一去不复返。如今的现实是，大多数的企业在买方市场中苦苦相争。这需要我们以另一种方式去看待、思考、管理组织。

系统（水平的）组织观

图 1.3 展现了另外一种组织观：水平的或称系统的组织观。

这个高层级的业务视图：

● 包含了图 1.1 中所忽略的三个部分：客户、产品和工作流

● 让我们看到工作是如何经由跨职能的流程来完成的

● 显示了内部的"客户-供应商"关系链路，产品与服务经由这个链路而产生

依我们的经验，绩效改进最大的机会点就在职能接口处——即接力棒（如产品规范）从一个部门交到另一个部门的交接点。譬如，新产品创意从营销部交到研发部手中、新产品从研发部交到制造部手中、支付信息从客户转到财务部的这些关键交接点都是所谓的职能接口。关键职能接口（往往出现在组织架构图的空白地带）在水平的组织视图中被暴露无遗。

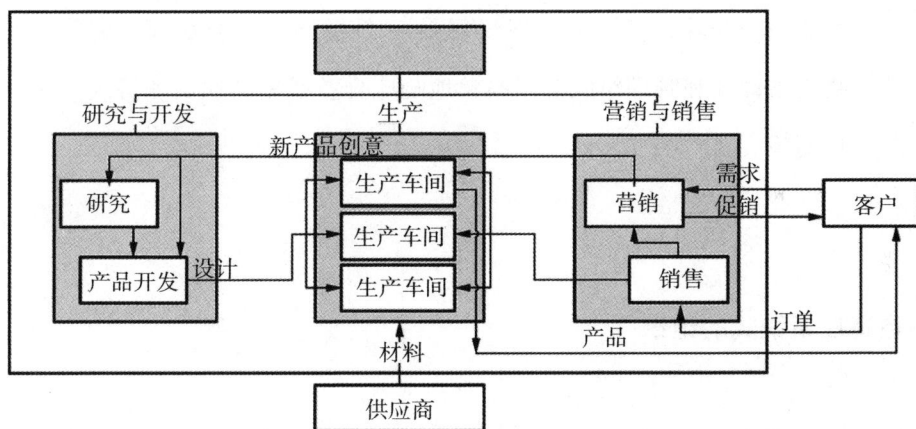

图 1.3　系统（水平的）组织视图

传统的组织架构图仅仅具有两个作用：

● 表示人群分组，以便于有效地安排运营以及人力资源开发

● 表示上下级指令/汇报关系

仅就这两个目的而言，组织架构图还算是颇具价值的管理工具。但

是，我们不能把业务上的"是什么（What）"、"为什么（Why）"和"怎么做（How）"混为一谈；它仅仅是一个组织图，而不是所管理的企业本身。对水平组织观的无视，恰好可以解释经理们对一个问题的最为常见的回答。经理们对问题"你主管哪一块？"的回答（参照图2.1）往往是："我管部门A、部门B和部门C。"倘若部门A、B、C已有称职的经理在管理，那么这位高级经理愿意承认自己"重复管理着这几个部门"吗？如果答案是YES的话，那么他与下边的三个部门经理岂不是在重复受薪？而事实上，我们并不这么看。位于上一级或更高级的经理，其主要贡献在于接口管理，鉴于各方框已有经理管理，高级经理的增值之处在于管理方框间的空白地带。

照我们的经验，组织系统观仅仅是一个起点、一个基础。由此出发，我们去设计和管理组织，以高效地响应日益残酷的现实和持续变化的客户期望。

自适应系统式的组织

我们的框架基于一个前提：组织就是一个自适应系统。如图1.4——常称为"超系统图"——所示，一个组织就是一个处理系统①它将各种资源投入②转化为以产品或服务为形态的产出③，提供给接收系统或市场④。它还以权益和股息的形式向股东⑤提供财务收益。组织受自己的内部准则和内部反馈⑥所控制但最终受其市场的反馈⑦所驱动。竞争⑧也吸收那些资源并提供产品与服务给市场。这个全本的商业剧情，在社会、经济和政治环境大背景⑨下始终在往复上演。从组织内部看，我们能看到将各种投入转化为产品与服务的职能或者子系统⑩。这些内部的职能或部门都与组织整体有着相同的系统特质。最后，组织拥有一套控制机制，即管理⑪——透过管理机制来解析和应对内外部的反馈。由此，组织保持着与外部环境的动态平衡。

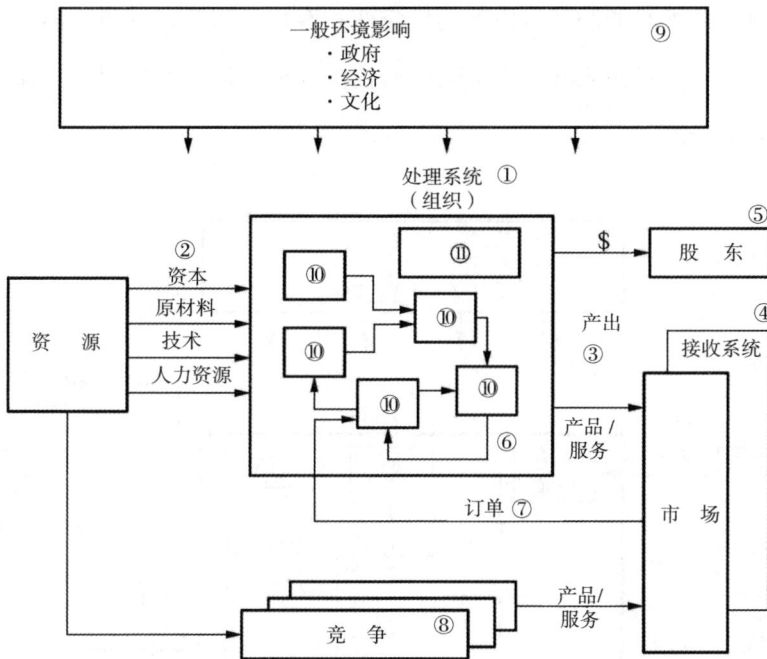

图1.4　一个自适应系统式的组织

为阐明系统的框架，我们考察一个虚拟企业 Computec 公司。如图1.5 所示，Computec①是一家软件开发和系统工程公司。它吸取资金、人员、技术和原材料②来提供产品和服务③，包括顾问服务、定制软件和软件包。公司将产品和服务销往主要市场——航空公司——和其它行业与个人市场④，公司当然也向股东提供财务收益⑤。Computec 公司有许多内部机制⑥来检查自己的程序代码、报告和软件包的准确性和有效性。其客户通过附加业务、投诉、介绍人和客服回访等提供反馈⑦给该公司，其竞争对手是与 Computec 在同一市场提供类似产品与服务的其它软件和系统工程公司⑧。公司在美国的经济、社会和政治背景⑨下经营着自己的各项业务。在 Computec 公司内部，诸如营销、产品开发和驻地运营等职能⑩互为内部的供应商和客户，将公司的投入转换为公司的产出。高管团队⑪制定战略、监控内外部反馈，制定目标、跟踪绩效并调配资源。

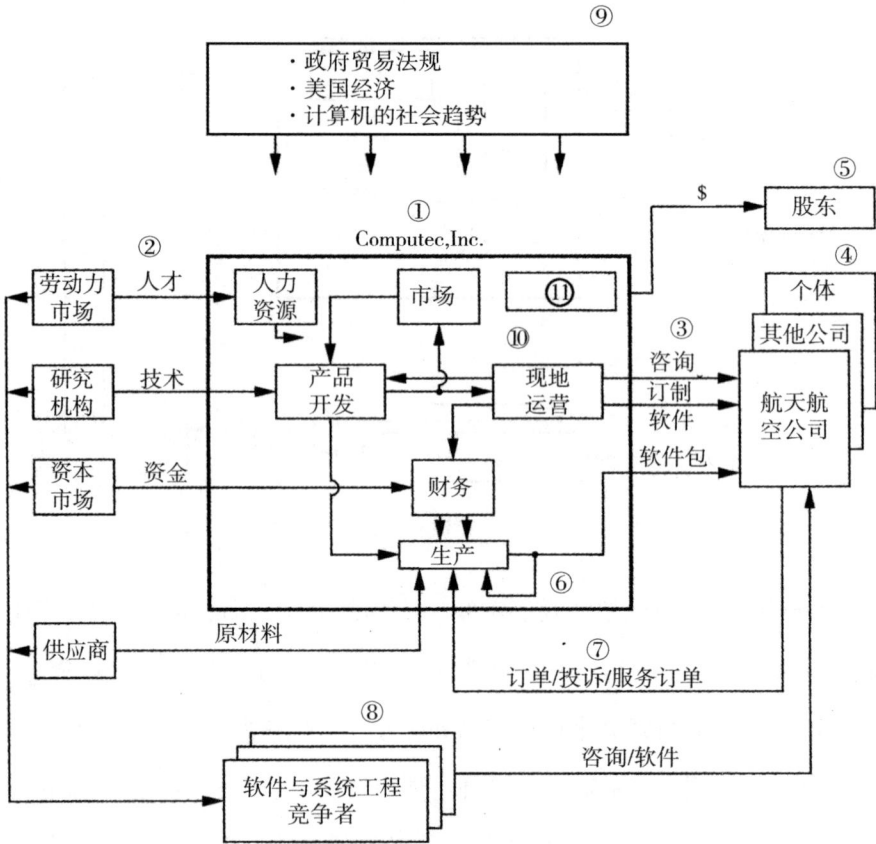

图 1.5　Computec 公司超系统图

我们主张，这个系统视图可以描述任何一个组织。即便是垄断实体和政府实体，也毫无例外地拥有所有构件，最多只需在竞争⑧部分做形式上的修改。市场会不同、产品与服务内容也会不同，但所有的组成部分将保持不变。事实上，对于组织的未来（假设届时该组织仍然处于商业运作之中），我们唯一能够确信的是，它将来必然仍将按照图 1.4 所示的系统构造模型来维持运营。Primerica 公司戏剧性地诠释了生意的潜在演化过程。Primerica 是花旗集团旗下的多元化金融服务公司，是从美国罐头公司变体而来的，而美国罐头公司则是彻头彻尾的一间"美利坚大烟囱"式的制造企业。

关于适应性

Primerica 公司的转型揭示了系统理论运用于组织的一个本质要素——适应性。一个处理系统（或称组织）要么适应环境，尤其要适应受体（市场），要么死亡。组织必须寻求与外部环境的平衡。

不久以前，适应性还不是个紧迫问题。组织只需适应关键投入要素（如燃料价格和资金成本）的重大变化，即对每次重大变化实施相应的重大调整。只是，建立新的平衡需要数月甚至 1 年的时间。过去，在下一个新变化出现之前，组织尚有一定时间来做出响应和调整。而今，变化更加普遍，更加频繁，更加迫不及待。除了关键性投入——资本和自然资源——潮涨潮落之外，我们还会遭遇来自受体即市场的不可避免的变化。这种变化严重影响着我们的收入和利润。这种变化的主要方面是新近涌现的、新型的，来自国外以及本国解除管制的对手的竞争。市场已变得失去了稳态，垄断而长期的卖方市场被颠覆。客户想要，且想以更低的价格获得更加优质的、变化多样、不断推陈出新的产品与服务。

系统规则和自由市场迫切需要组织来适应这些变化的要求。组织要生存，就必须适应。然而，组织的健康度又是其适应程度的函数。我们认为，要想组织具备快速高效的适应力，管理是关键。

系统观对于管理者有何意义呢？一个经理如果不应用系统观会如何？对他而言，迅猛的变化会显得无序、无法预见、也无法控制。他会认为当前的危机只是一次偶发情况、特殊事件，而不是某个会持续变化、永不完结的东西的一部分。其实，适应是个过程，而不是个事件。图 1.4 中的系统框架标示出了主要的几类变化，清楚表明组织需要持续不断地去适应这几类变化。一位高效的经理会使用图 1.4 的框架去预测并积极应对变化。

通过对系统的每个组成部分做"如果-那么"情境推演，就可以预期变革的方向和程度，并将变革植入组织战略之中。假定我们是 Computec 公司管理层，一旦政府要素⑨发生变化，使潜在的海外竞争者的进入门槛降低，我们该怎么办？一旦我们的两个竞争对手要素⑧合并，我们该做什么？市场要素④中会有哪些个人电脑产品被视为我们的小型机软件的替代品？计算机硬件的哪些突破性进展要素②会对我们的系统集成咨询服务产生重大影响？

随后，本书将奉献给大家一套分析组织内外部环境的工具，其中的每个工具都是基于我们所描述的系统视图，以及以下几项组织系统的基本规则：

1. 要理解绩效，就要对企业构成（投入、流程、产出和客户等）建模及文档化。虽然把组织描绘成一种文化、一种权力系统或者一种人性会十分有意思，但在某种程度上，我们有必要清晰地描述出组织是"做什么"，"怎么做"的（第 3 章和第 4 章将给出相应工具集）。

2. 作为一个系统，组织要么适应，要么死亡。幸存者的成功就在于其对外界环境（客户需求、竞争对手的行为和经济起伏）和内部环境（成本升高、效能低下、产品开发时机）适应的速度和效度。

3. 当组织的某个部分最优时，整个组织往往只是次优（类似的例子已经列举过）。

4. 系统中，撬动任意一个杠杆，都会对其它部分产生影响。你不能像炒菜时加佐料那般独沽一味地靠单方面的改组、培训、自动化来提升系统。因为这每一个举动都是在改菜谱，而不是在调味（参见第 2 章有关绩效 3 层面的内容）。

5. 无论是否被系统化地管理着，组织本身就是一个运行着的系统。如果没有被系统化地管理，那么组织就没有被有效地管理。

6. 如果让优秀的人去对垒差的系统，那么系统将毫无悬念地每次都赢。我们花太多的时间去"修理"好员工，而没时间去修理出问题的系统（第 5 章将把 HPS——人力资源绩效系统奉献给大家）。

我们是组织绩效提升的践行者。我们发现"组织系统模型"非常有用，因为它能使我们及我们的客户理解这些影响绩效的变量，并通过调整这些绩效变量来持续提升绩效。第 2 章将带领我们一起探索这些影响着绩效 3 层面每一层的管理杠杆——绩效 9 变量。

第2章 绩效3层面：组织、流程和岗位

当试图把某样东西单独剔出来时，我们却发现它牵扯着宇宙万物。

——约翰·米尔（John Muir）

19世纪环境学家约翰·米尔（John Muir）发现生态系统的每一个组成部分都以某种方式与其它所有部分关联着。关于保护蜗牛鱼（亦称田纳西淡水镖鲈）的争议最终导致了田纳西克林奇河核电站工程的停工，这就不是所谓与我们不相干的小鱼儿的事情了，这是在环境马赛克拼图中篡改了一块瓷砖的大事（也许就在一块瓷砖被移走或更换的顷刻间，整幅画面的平衡就全被打破）。

类似地，组织生态系统（客户、产品与服务、奖励制度、技术、组织架构等）内外部的一切东西都是互相关联的。为了提升组织绩效和个人绩效，我们需要理解这些关联。现在的马赛克拼图也许并没有至臻完美，但至少它是一幅完整的图景。我们必须，也只能在认同相互依存的绩效9变量的基础之上来全局性地改变或增强这个拼图。我们发现，通

过运用系统视图（第 1 章所描述的）和绩效 3 层面可以充分理解这些变量。

Ⅰ：组织层

宏观、系统地观察组织时，我们可以看到在第 1 章所讨论过的基础视图和变量。在这一层——组织层——强调了组织与市场的关系以及构成组织的基本职能"骨架"。处在 Ⅰ 层的影响绩效的变量包括战略、组织目标及测评指标、组织架构以及资源配置（图 2.1）。

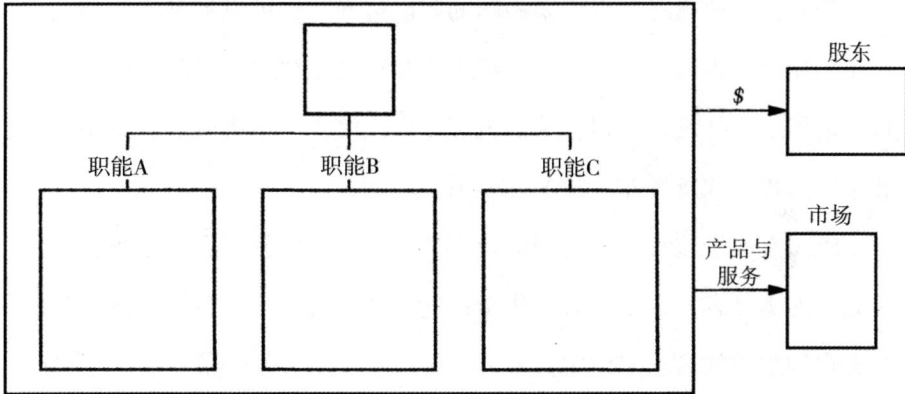

图 2.1　组织层绩效

Ⅱ：流程层

下一组影响组织绩效的关键变量在我们所称的流程层。假如将组织"机体"放在特殊的 X 光下，我们可以看到构成 Ⅰ 层的骨架和构成 Ⅱ 层的"肌肉组织"——跨职能的流程（图2.2）。

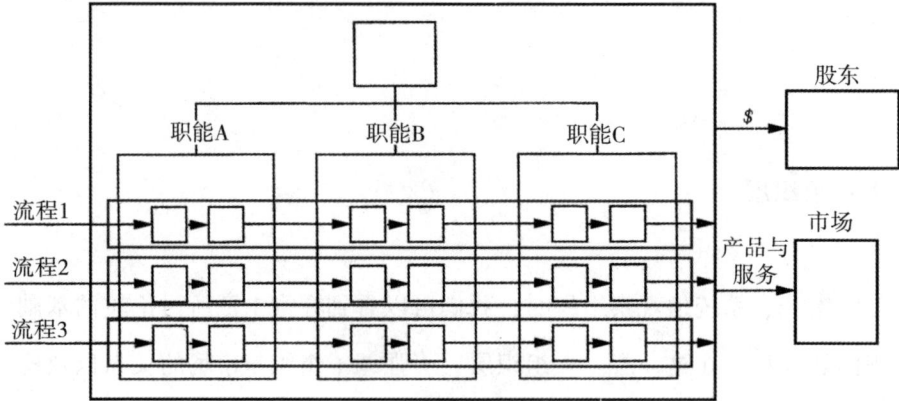

图2.2　流程层绩效

当我们的视线跨越组织架构图的职能边界时，可以见到工作流——工作是如何完成的。我们认为，组织正是通过无数的、跨职能的工作流程，诸如新产品设计流程、采购流程、生产流程、销售流程、分销流程和结算流程（仅此略举一二）来运作的。

组织有赖于流程。要管理流程层的绩效变量，就必须确保流程的设定完全能满足客户需求，且运作得迅速高效，且流程的目标和测评指标按客户和组织的需求来设定。

III：岗位层

组织产出是通过流程产生的。流程反过来却是由在不同岗位工作的人来履行和管理的。

如果增加 X 光的强度，如图 2.3 所示，我们就可以看到绩效的第Ⅲ层，相当于组织机体的"细胞"。在岗位层所要管理的绩效变量包括招聘与晋升、岗位职责与标准、反馈、薪酬以及培训等。

现在我们有了一张组织的 X 光片，清晰描绘了三个关键的相互关联的绩效层面。组织的整体绩效（在多大程度上满足了客户期望）其实是组织目标、组织结构以及在绩效 3 层面上的管理行为的结果。如果某位客户收到了有问题的产品，那么其原因可能来自绩效 3 层面的某层或各层。比如，可能是操作员的装配错误或发货错误，也可能是影响产品质量的相关流程（包括设计、采购、生产和分销等）出错。而组织——决定该产品在组织战略中的角色的、提供人员和设备预算的、设定目标和测评标准的高管层——也可能导致了该问题。

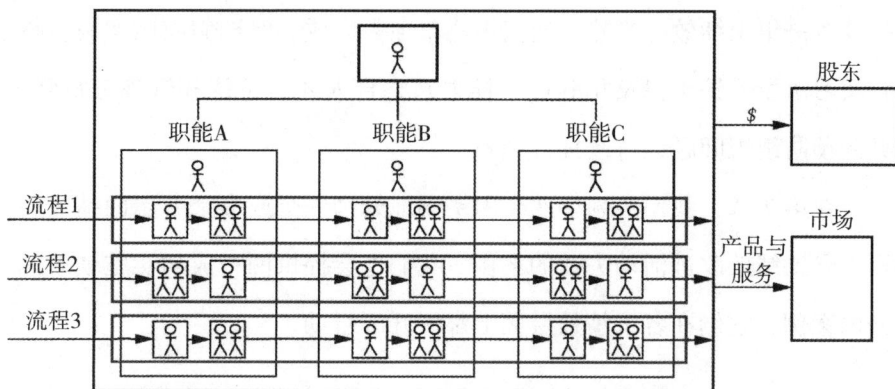

图 2.3　岗位层绩效

对于装配工人，我们可以通过对其实施统计过程控制（SPC）技术方面的培训、组成自管理团队、授予流水线紧急叫停特权等方式来改善质量。但是，即便有前述这些做法，如果因产品设计而导致无法正确装配；如果采购流程没能确保充足的装配物料，或者销售和预测流程不同步导致频繁换产，使装配人员每天要按照不同的装配步骤工作等等而导致产品无法正确地装配。如果组织层以"发件数量"作为绩效的主要指标和奖励依据，那么，装配人员期待生产优质产品的愿望就不得不大打折扣了。

这个3层绩效框架是对绩效的解剖。人体解剖由骨骼系统、肌肉系统和中枢神经系统3部分组成。由于所有这3个子系统都十分重要且彼此关联，任何一个子系统出问题都会影响到整个机体的有效运作。正如对人体解剖的认识是医生诊断与治疗的基础一样，对于绩效3层面的认识与理解是管理者或分析师对组织疾患实施分析、诊断和治疗的基础。

然而，我们的焦点并不仅仅在于治病。医疗界中有见识的医务人员能运用人体解剖学知识推销保健品和预防药品。我们同样力图让"管理界"中有见识的成员利用我们的绩效解剖学知识去预防组织出现问题并持续改进组织绩效。当然，他们不能单独去完成。经理们应该像医生整合实习医生、护士以及化验员一样去来整合人才、系统和管理分析师，共同预防组织问题，持续提升绩效。

在第7章，我们会列举四个因错误地处理一个或多个3层面绩效要素而导致绩效改进活动失败的案例。我们也会提供两个成功实施绩效提升的案例，它们在各个绩效层面上都展开了行动。

绩效9变量

绩效3层面构成了我们框架的第一个维度。框架的第二个维度包含3个要素——绩效需求——它决定每一层的有效性（和系统的有效性）：

表 2.1　绩效 9 变量

		绩效 3 需求		
		目　　标	设　　计	管　　理
绩效 3 层面	组织层	组织目标	组织设计	组织管理
	流程层	流程目标	流程设计	流程管理
	岗位层	岗位目标	岗位设计	岗位管理

1. **目标**：组织、流程、岗位各层都需要有明确的标准以反映客户对产品与服务质量、数量、及时性以及成本的期望。

2. **设计**：组织、流程以及岗位各层的结构中需要包括必要的构件和配置，以使目标能有效达成。

3. **管理**：绩效 3 层面的每一层都需要管理实践来确保目标的与时俱进并得以持续达成。

将绩效 3 层面与绩效 3 需求组合成一个矩阵，就得出了绩效 9 变量。表 2.1 所列的这些变量表示了一个完整全面的绩效杠杆，可供绩效任意一层的管理者使用。

为了说明 3 层面方法，我们以第 1 章中提到的 Computec 公司为例进行简要分析。Computec 公司是一家从事软件开发和系统工程的公司，其 70% 的业务收入来自于定制化软件和咨询服务。其余 30% 收入来自于产品化软件的销售。

Computec 公司在其成立的头 13 年非常成功。而在过去的两年里，市场份额却显著下降。公司内部的问题主要表现为人员变动频繁、士气消沉。高管对此有所关注，作了组织文化调研，并实施了全面质量管理、客户导向、创业精神等咨询与培训，下一步准备实施再造工程。迄今为止，公司的绩效尚未得到改进。

判断之前的"药物"或许对症或许没对症，我们便从诊断 Computec 公司开始。我们将运用构成绩效 3 层面框架的绩效 9 变量来分析 Computec 公司。

组织层

在能够有效分析人力绩效之前，我们要设定一个宏观层面的背景。在组织层，我们考察业务性质、业务方向、业务框架及管理方式。（第 3 章将给出一些专门的工具；下面讨论组织层的 3 个绩效变量。）

组织目标：在组织层，目标是组织战略的一部分。所有 3 个层面和其余的绩效变量均按组织目标所指明的方向所建立。在这个例子中，我们的主要问题在于 Computec 公司是否建立了明确的、全公司范围的目标。而且该目标能否反映与以下几个方面相关的决策：（1）组织的竞争优势；（2）新服务与新市场；（3）产品与服务以及市场的侧重；以及（4）准备投入运营的资源以及投资的回报预期。通过这一系列的提问，我们发现 Computec 公司并没有制定清晰的战略。

由于企业两年前还占据着专业市场（航天航空项目管理）的主导地位，高管们从未花时间调查研究其备选战略，也未对当前的竞争环境做好准备。公司高层近来已经意识到战略以及基于战略的目标体系的必要性。由于高层在这方面还有许多工作要做，他们设定了 3 个明确的目标：积极开发新产品与新服务，提供更高水准的客户支持服务，拉开与竞争对手的距离；消除公司在质量和标准化软件产品及时供应方面的竞争劣势。尽管这些目标尚未量化，但这已为企业员工提供了方向，否则，员工仍旧以为 Computec 公司指望靠现有产品赚钱，并不打算以服务客户为特色，继续以价格（而不是质量和及时性）为竞争优势。

组织设计：这个变量以组织架构为核心。然而，我们的绩效系统观认为，"架构"必须包含组织边界和上下级关系以外的东西。架构包含更为重要的维度：工作是否有意义以及工作是如何完成的。我们从绘制一张反映 Computec 公司职能间互动性关系的"职能关系图"开始。（Computec 公司组织架构图和职能关系图见第 3 章。）

我们有两个关键问题：Computec 公司是否具备完整的职能构件以实现自身战略？投入－产出关系（供应商－客户关系）是否需要添加、消除或调整？

虽然 Computec 公司曾偶尔提供过新的产品与服务，但鲜有成功。公司所仰仗的两个软件产品和三项服务都是在早期开发的。公司的组织架构不再能快速支持、有效开发及推广新产品、售后服务以及订单处理。就当前的组织目标而言，Computec 公司的组织架构需要重新调整，以符合其 3 个主要战略侧重领域。

组织管理：作为一个有效的系统，组织应该具备合适的目标与合理的结构以支撑其运转。但是，若想既要有效率又要有效力地运行，组织就必须实施管理。在组织层面，管理包括：

● 目标管理：包括创建职能子目标以支持组织整体目标的达成。职能子目标要体现整个组织对该职能的贡献度的要求。否则，就会导致本书之前所提到的基于金钟罩的系统次优。

●绩效管理：包括定期获取日常客户反馈，沿目标体系所定义的测评维度跟踪实际绩效，向相应子系统反馈绩效信息，如果绩效方向偏离，即刻纠偏并重设目标体系以确保组织对内部、外部现实环境的持续自适应。

●资源管理：包括平衡配置整个系统中的人员、设备和预算。资源配置必须保证组织中的每个职能均能实现预定目标，继而实现对整个组织绩效的贡献率。

●接口管理：包括确保跨职能"空白地带"得到管理。这要求经理必须具备解决职能领地纷争的能力，打好协作互助的基础以确保高效的内部客户-供应商关系。

组织管理的问题在于：Computec公司高管们是否对目标、绩效、资源和接口实施了管理？

Computec公司在这些方面做得并不好。许多职能目标互相冲突且只支持短期利润而不是支持有关产品开发、客户服务以及订单处理的战略目标。企业没有搭建绩效的跟踪、反馈与提升的系统。资源分配是基于"会哭的孩子有奶喝"的原则。产品开发、营销、运营等职能"金钟罩"既高大又厚实。Computec公司要想使其战略获得成功，就必须全面解决组织管理这4个领域的问题。

流程层

当我们撩开组织面纱，向内观望，首先看到的是各种职能。但系统观告诉我们，这个视角不能让我们了解工作是如何实际完成的，而这却正是绩效提升的必要前提。基于这个认识，我们要关注流程。组织绩效的关键维度，大部分都与跨职能流程相关，如订单处理、结算、采购、产品开发、客户服务以及销售预测等。第 4 章将更为全面地探讨流程层面。本章接下来的部分继续以 Computec 公司为例对流程层的 3 个变量进行概述。

流程目标： 因为流程是一种产生工作成果的手段，所以我们要为其设定目标。直接与外部客户接触的流程（例如销售、服务和结算），其目标应该由组织目标及其客户需求导出。而内部流程（如计划、预算和招聘等）目标应由内部客户需求驱动。

作为组织管理变量之一的职能目标不能提前设定，直到我们看清每个职能要对关键流程作多大贡献时才能确定。职能存在的意义，在于满足内部或外部客户的需求。如果职能服务于外部客户，就按其产品与服务满足客户需求的程度来衡量。如果职能仅服务于内部客户，就依其满足这些内部客户需求的程度以及它为外部客户所提供的增值为基础来衡量。这两类职能与客户的关键连接就是该职能所支持与贡献的流程。

例如，安装流程对任何安装公司而言都是重要的，无论它为企业还是为住宅安装设备。需要对安装流程作贡献的一大职能是销售部。尽管销售人员不直接参与安装，但它仍属销售流程的一部分，因为销售员要下订单，而订单含设备安装说明部分。鉴于对安装的质量和时效性有重要影响，销售部的绩效就应该以其成员向安装部门所提供的安装说明的准确性、专业性、易读性和及时性为基础衡量。安装说明指标本不该是销售测评体系的必要部分，然而，当你将组织看作一系列的流程，并且根据销售部门在流程中的贡献来衡量部门绩效时，一组更充实的目标就会涌现出来。

总体来看，鉴于 Computec 公司在流程目标方面的情况，我们提出两个基本问题：一是公司是否为其流程（尤其是那些跨职能、影响到组织战略的流程）设置了目标？二是流程目标是否与客户的需求和组织目标相关联？

根据 Computec 公司的战略优劣势，其关键流程应该是产品/服务开发流程、客户支持流程以及订单执行流程（其现有软件销售的订单）。毫不意外地，Computec 公司并没有为这些流程设置目标，并且其职能目标也不能支持这些流程产生最优绩效。

流程设计：一旦有了流程目标，我们就要确定，流程的设计与构建能否有效达成目标。流程应该是富于逻辑且路径流畅、直达目标的。作为对 Computec 公司分析的一部分，我们有一个简单的问题以阐述这一变量：公司的关键流程是否包含了一系列的步骤以有效达成流程目标？

之前，我们确信 Computec 公司没有流程目标。但我们仍然可以审视这家公司的 3 个关键流程。无论按谁的标准而言，Computec 公司的产品开发与引进的机制都不能称为流程。产品与服务最终产生于协作性很差的项目，项目具有跨职能冲突、预算超支、工期超限以及责任归属缺失等特征。当对 Computec 公司订单执行流程进行分析时，我们惊奇地发现，该公司有时候也能满足客户的质量和及时性需求，然而公司从未创建过客户支持流程。这家公司在流程方面还有许多工作要做。（Computec 公司流程的例子将出现在第 4 章。）

流程管理：一个流程即便有着合理的逻辑结构，如果缺失管理，仍然会无效。流程管理包含了与组织管理相同的要素：

- 目标管理：包括为流程的每个关键步骤设立子目标。这些目标要能驱动职能目标的实现。

● 绩效管理：包括定期地获取客户对流程产出的反馈，根据目标所设定的方向跟踪流程绩效。反馈绩效信息，识别并更正流程缺陷，重新设定流程目标以反映当前的客户需求和组织内部的约束条件。

● 资源管理：包括为每一流程步骤提供设备、人员以及所需预算的支持，以保障该步骤达到自身目标以及对整个流程目标的实现做出贡献。

● 接口管理：包括管理流程步骤之间特别是跨职能的“空白地带”。与组织层的最大改进机会处于跨职能地带类似，流程的最大改进机遇通常在流程步骤间。

Computec 公司对其关键流程的目标、绩效、资源和接口进行了管理吗？由于 Computec 公司尚未对其业务作跨职能协作的引导，所以也未对其关键流程建立流程管理基础。

岗位层

在目标、设计与管理方面，组织层与流程层都可以布局得相当完美。然而，电流也只有在我们处理好岗位中的人员需求后才会流通。人可以促成、也可阻碍组织与流程绩效的实现。因此，若将流程视为组织产出的手段，那么人员就是流程发挥作用的手段。（在第 5 章我们将着重阐述岗位层绩效中的人员维度。）

岗位目标：正如我们需要建立流程目标以支持组织目标一样，我们要为岗位上支持流程的人员设立岗位目标。在检视 Computec 公司时，我们询问：各个关键流程的关键贡献岗位是谁？该岗位的产出和标准（目标）是否与关键业务流程的需求（进而联结着客户需求和组织需求）建立了联系？

Computec 公司的关键流程之一是标准化软件的订单执行流程。销售、生产以及财务职能的许多岗位都参与到此流程之中。与多数公司类似，Computec 公司没有很好地建立岗位层目标。已设定的岗位目标也没有与流程的需求联系起来。Computec 公司需要为方才列举的所有职能部门中的每个岗位建立受流程驱动的目标。如果公司不能完成此项工作，那么实现其战略目标的概率会非常小。

岗位设计：我们需要对岗位实施设计，以利于岗位任职者为岗位目标作出最佳贡献。岗位设计的问题很简单：Computec 公司是否已经对岗位的边界和责任作了结构化定义，以确保岗位目标的实现？又一次地，Computec 公司从未从组织、流程和岗位目标的角度深入分析自己的业务，因此从未将这个视角作为定岗的基础。

岗位管理：岗位管理的要素与我们讨论组织管理和流程管理时所描述的目标、绩效、资源和接口等内容有所不同。岗位管理事实上就是对人员实施管理。但是这个定义会支持经理的过度管理个体而疏于管理工作环境的倾向。因此，岗位管理可以更准确地定义为管理人力绩效系统（Human Performance System，HPS）。

虽然这种说法令人员管理听起来缺乏人性，但其效果却正相反。人力绩效系统管理基于一个前提，即大多数的人是主动积极且具有才干的。如果他们表现不佳，问题往往出在他们供职其中的系统（在组织、流程或岗位层）。与组织系统一样，人力绩效系统是由投入、流程、产出以及反馈组成的。而这些部分都需要实施管理。

如果 Computec 公司有效管理好其关键岗位的人力绩效系统的话，那些经理和在岗人员对如下问题会做出肯定回答：

●绩效说明：任职者是否了解所要求的产出以及应当达到的工作标准？（此问题与岗位目标相关）

●任务支持：任职者有足够的资源、清晰的指令和任务优先序、以及合理的岗位职责吗？（这个问题的最后一部分参见岗位设计）

●结果：任职者会得到达成岗位目标的激励吗？

●反馈：任职者知道自己能否实现目标吗？

●技能和知识：任职者是否具备必要的技能和知识来完成岗位目标？

●素质能力：在上述 5 个问题都得到肯定回答的组织环境里，任职者在体力、智力和精神方面是否具备能力以实现岗位目标？

Computec 公司要想成功，经理们就要为决定着公司战略能否变为现实的员工创造一种有利环境。例如，Computec 公司的一个组织目标是将客服水平提升到成为组织的竞争优势的高度。公司的客服热线由驻地运营人员轮岗值班。他们把接听电话视为一种惩罚，认为这使他们脱离实际岗位，而且自己并不具备迅速有效处理投诉的能力。如果要将客户服务提升为公司的一项竞争优势，那就需要在任务支持、激励、素质以及知识等方面下足工夫。

全局绩效观

表 2.2 展示了与我们框架中的每一个绩效变量相关的问题。这种绩

效的系统观可以引导我们得出以下两个结论：

• 有效的绩效管理需要对绩效 3 层面的各层设定目标、优化设计以及施行管理。

• 3 层面之间是相互影响的。例如，在不理解流程的前提下，就无法正确地定义一个支持该流程的岗位。如果组织目标不能获得流程和人力绩效系统 HPS 的支持，那么实现这些目标的企图注定会失败。

3 层绩效框架提供了一种洞察力，让我们洞悉许多组织变革和组织提升尝试所存在的缺陷。例如：

• 多数的培训试图靠单方面强调一个层面（岗位层）以及一个维度（技能和知识）来提升组织绩效和流程绩效。由于培训本身不具有长期的影响力，结果是培训经费被浪费、受训人员迷惑不解及在工作中尝试运用学到的方法受挫。

• 人们通常试图通过自动化来提升流程绩效。然而，在自动化方面的投入极少会获得最高回报。因为流程目标与组织目标之间尚未建立关联，即流程对组织目标的贡献在哪里尚未定义清楚，所以无效的流程被自动化后，其结果就是自动化了的无效流程。而且自动化往往疏于考虑流程执行者与人力绩效系统相关的需求。

• 如果绩效改进方案只想对质量、生产力、客户导向做重点改进，它就不会去针对绩效 3 层面中任何一层的需求。如果绩效改进方案只想建立组织目标，然后实施员工培训，那么往往就会疏于识别流程层的需求与岗位层的目标、反馈和激励这几个维度。

表2.2 绩效9变量之问题9宫格

绩效层面		绩效需求		
		目标	设计	管理
组织层		**组织目标** · 组织战略/方向明确说明了吗? · 组织战略/方向有效沟通了吗? · 战略对组织的外部威胁和机遇以及内部的优势劣势充分理解了吗? · 战略对组织产出及各产出的绩效要求作了规定吗?充分沟通了吗?	**组织设计** · 所有相关职能准备就绪了吗? · 所有职能都必不可少吗? · 当前的跨职能投入人一产出流设置合理吗? · 正式的组织架构支持战略吗? · 强化了系统有效性吗?	**组织管理** · 职能设定了合理目标吗? · 相应的绩效测评了吗? · 资源分配适当吗? · 跨职能接口有人管吗?
流程层		**流程目标** · 关键流程的目标与客户和组织需求关联了吗?	**流程设计** · 这个流程对于流程目标的实现是效能最高和效率最高吗?	**流程管理** · 流程子目标设置恰当吗? · 流程绩效实施管理了吗? · 每个流程都有足够的资源配给吗? · 流程的跨步骤接口有人管吗?
岗位层		**岗位目标** · 岗位产出和标准与流程需求相关联吗?(流程需求、组织需求关联)	**岗位设计** · 流程需求体现到相应岗位中了吗? · 岗位工作步骤合乎逻辑吗? · 对岗位有支持性的政策和规程吗? · 岗位环境符合人体工学要求吗?	**岗位管理** · 任职者了解相应岗位目标(岗位要求产出及岗位绩效标准)吗? · 任职者有足够的资源、清晰的指令和任务优先序,以及合理完成岗位职责吗? · 任职者完成岗位目标能得到相应的奖励吗? · 任职者知道自己要完成岗位目标吗? · 任职者具备必要知识和技能来完成岗位目标吗? · 在上述5个问题有肯定答案后,上岗人员在体力、智力和情绪方面具备能力以完成岗位目标吗?

3 层绩效框架的应用

通过 20 多年来在企业、政府机构、企业分支机构、部门以及商铺中的持续研究与应用，这个框架及其所派生的套路与工具（表 2.2）已进化得相当成熟与完善，这个框架可充当：

- 一组实用工具，以诊断和消除绩效缺陷。（如半导体芯片冗长的生产和交付周期；零售供应链中的利润损失。）

- 一个引擎，用以持续充分提升系统绩效。（如提高某航线对特定机型的需求响应度，提高客户服务远程通信的及时性。）

- 一张路线图，给组织提供新的发展方向。（如涉足软件行业，或进入撤销管制的市场。）

- 一个蓝图，以设计新的企业实体。（如一家电子"未来工厂"；面向公共事业的营销部门。）

3 层绩效框架被证实可提供价值给：

- 行政高管，用以提供愿景、领导力及推动变革。

- 各层经理，用以通过为所辖部门提供组织层的愿景和领导力来实施全公司的变革。

- 分析师，用以设计便于经理们实施变革的系统和过程。

为使上述 3 种变革力量协同有效地工作，它们必须有共同的目标和流程。3 层绩效框架正按满足此需求而设计。本书余下部分将阐述这三类角色的绩效改进职责。

第二部分

绩效三层面剖析

第3章 组织层绩效

万物皆归一体。

——教皇亚历山大（Alexander Pope）

富有的职业棒球队老板喜欢募集顶尖水平（身价也最高）的天才球员，然后，却对为何自己的球队仍赢不到世界职业棒球赛桂冠而困惑不解。而冠军队，单对单地比球员往往显得水平较弱，可他们赢在"整体大于部分之和"上。这个显著差别在于，冠军队赢在其被作为一个整体，而不是作为球员个体和职能个体（击球、投掷、防守）来管理的。

同理，一个组织只有在被作为一个整体来管理时，其整体才会大于部分之和。也许，组织中有经验丰富和学问高深的人才，也许其营销、生产、研发等职能比其它组织的相应职能看上去要优越，但其业绩却往往不那么光彩夺目，因为组织高层没有在更大的组织背景下来管理职能和员工。若要解决"组织次优"，即"整体小于部分之和"的这个问题，我们第一步要先来管理组织绩效——3层中的第一层——去了解从不同视角反映当前环境现状的观点。

客户对组织的看法： "这些人在干什么？为什么不能在我需要或是等派上用场时给我产品呢？许诺我的后续服务在哪里？为何让我觉得我比他们还懂产品？为何每次都要和他们不同的人员交涉？为何这帮人不能统一步调呢？"

供应商对组织的看法： "为何这些家伙从来都不能提早 3 天知道自己需要哪些零部件呢？我们几乎要加急处理每张订单，这会要求按最高单价支付，他们清楚吗？为何他们的规格一直在变？为何每 6 个月他们就要至少终结一种产品，造成大量的零部件退货？为什么他们从不接受我参观他们工厂的提议，我们出钱都行，这样我们能明白他们业务出了什么事？为什么这帮家伙不能统一行动呢？"

雇员对组织的看法： "为什么我们只有靠疯狂提高质检标准（令我们的成本冲破天花板）才能使质量与竞争对手持平？是谁对销售夸海口说我们能提供那项服务，而且能按期交付的？产品开发佬的这些主意是从哪儿冒出来的？本周的活儿哪个先哪个后啊？为何科室经理不能互相合作？难道这些人没有意识到如果再不改变办事方式，我们就难以生存吗？高管们每到月底就会说：'没关系，装箱发货就是了。'这如何能让我们坚信质量第一呢？为何拿着高于行业平均水平工资的人仍然没有积极性呢？为何我们不能统一行动呢？"

股东对组织的看法： "为什么我不停地看到组织重组、高管洗牌、产品发布和改进运动，可我口袋里始终没钱，股票也未升值？为什么这帮人不能统一行动呢？"

组织层探析

在能有效解决上述那些糟糕却又普遍存在的问题之前，我们首先要理解它。我们发现，了解一个组织如何运作的最好方法，就是将它视为一个自适应系统。就此在第1章（参见图1.4）中进行了深入的描述。主张视每个组织为一个运行中的加工系统。它将投入（如资源和客户订单）转化成产出（产品和服务）来提供给客户。组织持续不断地自适应，为了与其所在环境中的各要素维持平衡，这些环境要素包括组织所在的市场、竞争者、资源和社会经济状况。正如我们在第1章讨论过的，能够灵活快捷地适应环境的组织，往往会更易成功。反之，如果刻板迟钝地去适应，往往会更易失败。

系统观不只适用于整个企业或机构。如果展开组织内部就会发现，组织其实是层层套叠的系统。如图3.1所示，一家汽车公司的系统之一是制造系统，制造系统的组件之一是生产系统。生产系统由一系列的子系统构成，其中之一是排程子系统。以剥洋葱方式将组织层层剥开，我们就能详细理解组织的运作方式以及各个层级的变量是如何影响绩效的。

理解并管理组织层

高管如果不在组织层管理绩效，那么，他们至多能得到微弱的绩效提升。更糟的是，在其它层的诸多努力往往会适得其反，使生产力下

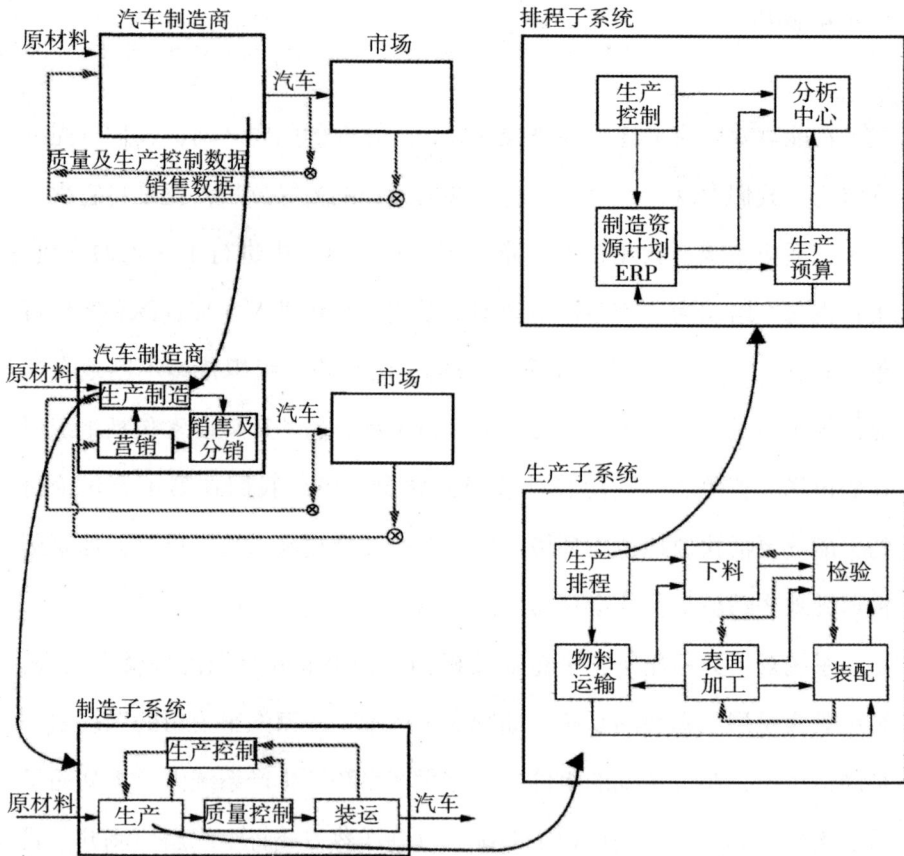

图 3.1　汽车公司组织系统分层

降。我们观察了大量以质量改进为主旨的公司，这些公司采用了统计过程控制工具（SPC）、准时制技术（JIT）、制造资源计划系统（MRPⅡ）以及员工激励与授权等方法。但他们却困惑于为何质量水平仍不能获得显著的提高。其原因明显在于：

● 没有清晰的组织战略来驱动这些质量努力。战略应该确定质量在业务中的角色、明确代表着竞争优势的质量维度、确定整个组织范围内以客户为导向的质量测评指标。

• 组织并未按照支持质量最优化而设计。组织在培训、工具、系统以及程序等方面投入了巨大努力，但组织架构及部门间的关系却使这些努力的效果大打折扣。

• 没有以质量驱动来管理组织。没有将质量渗透到战术目标、绩效跟踪与反馈、问题解决以及资源分配中去。质量常常在各职能内部独立展开（比如：设计质量方案、工程质量计划、生产质量计划等），而恰恰忽视了组织架构"空白地带"中存在的大量威胁和机遇。

组织层有 3 个绩效变量，上述 3 个例子各代表对其中一个变量的管理缺失。我们相信，组织的管理者只有理解并撬动 3 个绩效杠杆，即"组织目标"、"组织设计"和"组织管理"才可以做到"步调一致的行动"（本章开头处，来自于客户、供应商、雇员及股东的要求）。

不仅管理人员需要理解组织层，分析人员（HR 专员、系统分析员、工业管理工程师）同样需要了解组织层的本质和动态特征。对上述内容的理解，有助于他们更好地设计改进计划，以最大限度地积极促进组织绩效的提升。

组织层绩效变量

组织目标。在组织层面，目标即是战略。一个好的战略可以识别和定义组织的：

• 产品与服务

• 客户群（市场）

- 竞争优势

- 产品和市场的优先级（重点区域）

因此，组织目标是一项声明，阐明在各种市场中提供产品与服务应该达到的程度。一组有效的组织目标应包括：

- 组织价值

- 客户的需求

- 财务预期及非财务预期

- 每一产品族及市场的目标

- 建立与强化各项竞争优势的期望值

进而，组织目标的设定应该：

- 基于企业所在产业的关键成功因素（Critical Success factors）之上

- 由竞争信息和环境监测信息所导出

- 由标杆（Benchmarking）信息（标杆组织的系统绩效与职能绩效情报）所导出

- 尽可能可量度

- 对于所有要了解组织目标和以组织目标为导向的人都是清楚明确的

对于在第一章所介绍的 Computec 公司的组织目标而言，或许应包括：

- 绝不因短期净利而牺牲质量

- 公司年终客户满意度评级达到 98%

- 在未来两年内，推出 3 种新的软件产品和两项新的系统集成服务

- 在 3 年内，占领航空项目管理软件市场 60% 的份额

- 年底前，推出两项新的客户服务项目，以区隔竞争对手

- 在下年年底前，将软件包的订单周期缩短到平均 72 小时的水平

- 在下年年底前，实现订单交付准确率 100%

- 在下一年度，实现 3 亿美元的销售额、3500 万美元的利润以及 1600 万美元的 EVA（经济附加值），在接下来的两年里，这三项财务指标每年实现 12% 增长

这些组织目标是定量的、面向客户的、以竞争优势为驱动的，也是易于理解的。以这些目标和其它目标为背景，Computec 公司可以着手进行质量、生产、总周期以及成本控制领域的绩效改进工作。这些组织目标将作为评价这些方面工作业绩的总体衡量指标。

最重要的是，Computec 公司的组织目标明显地来自于战略。它反映了管理层对于产品、市场、竞争优势以及优先级的艰难抉择。（为帮助识别这些"艰难抉择"，本书详细列出问题集以供组织在运用系统视图和 3 层面绩效进行战略开发和实施时回答。这些问题在第 6 章详述。）

总的来说，这些问题都是针对组织目标的。

- 是否清晰地描述和沟通了组织战略或方向？

- 战略是否反映了组织外部的威胁和机遇以及组织内部的优势和劣势？

- 既定战略所要求的各项组织产出及其绩效指标是否明确地得以表述和沟通？

由于这是我们首次讨论"目标"，故而此处是一个很好的地方来表明我们的立场。在最近的质量与生产力大师爱德华·戴明众多的追随者

中，有相当一部分人竭力反对目标设定。他们认为，目标的实现会导致成员的满足感，从而成为持续改进的藩篱。这种情形会发生，然而，我们相信，目标应该被持续地评估和重置，以适应需求与能力的持续变化。如果目标按此进行自适应（Adapted），那么，目标就会支持而不是阻碍对持续改进的高尚追求。（需要留意的是，目标的重新设立是绩效管理的关键步骤之一，这将在本章稍后阐述。）

组织设计。建立明确清晰的组织目标只是第一步。经理们和绩效分析师们需要设计一个组织使目标能够实现。为了分辨当前组织是否支持组织目标的实现，本书绘制了职能关系图（Function Relationship Map）。顾名思义，职能关系图旨在描绘一个事业构成中，各业务和管理职能间相互的客户-供应商关系。因为职能关系图将各职能间的投人-产出关系可视化地表达出来，所以，它使图 3.2 这样的组织结构图中各方块间的"空白地带'被昭示天下。图 3.2 是 Computec 公司的传统组织结构图。图 3.3 是 Computec 公司的职能关系图。

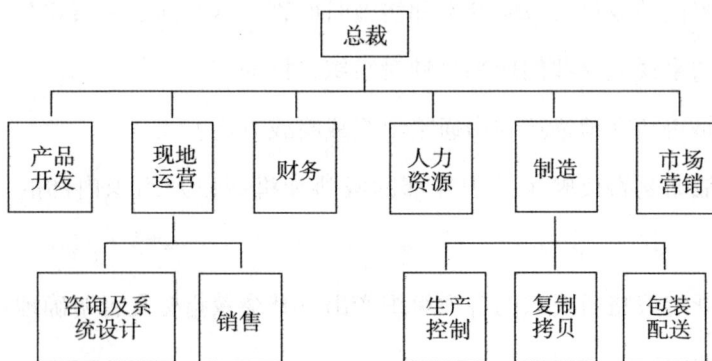

图 3.2 Computec 公司组织结构图

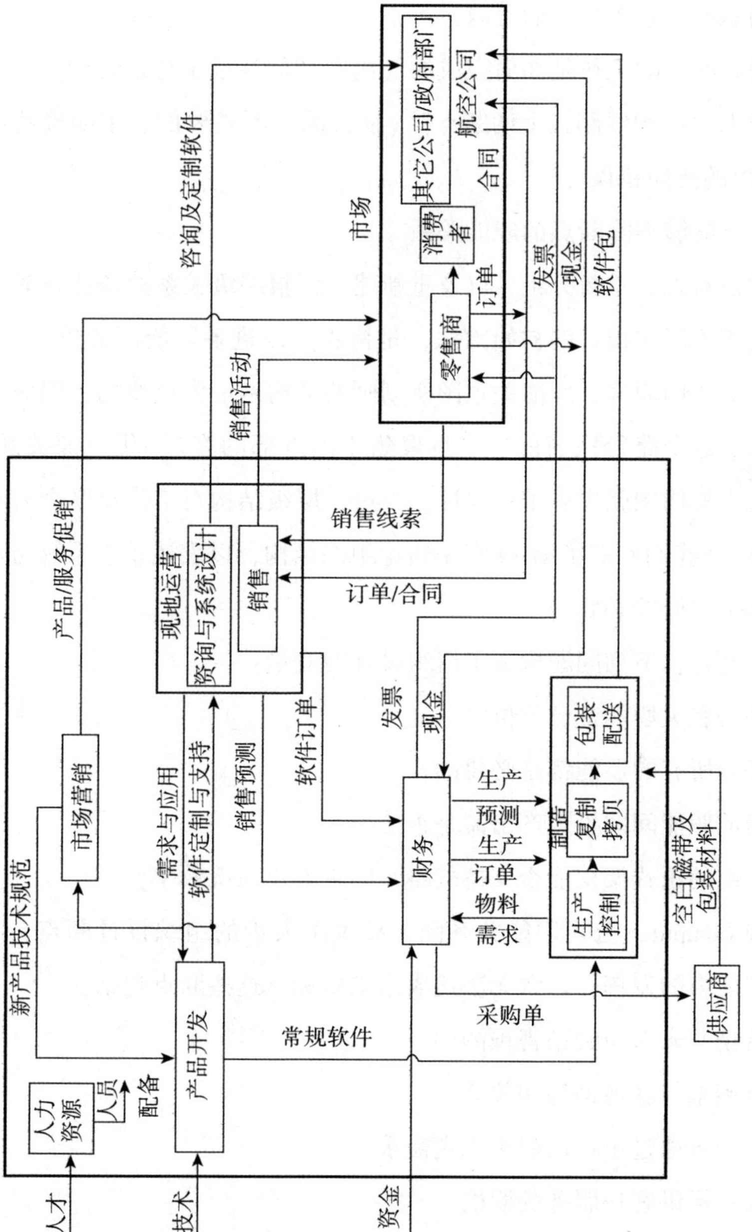

图3.3　Computec公司职能关系图

运用职能关系图，我们可以：

- 理解时下的工作是如何完成的（组织如何在系统化地运行）

- 识别"组织线路板上的断点"（缺失的、不必要的、不明确的或输入–输出的指向错误等）

- 建立能够消除断点的职能关系

- 评估对人员重新分组，以及重新建立汇报层级关系的备选方案

我们用于组织设计的初始方法，是检查并改进各职能间的投入–产出关系。对我们而言，职能关系图所刻画的结构是最为重要的，因为工作就是通过这个路径完成的。一旦聚焦于内外部的客户–供应商关系，传统的组织架构图就失去了重要性。不过，层级结构对工作流既会有利也会有弊。（我们专辟了第 14 章来讨论组织结构，以表述垂直系统与水平系统和平共处的必要。）

总括而言，下列问题构成了组织设计的变量：

- 是否有关职能都已到位？

- 是否所有的职能都是必要的？

- 当前职能间的投入产出流是否恰当？

- 组织的正式架构能否支持战略？能否强化系统效率？

审视 Computec 公司职能关系图，显现出大量的组织设计断点，阻碍着组织能力的发挥，以致无法达成组织目标。这些断点包括：

- 营销并未参与到销售预测中

- 营销未与驻地销售相关联

- 营销未通过市场调研来识别需求

- 没有提供客户服务的职能

- 磁盘订单在交付生产前，必须完成销售和财务的公文旅行

- 由财务来完成生产预测

遗憾的是，仅仅识别断点，并不意味着消除断点。Computec 公司需要设计一个组织架构，用以消除那些阻碍能力发挥，以致无法达成组织目标的断点。（第 12 章将讨论如何运用系统观和职能关系图去构造组织。除举例说明如何设计组织结构来消除断点外，第 12 章还阐述了如何运用制图工具及其衍生工具去支持新的战略、去创建新企业或职能，以及实施系统化的，诸如自动化、减员这样的改进措施。而第 13 章将论述创建结构实施管理的必要性。）

组织管理。一旦确定了组织目标和组织设计，就需要对组织进行管理。系统化的管理组织——水平的组织——该系统由以下 4 个维度构成：

1. 目标管理：每一职能都需要有子目标，以支持组织整体目标的实现。正如我们在第 1 章所讨论的，所谓有效的子目标集，是不会允许使职能金钟罩最优，而使整个系统次优的。为使 Computec 公司的各职能都为公司整体作最大贡献，就要对战略所派生的职能目标实施测评，这也会帮助到其它职能达成目标。例如，Computec 公司的产品开发部应该设定下列目标：

• 能反映出野心勃勃的快速开发新产品及服务的组织目标

• 确保新产品与服务是由市场需求驱动的，而不是由追求技术成就而驱动的

• 设计的产品与服务必须能让营销部门卖得出去

• 设计的产品与服务必须能让市场部销售出去，让生产部制造得出，并且高质快速地交付给客户并给 Computec 回报预期的利润

2. 绩效管理：为了实现目标，需要在组织层实施绩效管理。继续以 Computec 公司产品开发为例，Computec 公司高层管理人员需要做如

下工作：

• 定期地从 Computec 公司客户处获得产品效果反馈

• 就组织目标中的产品开发与推广指标，考量产品开发、营销、驻地销售等部门对此类目标实现的贡献值

• 向产品开发、营销和驻地销售部门反馈产品开发和新产品推广的绩效评价

• 确保跨职能问题解决团队解决产品开发和新产品推广的问题

• 在市场出现变化时，重设产品开发和新产品推广目标

剥去"组织洋葱"的一层，产品开发管理需要：

• 定期获得来自于 Computec 公司客户及产品开发的内部客户——营销和驻地销售人员——有关产品效果的反馈

• 基于已建的目标来测评绩效（产品开发绩效将在所测评的领域里获得提升）

• 向产品开发的子部门反馈绩效信息

• 解决向职能目标挺进过程中的障碍

• 重设目标，以符合内外部市场现实

3. 资源管理：Computec 公司产品开发有两项资源需求：充足的人员和资金以实现目标；在产品开发各领域配给足够的资源以使目标得以达成。正如绩效管理一样，这样就将责任既下达给了 Computec 公司管理高层，同时也下达给了产品开发部的管理层。如果高层管理委员会想要削减成本，或许会愚蠢地强制所有部门裁员 10%。他们应该认识到，这样妥协的做法，看似可以很好地达成 Computec 公司的某项关键组织目标。但让其它部门减员 20%，是可以保持产品开发人员不减的。因为

组织目标唯有藉由水平组织来实现，高层管理者必须将资源分配到整个水平组织中去。剥去"组织洋葱"的另一层，产品开发副总裁的责任就是将资源分配给水平组织中他所管辖的各个部门。

4. 接口管理：如果 Computec 公司的高层经理们以系统的观点来看绩效的话，他们就会意识到，实现组织目标的关键障碍或是机会，就在职能间的"空白地带"。他们将认识到，产品推广目标只有在产品开发和产品推广系统（包括营销、产品开发以及驻地运营等职能）运作良好的前提下，才能得以实现。高层团队（最好辅以一份职能关系图）应该清楚职能间的投入产出流，应将主要精力用于确保投入-产出流的一系列接口的顺畅。

产品开发副总裁负有同样的职责：确保部门内部的各工作组之间能够既有效率又有效力地一起工作。

总的来说，以下是有关组织管理的问题：

- 是否已设定了适当的职能目标？
- 相关的绩效是否得到了衡量？
- 资源是否得以适当的分配？
- 各职能间的接口是否得到了管理？

小结

如果没有定义、设计和管理组织层绩效，人力绩效就没有依据及动因。此时，员工任何良好的善举无异于在真空中进行，常常会离谱。组织层的思考，对于任何形式的组织都是十分重要的。无论是站在全公司的角度还是站在最小的部门分支的角度。组织层相关的变量和工具可通过以下人员用于不同方面：

● 公司高管：用以理解业务是如何运营的；用以改进组织战略和测评指标；用以建立相适的部门关系；用以建立可行的组织架构并管理部门间的接口。

● 中层经理：用以理解他们的业务是如何运作及自己如何适应于大系统；用以设定部门目标，强化与其它部门关系；用以设计可行的组织架构以管理部门内各子部门间的接口。

● 绩效分析师：用以了解其客户的组织当前是如何运营的以及如何测评结果的；用以识别自己的努力可带来最大回报的领域；用以确定对组织实施系统变革以及其它改进建议的整体影响度；用以推荐对全组织绩效有积极作用的强化方案。

通过回答组织层 3 个绩效变量所列的相关问题、通过使用诸如职能关系图这样的工具，他们就能够指导组织绩效提升并使绩效可控。在本章的开篇中引入了那样一个有客户、供应商、职员和股东在内的令人沮丧的故事情节。其实，在组织层实施有效的管理，可长时间地转变那些旧观念。

客户对组织的看法。"这些人对我们的需求反应特别积极。他们能频繁而超前地了解我们的所想、所需。产品本身就很棒，而真正吸引我们重复消费的是他们的售后服务。他们从不承诺无法兑现的东西。我们与客户经理建立了长期稳固的联系。我们很骄傲有这样的供应商。"

供应商对组织的看法。"这些人看来知道自己要去的方向。在向我们订购与新产品或改进产品配套的零配件时，给足我们备货期。他们在零部件规格上要求特别严苛，以强化其产品的竞争优势。他们还邀请我们参与其竞争优势开发的过程。由于被他们视作商业伙伴，我们也愿意为他们付出额外的努力。作为他们的供应商，我们感到骄傲。"

雇员对组织的看法。"组织中的每个员工都有责任将工作一次做到位。我们承担不起任何错误。在向客户许诺改款商品或非标产品前，销售人员会先与开发、生产及分销部门沟通。工作中，我与其它部门能快速统一意见，因为大家都清楚，维护客户忠诚要靠部门间的相互支持和必要的任务优先序。产品是由营销、生产、研发所组成的跨职能团队共同开发的。客户和准客户也被频繁地邀请参与研发过程。每个员工都清晰企业战略，也清晰自己的目标如何贡献于战略目标的实现、各人了解自己的工作优先级。当优先级发生变化时，每个人都清晰变化的原因。大家都认同自己的角色就是为了服务于组织内外部客户的需求。部门经理清楚，若不与作为供应商的部门和作为客户的部门精诚合作，想达成自己部门的目标是不可能的。每个人被来自于本职工作的挑战所激励，也被来自于同事的支持所激励。各人意识到自己是链条上至关重要的一环，为在此工作而自豪。"

股东对组织的看法。"这个公司在让我赚钱。"

乌托邦？非也。这一幅幅好景象是组织在绩效各层实现协调行动后产生的自然结果，而这一切均从组织层开始。组织层的绩效变量和工具帮助识别哪些工作需要完成（目标），完成所需的关系（设计）以及排除阻碍所需的实践（管理）。以组织层效率为基础，我们能在流程层和岗位层开始理解、分析并管理绩效，这也是下两章的主要内容。

第4章 流程层绩效

放眼未来，就不会担忧过程。

即使想阻止也是徒劳；没人可以阻止。

就如密西西比河，奔流不息。

——温斯顿·丘吉尔（Winston Churchill）

我们发现，绩效各层中，流程层是被理解及管理得最少、最差的一层。组织中，流程是川流不息、不舍昼夜的（抑或是磕磕绊绊、愁肠寸断的），无论我们是否在意它。我们有两个选择：要么置流程于不顾，并指望它会如我所愿地运行；要么去了解流程、管理流程。我们在第1章中已经指出，用水平视角（系统观）而非垂直视角（职能层级观）看组织是真正了解组织工作是如何完成的唯一方法。当你水平地去看组织时，就会看到业务流程。

在第3章，我们讨论了组织层的系统观，还介绍了系统看组织的工具——职能关系图。我们也展示了如何通过研究、考察职能关系图所描述的投入–产出链（客户–供应商链），最终实现绩效改进的。

诚然，每一项输入与输出间都是流程。如果不透过表象，深入考察将输入转化为输出的流程，那么我们的理解和改进就不会完整。尽管组织层为我们提供了视角、设定了方向，并指明了机遇和威胁所在的区域，但依我们的经验，强力建议流程层是最需要启动重大变革之处。清晰的战略、逻辑分明的上下级关系（组织层）以及技能、素质兼备的人才（岗位层）都弥补不了业务流程和管理流程的缺陷。

什么是流程？

业务流程是指设定好的一系列步骤，以生产产品或服务。有些流程（如编程）能全部在一项职能中完成。但大多数流程（如订单执行）则是跨职能的，要跨越组织架构图中职能方框间的"空白地带"。

有些流程所产生的结果，对组织外部客户而言即所谓的产品或服务，那么，我们称这些流程为主流程（Primary Processes）。还有一些流程，其生产的产品不为外部客户所参见，但却是有效管理企业所不可或缺的，它们则称为支持类流程（Support Processes）。第三类流程——管理类流程（Management Processes）——则涵盖了管理人员用以支持业务流程的行为的流程。这三类流程的例子见表 4.1。

表 4.1　业务流程样例

通用主流程（Primary Processes）
• 业务开发 • 产品/服务开发与推广 • 生产制造 • 分销 • 收账 • 订单执行客服 • 保修管理
行业特定主流程
• 借贷处理（银行） • 索赔裁定（保险） • 财政分配（政府） • 退货（零售） • 食物制备（餐饮） • 行李处理（航空） • 话务服务（通信） • 用户手册编制（计算机） • 预订处理（酒店）
通用支持流程（Support Processes）
• 正式战略策略规划 • 预算 • 招聘 • 培训 • 设备管理 • 采购 • 信息管理
通用管理流程（Management Process）
• 战略与策略规划 • 目标设定 • 资源分配 • 人力绩效管理 • 运营检查/绩效监管

了解和管理组织层

流程可视为一条"价值链 Value Chain",通过其对产品/服务的生产、交付过程的贡献来实现增值。流程中的每一个步骤,都要对其前面的步骤产生增值。例如,产品开发流程的一个步骤是"原型测试"。该步骤要在设计最终定稿前确保其具备市场吸引力,以实现增值。

流程也是消耗资源的。我们不仅需要对其增值部分进行评估,也需要基于其在实现增值过程中所消耗的资本、时间、人力、设备、原材料成本来评估。

在组织层,我们"剥洋葱"以增进对各职能间客户-供应商关系的理解。在流程层,我们继续"剥洋葱",将流程分解为一系列子流程,比如制造流程包含排程、工模具准备、制造、装配、检验等子流程。

为何要关注流程?

组织仅在其流程有效时才有效。组织目标(参见第 3 章)只能经由一系列合理的业务流程(见表 4.1 中所列举的)才可得以实现。例如,某汽车制造企业的组织目标之一是满足部分客户提前交付的需求。如果基于一个效率低下的订单处理流程和错综复杂的分销流程,这一组织目标就别指望达成。

自上而下地考察这个情境,我们发现,组织目标实现的主变量是

"流程效力（Process Effectiveness）"。我们还可以自底向上地看流程价值。在岗位层，我们实施一系列的步骤来改进绩效（参见第 5 章）。如：改进招聘和晋升工作；提供更具体、更新的工作说明，更有效的工具和更具吸引力的激励措施；将组织决策下沉，向团队授权放权，以便其解决工作范围内的问题等。然而，即便是热情高涨的天才员工，其对组织绩效的贡献也受限于流程的效力。

继续汽车分销的案例，销售员可以完整地填写订单，数据录入员也可以准确无误地输入信息，装卸工可以高效率地装车。可是，任何岗位的绩效提升所带来的效力却要受制于由订单输入、生产排程、运输子流程所构成的分销流程的逻辑（或非逻辑）。

从事此类岗位工作的人员尽管能通过自己的贡献来影响流程的效果和效率，但我们发现，无论是个体还是团体，其解决问题的焦点很少有针对流程的。更有甚者，组织中的部门往往采取一些令职能筒仓问题愈发严重的措施，从而导致如第 1 章中所述的系统次优。最终的结论是：从长远看，能人补不了流程的缺！但管理层却总是仰仗英雄个人或英雄团队去克服流程的根本性缺陷。与其让英雄和流程内斗，何不尽快解决流程问题，让英雄们去与竞争对手大打出手呢？

综上，流程层之所以重要，是因为流程的效率与效力应该推动众多的商业举措。例如，如不能改进流程绩效，组织重组就没有意义。岗位设计应该保证在岗员工对流程产出做最大贡献。自动化不合理的流程，无异于浪费财力。组织绩效与个人绩效建立连接的关键，在于流程层的三个变量：流程目标、流程设计和流程管理。

流程层绩效变量

　　流程目标：每一个主流程和支持流程存在的意义在于为一个或多个组织目标作贡献。因此，每一个流程都应该按流程目标作测评，而流程目标反映的是该流程对一个或多个组织目标的贡献度。按我们的经验，大多数流程都没有目标。尽管职能（部门）通常都有目标，但多数关键流程是跨职能的。假使我们在一个以收账为关键流程的组织中工作，如果我们问起收账流程的目标是什么时，回答通常是："哦，你是问账务中心的目标啊。"当我们重复说是指收账流程——还包括账务中心之外的工作时，得到的往往是一脸茫然。

　　我们确信，要让测评有效，就要将其与目标（Target or Goal）相关联。流程目标有 3 个来源：组织目标、客户需求和标杆（Benchmarking）信息。流程标杆法——与标杆组织相同流程对比——特别有用。通常某特定流程最优的组织往往不是自己的竞争对手，因此便于学习。一个组织可以 L. L. Bean 公司为标杆学习订单处理（Order-Handling）流程和分销（Distribution）流程；可以沃尔玛为标杆学习库存管理（Inventory Management）流程；以 3M 为标杆学习产品研发（Product Development）流程；以美国运通为标杆学习客服（Customer Service）流程。

　　Computec 公司（参见第 3 章）的组织目标之一就是在 2 年内推出 3 个新软件产品和 2 项新的系统集成服务。因此，Computec 公司的产品研发和推广流程就成为其战略成功的关键。可以为此流程设定以下目标：

　　●在 9 个月内推出第一款新软件产品，第二款在 18 个月内推出，第三款在 24 个月内推出

- 在 12 个月内推出两项新的系统集成服务

- 5 个新的产品与服务要在上市的第一个年度内产生 440 万美元营业额和 66 万美元利润

- 航空业对每项新产品或新服务的需求，由当前的市场研究提供支持与保证

- 每项新产品与服务，将既可应用于航空业，也可应用于非航空业

- 新产品和服务（在客户眼中）要比竞争对手的更独特、更优质

- 新产品和服务仍旧使用现有销售和配送系统

这些流程目标既和组织目标相关联，又与客户需求相联系。需要注意的是，它们不仅仅是产品研发部的目标，这些流程目标同时还反映了流程相关的其它伙伴部门的期望绩效，如营销、销售、生产以及驻地销售等部门。通过实现流程的这些目标来贡献于公司战略愿景的实现。

Computec 公司的第二个组织目标是在下年末将软件包的订单交付周期缩短到 72 小时的平均水平。这个目标使得 Computec 公司订单处理（order-filling）流程成为战略性关键。该流程的目标包括：

- 没有因 Computec 公司的失误而发至错误地址的产品

- 在不增加成本的前提下达成订单处理周期 72 小时以内目标

- 为客户的订单咨询与和反馈提供单接触点联络方式

基于组织目标，Computec 公司的经理们还应建立客户支持流程的流程目标（流程目标对职能的影响将在流程管理一节讨论）。在任何情况下，流程目标的关键问题是：

　　● 关键流程的目标有否与客户及组织需求相关联？

　　流程设计：一旦 Comuptec 公司建立起关键流程的目标，经理们就要确保流程已为有效实现目标而优化设计就绪。如何确定每个流程和其子流程建构得合理呢？我们建议由跨职能团队来设计流程图，以展示当前工作是如何完成的。其实，职能关系图表示了职能部门间的投入-产出关系（参见第 3 章），而流程图则按顺序记录了各部门将投入转化为产出的全过程。通常，团队会发现，还真没有成型的流程，工作是在稀里糊涂中完成的。

　　图 4.1 所示是 Computec 公司订单处理的"当前态（IS）"流程图，由各相关职能代表所组成的团队绘制。绘制过程是，首先识别流程相关的所有实体单位，将其列在纵轴，再画水平泳道。然后，团队（由各职能代表组成——或许会包括客户）跟踪将投入（订单）经过所有中间步骤的转化，直至最终产出（支付）完成的整个过程。这种图示的方法可以呈现所有职能是如何参与订单处理的，让团队清晰地看到所有的关键接口，明确标出完成该流程图中各子流程所需的时间，识别流程中的"断点 Disconnects"（不合理、缺失或多余步骤）。

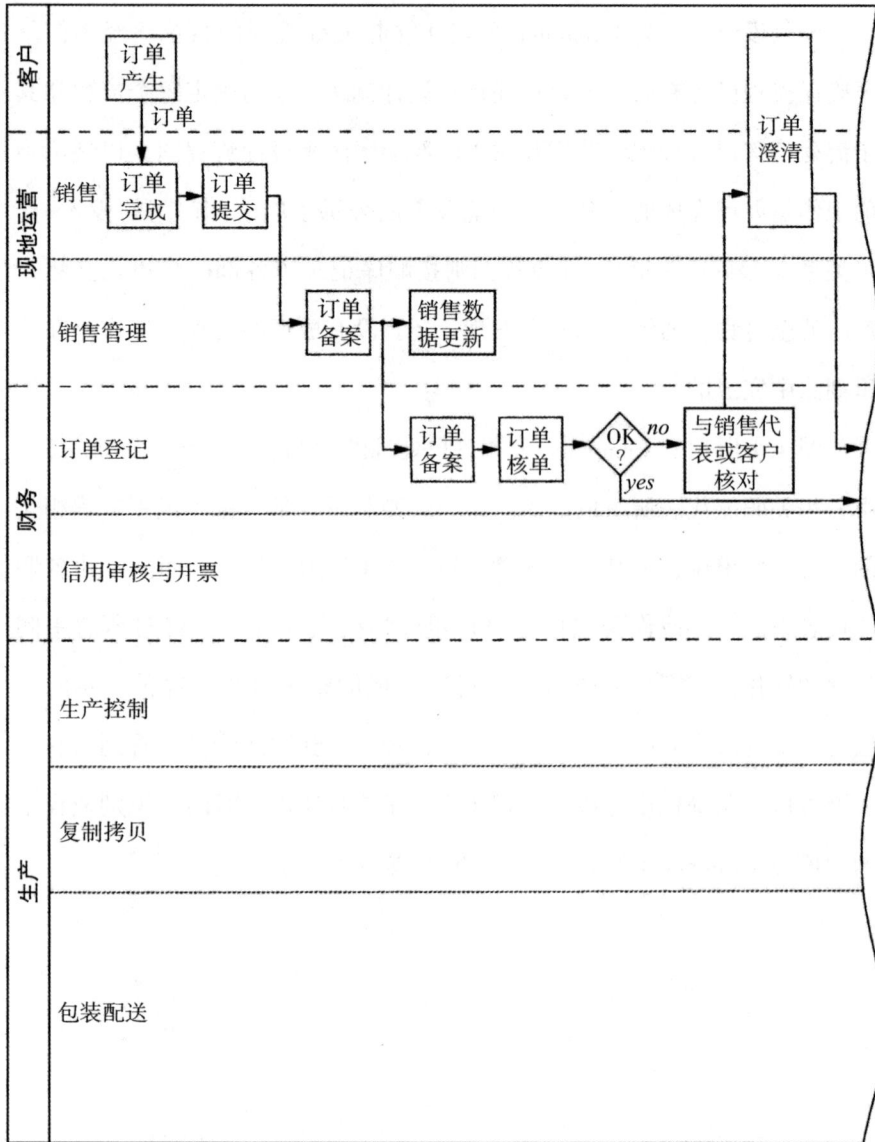

图 4.1 Computec 公司订单处理"当前态（IS）"流程图

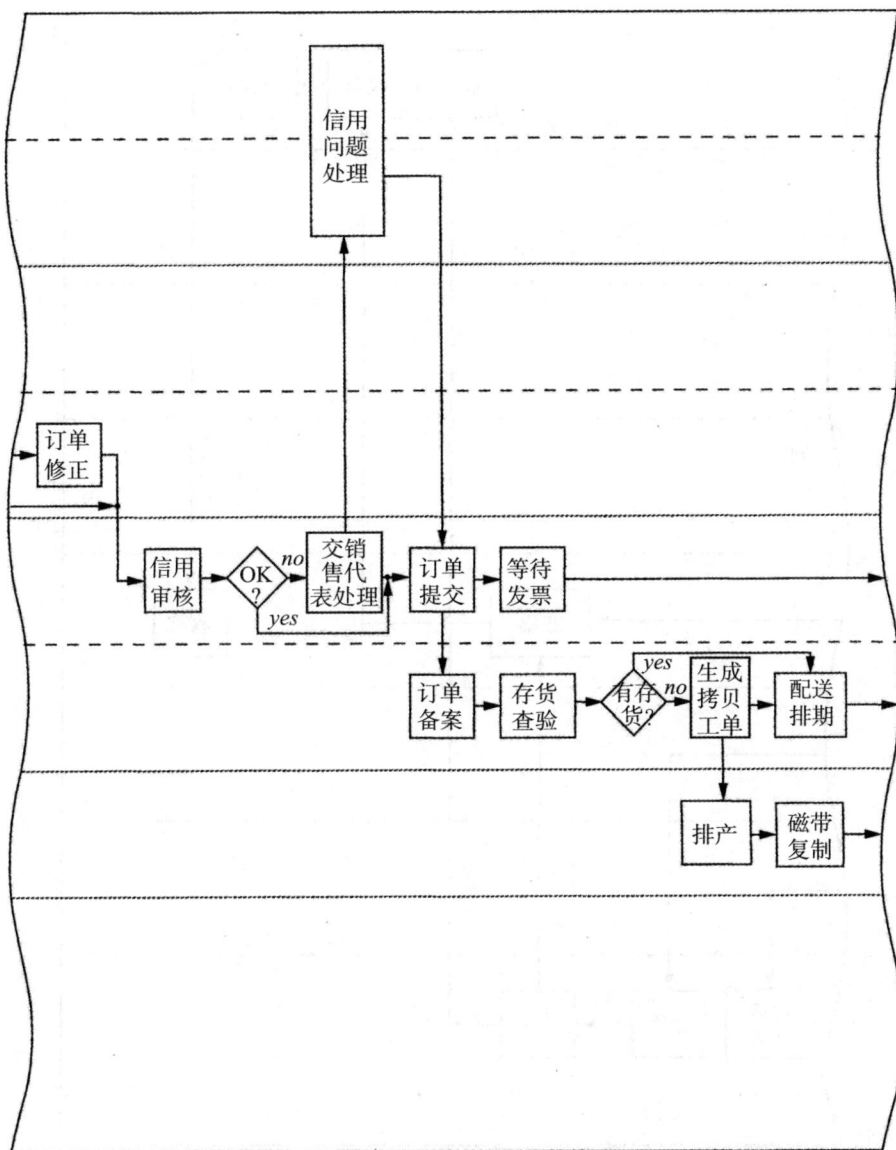

图 4.1（续）

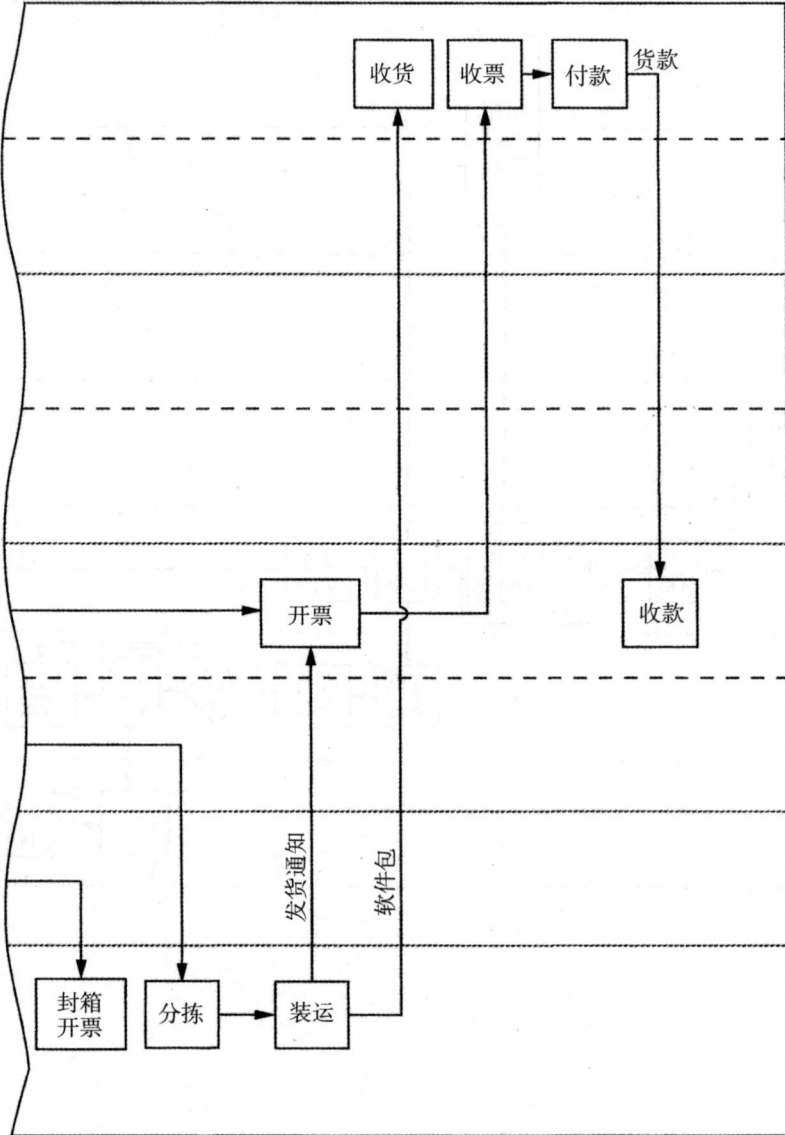

图 4.1 (续)

Computec 公司的团队绘制并分析了订单处理流程当前状态后，找到如下断点：

- 销售代表花费太多时间在订单输入上；

- 太多输入及备案步骤；

- 因销售管理要按批处理而导致流程迟缓；

- 对新客户执行信用审核，同时还要对老客户重复审核；

- 信用审核通过后才可备货（应该同步），导致流程空待。

团队随后创建了"未来态（SHOULD）"流程图，一个没有断点的订单处理流程。具体如图 4.2 所示。

如图 4.2 所示，"未来态（SHOULD）"流程图的主要改变在于：

- 由销售代表直接输入订单，取消销售管理环节；

- 信用审核与订单处理并行；

- 取消多个订单输入及备案步骤。

另一个可选的"未来态（SHOULD）"流程或许可融入准时制生产系统，这样，软件包只会按单装配，而取消库存。

"当前态（IS）"与"未来态（SHOULD）"流程图绘制是流程改进项目的核心步骤（第 9 章将描述一个更完整的流程改进项目步骤清单）。流程图还被用于绩效改进以外的事务。譬如，许多组织发现，将流程图作为文档格式，要比"过程手册"更能符合 ISO 9000 标准中的文档要求。

一个成功的流程改进项目可导致对如下流程设计问题的肯定回答：

- 这是效率最高及效力最大地达成流程目标的流程吗？

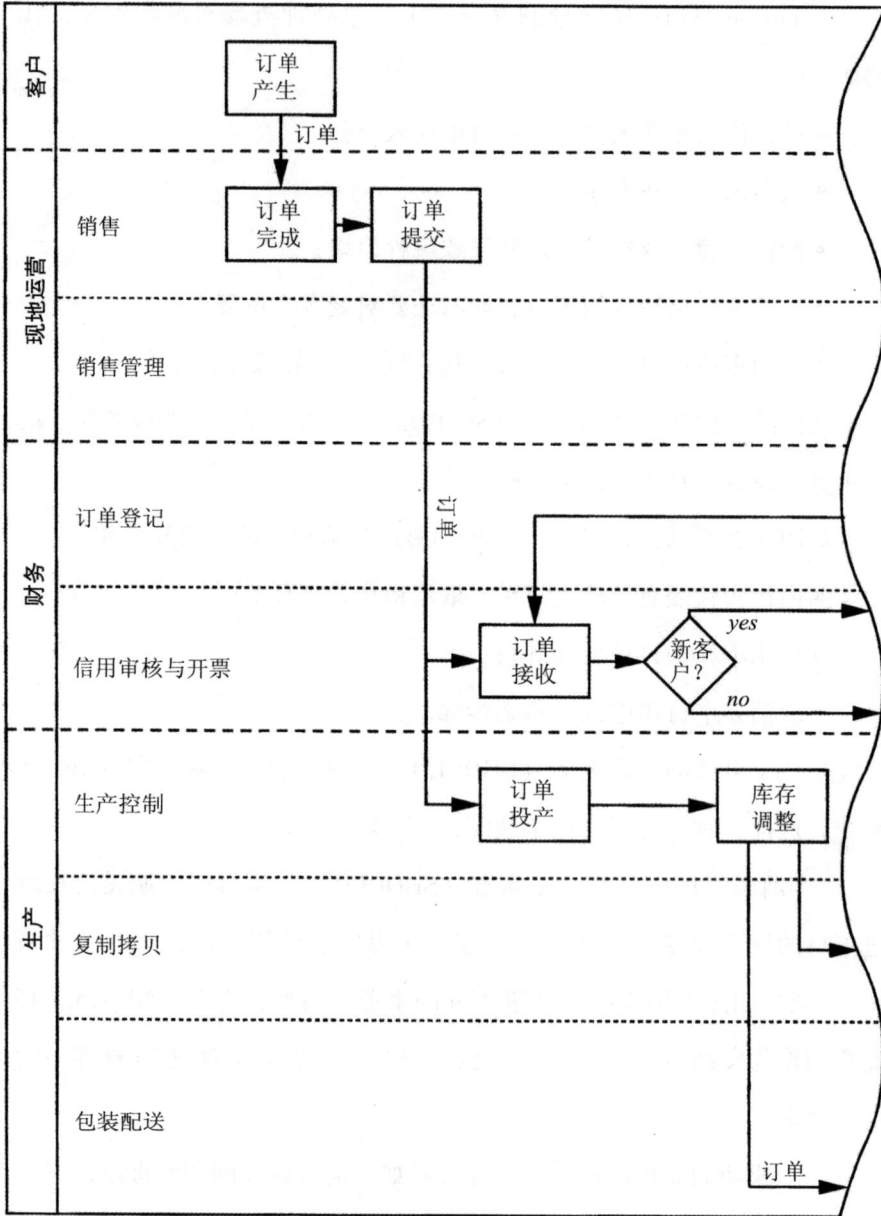

图 4.2　Computec 公司订单处理"未来态（SHOULD）"流程图

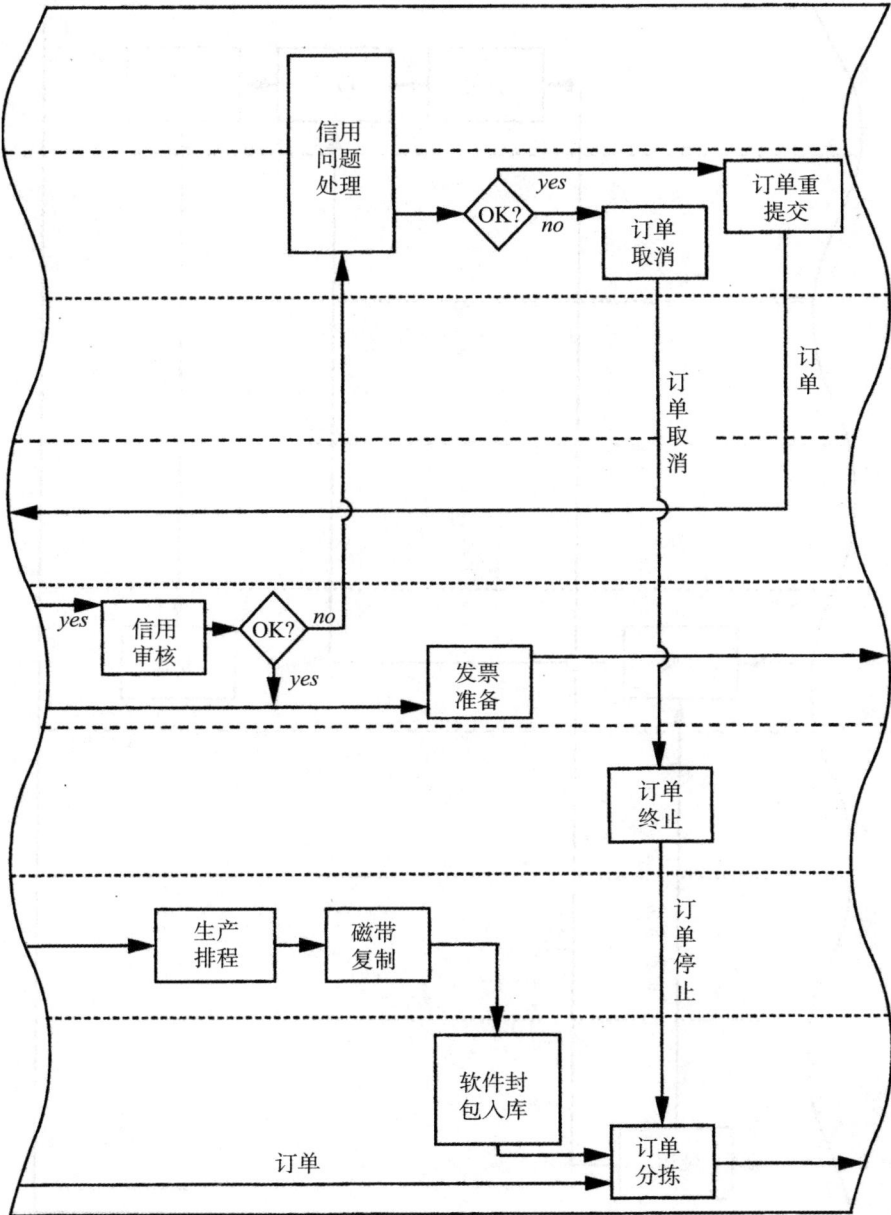

图 4.2（续）

图 4.2（续）

流程管理：遗憾的是，即便是最合理、最有目的性的流程也不会自管理。以下是流程管理所涉及的四个组成部分：

1. 目标管理：总体流程目标应作为流程各子目标订立的基础。如果管理一个天然气管道，我们不仅要测量管道两端，还要对所有的关键接头部位测压力和浓度。同理，我们在流程的每一个关键步骤后要设定子目标，以确保面向客户的流程终极目标的实现。图 4.3 给出 Computec 公司订单处理流程的若干子目标的例子。

许多组织，特别在制造行业，使用统计过程控制（SPC）工具。我们完全支持使用这些工具，如控制图等用以跟踪流程绩效、定位问题、维护流程稳定性。我们发现，图 4.3 所示的目标设定方法可帮助识别 SPC 工具应该运用在何处。

建立流程子目标后，职能目标就可设定出来。任何在组织层设定的职能目标都要被修正，以最大限度地反映职能对流程目标及其子目标的贡献。既然职能的意义在于支持流程，那么就该在对流程的服务表现方面来测评职能的绩效。在为职能设定目标以横撑（Bolster）流程时，我们必须确保每个部门能满足其内外部客户的需求。

Computec 公司的第一步应该识别每个职能对流程的贡献。例如，订单输入是订单处理流程的第一段（子流程）。有三个职能部门对其产生贡献：

- 销售：通过电话获取订单；
- 财务：确定客户信用状况；
- 生产控制：确定库存状况，必要时触发拷贝程序以生产额外的磁盘。

图 4.3 Computec 公司订单处理 "未来态（SHOULD）" 流程目标

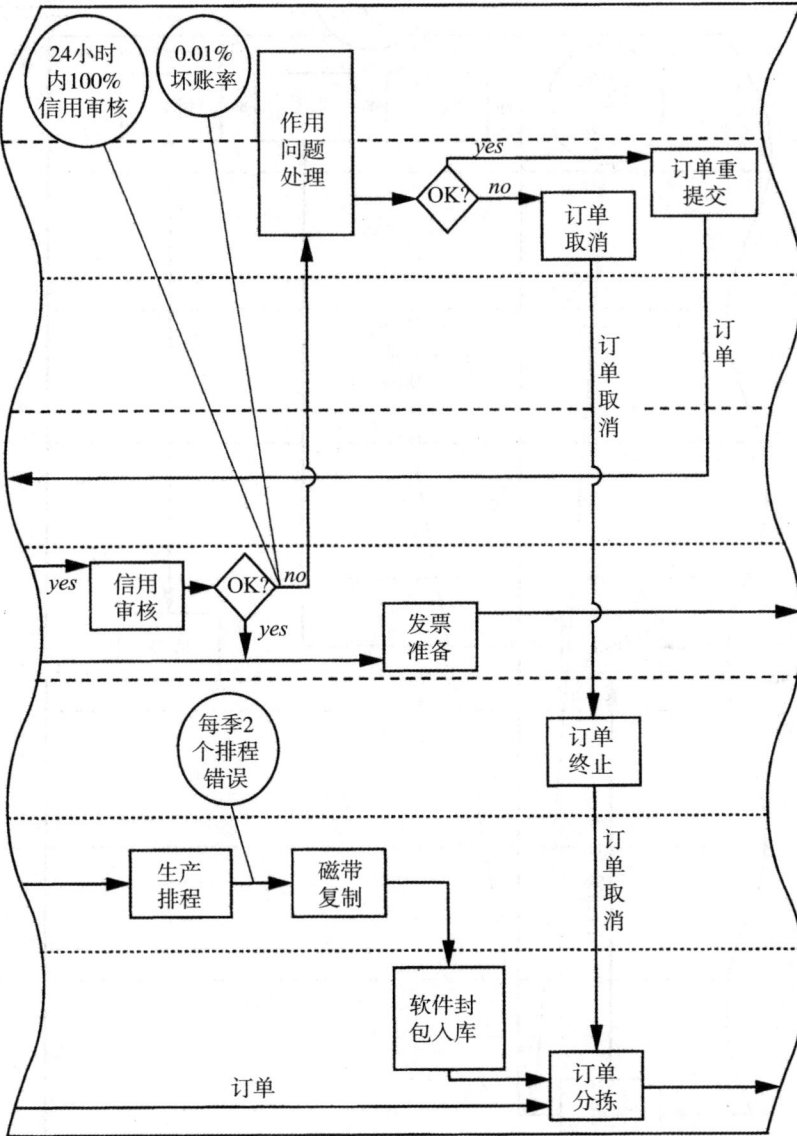

图 4.3（续）

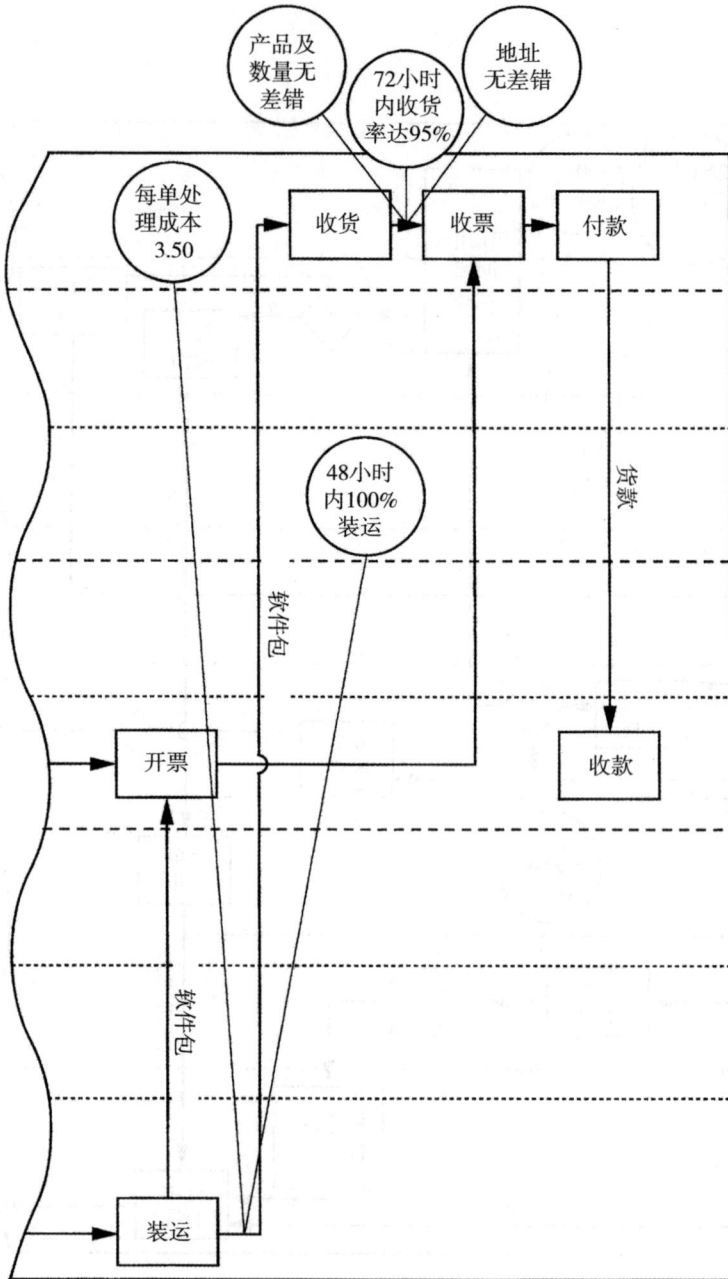

图 4.3（续）

　　一种汇总这些贡献的方式是角色/责任矩阵，在第 12 章将举例说明。

　　基于这些贡献，以及图 4.3 所示的流程子目标，Computec 公司便可确定职能目标，见表 4.2。

　　2. 绩效管理。在建立了可行的订单处理流程（参见图 4.2）和绩效目标/子目标集合（流程目标和图 4.3）后，Computec 公司经理们应当建立一套系统以获取内部和外部客户对流程产出的反馈、基于目标/子目标跟踪流程绩效、向承担流程角色的职能部门反馈流程绩效信息、建立解决流程问题和持续改进流程绩效的机制，以及调整目标以满足新的客户需求等。（第 12 章将提供一个可用于捕获流程绩效信息的绩效跟踪案例。）

　　在最近几年，我们掌握了许多管理流程绩效（能有效管理水平组织）的东西。我们明白，若想流程被持续地管理（而非中断后抢修），经理们就必须建立一个基础设施，那个被诸多组织开始称为流程管理的东西。

　　Computec 公司高管可以采取若干流程管理举措，以确保订单处理流程被持续管理着：

　　● 对流程绩效评级，在客户满意度、成本、记录的清晰度和完整性以及测评指标的质量和数量等方面分设等级。而且，每个职能部门对流程的贡献也可评级。

　　● 任命流程业主监督整个流程。（流程业主甄选标准和其角色描述参见第 13 章。）

　　● 指定一个稳定的流程团队，每月开会，评审及改进流程绩效。

表 4.2 从 Computec 订单处理流程目标推导出来的部分职能目标

职能目标总汇（指标和目标）

职能	时效		质量		预算		其它	
	指标	目标	指标	目标	指标	目标	指标	目标
流程整体	发单 72 小时内客户收货率	95%	订单准确率	100%	每单平均处理成本	$ 3.50	坏账率 库存周转数	1%12 次 每年
销售	收单 10 小时内输入率	100%	订单准确率	100%				
销售管理								
信用及开票	收单 24 小时内信用审核率	100%			每单处理成本	$ .50	坏账率	1%
生产控制					每单处理成本	$ .50	库存周转次数	12 次 每年
复制拷贝			每季排产出错数	2				
包装/配送	收单 4 小时内发运率	100%	订单准确率	100%	每单处理成本	$ 2.50		

●坚持月度常规评审，首先评审流程绩效，其次是职能绩效。

●只有当流程目标达成，且职能贡献度也达标时，才能奖励职能部门内的员工。

流程管理在绩效三层面中是关键主题，我们为之专辟第 13 章一整章探讨。

3. 资源管理。经理们通常认为资源分配是他们的主要职责。然而，面向流程的资源分配一般不同于惯常的面向职能的资源分配方法。职能型资源分配决定于以高级经理与其部门或分部门经理一对一的谈判。在这类谈判中，每个经理都为挣得蛋糕的最大一块而极尽雄辩之能事，而最具说服力的部门将获得最多的资金和人员预算。

流程驱动型资源分配由流程目标实现所需的资金和人员决定。流程资源确定后，各职能按其对流程的贡献度来获取资源。如果流程管理在组织中已制度化，则每个职能部门的预算，就是从其参与的各个流程预算中分得部分的总和。

在 Computec 公司，资源应按质量、时效、成本等流程目标分配给订单处理流程的每个步骤。然后，各职能部门将按完成各自对流程的贡献按需分配。例如，流程预算将分给订单输入、信用审核、排程、备货、送货等各个部分。每一个流程段都应分得流程预算的相应一块。负责各个流程分支的职能部门应当得到相应的预算，以使其能对流程作贡献。ABC 作业成本分析（Activity-Based Costing）（Sharman，1990）是一个有用的工具以合理地将预算和成本分配到流程中去。

4. 接口管理。流程图（图 4.2）可清楚地显示一个职能（图中的横向泳道）为另一个职能提供产品或服务的交接点。在每个点上，都有一个客户–供应商接口。正如第 1 章所说的，这些接口往往是最大的绩效改进机会之所在。一位流程导向的经理应密切监控这些接口，并消除任何影响流程效率和效力的障碍。

正如 Computec 公司流程图所显示的，销售与生产控制之间的接口、生产控制与装配之间的接口对订单处理流程的成功是极为关键的。高管和流程负责人们应当额外关注流程图中的 "空白地带"。为确保足够的关注，应设立接口的质量和效率指标并实施监控。

流程管理的问题有：

- 对流程是否建立合适的子目标体系？

- 是否管理流程绩效？

- 为每个流程配置了足够的资源吗？

- 是否管理流程各个步骤间的接口？

小结

组织的工作其实是经由主流程、支持流程和管理流程完成的。若想理解工作完成的路径，改进工作完成的路径与方法，并管理工作完成的路径和方法，那么就要把关注点和管理行为聚焦在流程上。从流程的角度看业务问题，往往会发现，有必要在组织目标、业务系统设计、管理实务等方面实施根本性变革（Radical Change）。流程层绩效与以下人员十分相关：

- 公司高管：可运用流程观点及工具将组织目标与个人绩效挂钩；

测评业务运行中实实在在的东西；对照其它公司的绩效，建立自己的竞争优势；评估并购（Merger & Acquisitions）的影响；以及评核组织架构备选方案。

●中层经理：可运用流程观点及工具来识别并消除质量、成本、周期时间上的差距；管理部门间及部门内的各接口；实施变革；有效分配资源。

●绩效分析师：可运用流程观点与工具来诊断业务需求；提出对组织绩效有较大影响的改进建议；评估客户企业所要求采取的行动；指导绩效改进团队。

若要在 3 层绩效框架中，硬选出一处对大多数组织而言，绩效改进机遇最大之所在的话，那就是流程层。或许是流程层属于被人们疏于了解、管理得最少、最薄弱的绩效层面之故；抑或是由于工作要经由流程来完成之故；再或者是因其为上衔组织层下接岗位层，作为贯通三层的目标、设计和管理共 9 个绩效变量之故吧；再或者是由于流程工具的运用可凸显组织最基础的需求——建立以客户为中心的组织、快速明智地适应新环境、实行变革、消除部门壁垒吧。

无论什么原因，流程层还意味一个巨大的、尚未开采的金矿。我们知道，仅仅管理结果是不够的。产生结果的过程（流程）也同样重要。如果正在收获成果，那我们要知道为什么。如果收获不到成果，我们也要知道为什么。两种情况的回答都是一个，那就是因为流程。一旦有了面向组织目标有效达成而设计并管理着的流程，我们就可以处理岗位层的绩效需求了。这也正是下一章的主要内容。

第5章 岗位层绩效

城市无人，何以为城？

——威廉·莎士比亚

我们可以把莎士比亚这句话中的城市替换为组织。作为上两个绩效层面所做努力的结果，Computec 或许有了清晰明确的组织目标和流程目标；组织架构和工艺流程或也趋于逻辑合理；组织和流程子目标、资源以及接口或许都已得到有效管理。但这还不够。通过厘清组织及流程层需求，Computec 公司建立了稳固的绩效基础。现在，公司要做的是在此基础上建楼。这座楼就是人员绩效。

在第 3、第 4 章，我们聚焦于系统，不是因为有效的系统可以弥补无效的人员，而是因为无效的系统会妨碍人员绩效的发挥。过往经验让我们偏信：多数人都想把工作干好。可是，让一个能人与一个拙劣的系统对垒，胜者往往是系统。

什么是岗位层

之所以如此命名，是因为着眼于各层面的工作和这些工作的从事者（Performer）。在此绩效层，我们采用与组织层和流程层相同的系统观。我们相信，只有基于整体绩效背景来分析岗位及在岗人员，绩效才可能被改进。从管理层对员工问题的典型反应中就可看出，系统观是多么的必要。除了对问题忽略，无视这种最为常见的反应以外，其它常见的措施还包括：

- 培训他们

- 给他们调岗

- 教练及指导他们

- 威胁警告他们

- 惩处他们

- 替换他们

所有这些反应有一个共同的主题思想，那就是"他们"。每一种举措都以问题出在他们身上为前提假设。因此，"他们"是需要解决的问题。

假定员工的缺点是绩效问题的根源，就如同假定坏电池是汽车故障的根源一样，是不合理的。一旦电池出了毛病，一个好的机械师会认为电池仅仅是引擎系统的一部分。系统中的很多部件都可能导致问题的发生。即便是电池工作不正常，也有可能是由其它部件所导致的；根本问题可能出在引擎系统的其它部分。同理，我们认为人员是"绩效引擎"——人力绩效系统 HPS 的一部分，该系统由大量的、影响绩效的部件所构成。

组织层和流程层的目标、设计与管理都是系统的部件，都对人力绩效产生影响。人力绩效系统经由更微观地呈现人员与其周遭环境，而建构在上述层面之上。人力绩效系统如图5.1所示。岗位层视角反映了投入（Input）—流程（Process）—产出（Output）—反馈（Feedback）的透视关系，从而进一步加固了组织层与流程层。

投入是指原材料、表单、任务单以及客户需求等，它驱使人员去执行。投入还包括执行者的资源以及执行者与流程层相关的IT系统和作业规程。对于销售人员而言，其投入包括销售线索、分派的销售区域、市场信息等。他们的资源投入包括宣传册、演示教具、产品规格说明书等。最后，销售人员还被要求按照销售流程按步骤执行。

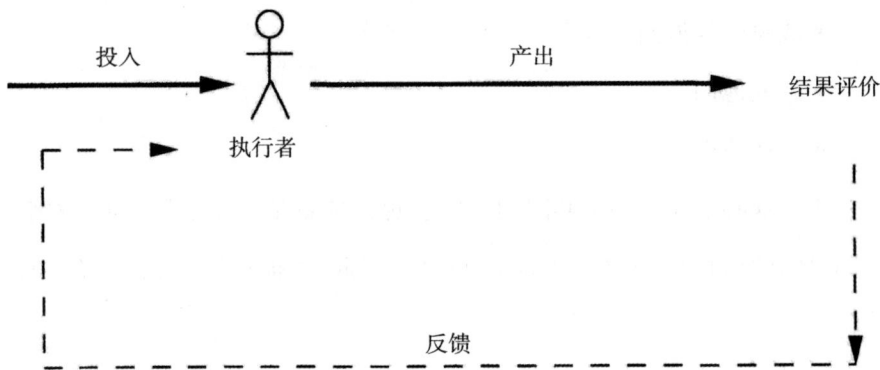

图5.1 人力绩效系统

执行者是指将投入转化为产出的个人或团体。销售人员、销售经理、市场研究员，甚至客户都是执行者。

产出是由执行者在为组织和流程目标贡献时所生产出来的产品。人的素质、技能、知识和行为习惯都是重要的绩效变量，所有这些都是达到目的的手段。这个目的就是在组织中能证明执行者存在价值的——产出。销售人员的关键产出就是他所完成的销量。

结果是指执行者在实现产出后体验到的积极和消极影响。积极的结果包括奖金、赏识以及更具挑战的工作。消极的结果包括埋怨、纪律处分以及乏味的工作等。结果是积极还是消极取决于每个执行者的独特观点。一个为企业签下大单的销售员会得到一笔可观的佣金和公众的认可，这个结果会被他视为积极的。未完成销售配额的销售员会因进账少、被调动到不想去的后勤部门或看到自己的名字在销售业绩表排名中垫底，而承受消极的结果。

反馈是指告诉执行者他自己做了什么，做得怎么样的那些信息。反馈可能来自于错误报告、统计表、废次品、口头或书面意见、调查以及绩效评估等。销售员从客户（愿买或不愿买的人）、销售经理（汇总销售绩效的人）、产品或服务生产和配送人员（可以评价销售质量的人）那里得到反馈信息。

产出品的质量是投入品的质量、执行者的质量以及结果的质量和反馈的质量的函数，在岗位层，我们系统地分析并改进人力绩效系统 5 部分中的每个部分。我们确信，所有的绩效改进都来自于对这 5 部分的改进举措。

岗位层行动

在第 3、第 4、第 5 章我们讨论了仅在岗位层采取行动而并不考虑组织层和流程层绩效变量所带来的后果。忽视岗位层所带来的后果同样严重：组织和流程的绩效改进如果不落实到岗位，其实是无处生根。如果岗位设置不能支持流程步骤、工作环境设置不能令工作者对流程效率和效益提供最大的贡献，那么组织及流程目标将无从实现。

举例来说，某电子产品生产厂商的经理们将订单至交付流程的周期时间视为关键竞争劣势（组织层）。为扭转这一劣势，他们设计了一个十分先进的销售和生产预测系统（流程层）。迄今一切安好！然而，基于对新流程和其潜在收益的极大热情，他们便迫不及待地发布并投入了使用。他们既没有意识到新的流程会影响到岗位工作而令其发生变化，也没有认识到需要足够的资源与管理实践来支持新流程。结果，新系统的启动耗时过长、令人痛苦、代价高昂。

这些经理们没有意识到岗位层不会随组织层和流程层的变化而自动地作出改变。确保员工能为组织目标和流程目标贡献最大化的唯一办法是处理好岗位层绩效 3 变量——岗位目标、岗位设计和岗位管理。

岗位层的绩效变量

岗位目标：由于人的角色是让流程运行，所以我们需要确保个人岗位目标要反映出其对流程的贡献。图 5.2 表明岗位目标和其它层面目标的联系。

这个目标的流向和传统方法的最大区别在于，它是流程导向的（而非职能导向的）。尽管岗位目标应与职能目标直接关联，但二者都应从

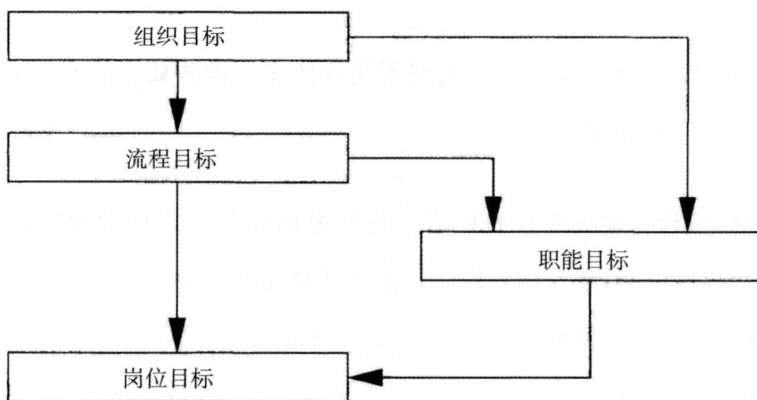

图 5.2　绩效目标设定的等级

所在流程推导得出。继续软件公司的例子，Computec 公司确定了订单处理流程是战略性的跨职能流程。其关键一步是对新客户信用审核。该流程的一项目标是（由财务部所承担）在收到订单的 24 小时内完成信用审核。这个目标被转译为财务部簿记员的一组目标：

- 在 24 小时内 100% 地完成所收订单的信用审核；

- 信用不足的订单 100% 退回销售代表解决；

- 信用不足却被误判合格的比例不得超过 1%。

将这些目标与执行者充分沟通，以表明对他们的要求是什么（What），做到多好（How Well）才算合格。这两个因素能具体说明人力资源系统的产出构成。对许多执行者而言，"多好"（绩效标准）这个维度往往缺失。没有标准，执行者就不能充分理解自己所要达到的绩效水平。我们发现，让执行者理解并承诺目标的最好方法，是让他们参与建立目标的全过程。

岗位目标设定的目的在于达成对如下问题的肯定回答：

> • 岗位产出和标准是否关联着流程要求，流程要求是否与客户
> 和组织需求相关联？

岗位设计：建立岗位目标后，我们要确保每个岗位都被很好地构造，以保证在岗者能达成目标。岗位设计是如下变量的函数：

- 岗位间职责指派
- 岗位活动序列
- 岗位规程与方针
- 人体工学

在基于流程要求而建立岗位目标时，我们常常发现岗位职责纷繁凌乱，从而阻碍在岗者支持流程的能力。例如，我们曾研究一家石油公司的采购职位，发现采购员对采购流程的贡献因耗时过多的管理性工作而大打折扣，于是将这部分职责分派给一个新设的采购助理职位。分散职责使得采购员能专心于自己擅长的任务——采购。除建立了新的职业生涯路径外，创新的岗位也使流程在不牺牲质量的前提下运行更有效。

为了帮助描述岗位目标，确保职责在岗位间配置合理，我们建议构建角色/责任矩阵，见表 5.1（以 Computec 公司为例）。

岗位设计的第二个维度是岗位活动的有序化——工作过程——在岗者所依照的、实现产出的操作过程。例如，如果要求采购员在与潜在供应商谈判并获得具竞争性报价前就确定采购总金额，那么采购员们或许就无法为采购流程贡献最大化。

由于与岗位活动联系紧密，岗位规程与方针会十分显著地提高或阻

表5.1　财务部及客户订单流程角色责任矩阵

主流程步骤	财务职能执行	财务岗位、责任及目标					
		A岗		B岗		信用主管	
		工作内容	目标	工作内容	目标	工作内容	目标
2.订单输入	订单接收	订单完整性校验	未检测出的错识为0收到款项8小时内返销售佣金率为90%				
	客户状态确定	客户状态档案查验	客户状态信息0错误				
	信用核查（新客户）			客户信用审查	0.1%的信用错审率24小时内审查完成率100%		
				如果OK，更新订单	24小时内订单更新率100%		
				如果不OK，通知销售代表	信用不合格订单100%退回销售代表处理		
6.订单交付与催款	开具发票						

碍流程效力。例如，单一供货方的方针和资本开支申请表会让采购员的绩效无法发挥。

　　最后，岗位的人体工学设计要支持绩效最佳。工位的设计和工作环境要让岗位目标实现无所阻碍。采购员，比如说，要耗费大量的时间操作电脑，那么桌椅的高度、屏幕的角度以及环境照度都要按便于操作而设计。

继续 Computec 公司的例子，我们要确信，告诉财务簿记员有逻辑合理的信用审核流程、有一套信用审核的方针和指南、还有便于信用审核绩效的工位（Work Station）之后，会使他们对信用审核工作清清楚楚。

以下是岗位设计变量的相关问题：

- 流程要求反映到相应岗位中了吗？
- 岗位的工作顺序逻辑合理吗？
- 建立了支持性的方针和规程吗？
- 岗位环境称得上符合人体工学吗？

岗位管理：管理岗位层，就是管理图 5.1 中人力绩效系统的 5 个部分。我们发现有 6 个因素影响人力绩效系统的效率和效力，具体参见图 5.3。

所谓岗位管理，不过是置能人于有利环境，令其达标。图 5.3 中的因素 5 和因素 6 反映了执行人员的能力。因素 1 至 4 列举了支持性环境各因素。

1. 绩效规范　是构成岗位产出的目标和标准。一个主动参与流程驱动型岗位目标设定过程的经理会确保与此因素相关的问题都有明确的答案。与此相对照，那些不清楚自己所要卖的产品结构的销售员自然对这个因素茫然不知。他们缺乏对绩效规范的了解。

2. 任务支持　由岗位设计所部分地描述。一个（在结构良好的流程中的）结构良好的岗位包含：易于确认的高质量投入、最少的接口、逻辑合理的规程等。经理们若想减少任务干扰（task interference），就要多加一个步骤，为员工提供充足的岗位资源。例如，大量的文案会挤占销售员的关键责任——销售的很大一块时间。在这种情况下，他们的销售业绩就受到任务干扰的阻碍。

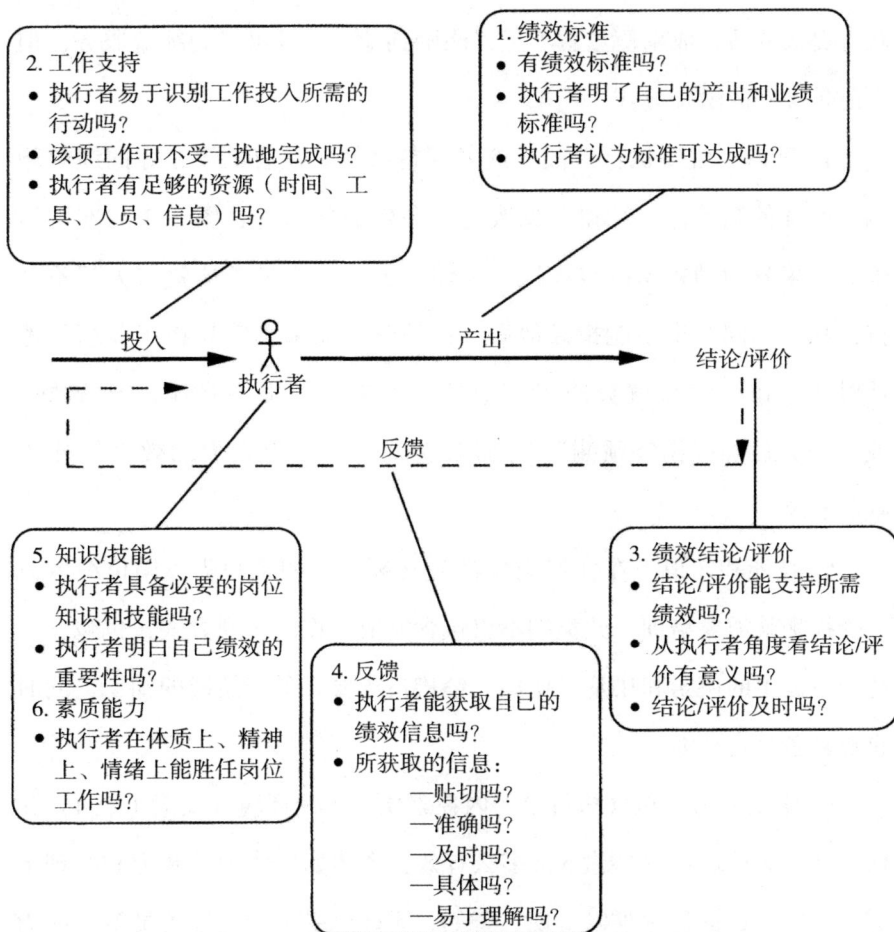

图 5.3 的内容：

2. 工作支持
- 执行者易于识别工作投入所需的行动吗？
- 该项工作可不受干扰地完成吗？
- 执行者有足够的资源（时间、工具、人员、信息）吗？

1. 绩效标准
- 有绩效标准吗？
- 执行者明了自己的产出和业绩标准吗？
- 执行者认为标准可达成吗？

投入　执行者　产出　结论/评价

反馈

5. 知识/技能
- 执行者具备必要的岗位知识和技能吗？
- 执行者明白自己绩效的重要性吗？
6. 素质能力
- 执行者在体质上、精神上、情绪上能胜任岗位工作吗？

4. 反馈
- 执行者能获取自己的绩效信息吗？
- 所获取的信息：
  —贴切吗？
  —准确吗？
  —及时吗？
  —具体吗？
  —易于理解吗？

3. 绩效结论/评价
- 结论/评价能支持所需绩效吗？
- 从执行者角度看结论/评价有意义吗？
- 结论/评价及时吗？

图 5.3　影响人力绩效系统的因素

3. 成果衡量　必须支持岗位目标的有效达成。比如，因战略（组织层）要求，销售员的一项岗位目标是销售一定量的新产品。如果销售提成体系仍然鼓励销售旧产品，那么销售员的成果衡量并未调整到为绩效服务上来。此外，成果衡量要对执行者有意义。有的销售员并不认为擢升为销售经理是个好成果。最后，成果衡量必须及时作出，以持续提供激励。一位渴望销售经理职位的销售员如果预期自己不能在五年内能获得提拔的话，成果衡量就不足以激励到他。晋升可以为绩效服务，但不能是唯一的激励方式。

4. 反馈　告知执行者改变或者保持绩效。没有反馈，好的绩效跑偏，而坏的绩效却持续得不到改进。高效的反馈符合图5.3的准则清单。如果只为销售团队整体提供反馈，那么销售员个体就认为其不与自己相关，同时也不能指导他们改进绩效。如果反馈只在年度绩效考评时才给出，那么就会缺乏实效性。如果反馈很不具体（"干的好"或"请以后加强销售预测"），那么它就失去了为人力绩效系统作贡献的意义。

5. 技能和知识　在任何岗位都是必须的。如果缺失，岗位绩效就会受损，就需要培训。此类别不仅包含完成工作的正规方式，也包含一些岗位能手的诀窍和秘笈。比如，销售员既要具备产品线的知识，同时也要具备销售技能。

6. 素质能力　包含执行者的内在素质。无论环境（要素1至4）如何支持、无论培训（要素5）多么有效，个体如果体力、智力和心理上有所欠缺，目标仍然难以实现。譬如，不能忍受被拒的销售员就属能力缺乏。

常常有人提醒我们忽略了一个关键的要素。他们指出，关键的绩效变量是动机（或称意愿、驱动力、态度或士气）。我们同意动机是关键，但它只是表象。在微弱（或强有力）的动机背后，我们找到了我们所提到的 6 个要素。如果将具备能力（要素 6）且接受培训（要素 5）的人员安置到一个有明确要求（因素 1）、支持（要素 2）、结果衡量（因素 3）和相应反馈（要素 4）的岗位上，自然就会产生动机。

正如例子所显现的，图 5.3 中的问题列表的一个强大的运用是作为"故障排除清单"使用的。每个"否"的答案就意味着"绩效引擎"出现了污垢，也意味着一个新的绩效改进机遇。在我们的经验中，绩效机遇大多存在于执行者的环境要素（要素 1 至 4）中。即便岗位、行业和国家不同，我们仍然发现，80%的绩效改进机遇存在于环境要素中。而15%~20%的绩效改进机遇存在于技能和知识领域。我们发现不到 1%的绩效问题来自于个人能力不足。

我们的经验与戴明（1982）的观点相一致，他说只有 15%的绩效问题是员工的问题，而 85%都是管理层的问题。由于这些数据与认为执行者是人力绩效系统的问题部分的观点相左，所以管理层对绩效问题（本章开始所列）的典型反应是他们不太可能视其为必要。

我们已将人力绩效系统及其相关问题作为一种诊断工具加以介绍。坏消息是，诊断本身并不意味着绩效改进。好消息是，6 要素中诊断出的每一项缺陷都意味着改善行动。

为使绩效说明更加清晰、明确，我们建议创建一个岗位模型以明确与流程要求相对应的岗位产出和标准（岗位模型详见第 12 章）。

为确保任务支持，就要重构岗位以使其有明确的投入、逻辑合理的活动序列、最少的任务间冲突和足够的资源。由于岗位设计有一定难度，所以大型组织都有这个领域的专家。如果组织缺乏这方面的能力，那么一个由任职者、主管和分析人员所组成的工作团队不需要复杂的技术就可借助变革来消除多数的任务支持中的障碍。

成果缺陷可藉由增加正向成果衡量和删除负面成果衡量的方式予以消除。这项工作看起来似乎需要一到两个心理学学位，其实不必。执行者往往很乐意告诉别人怎样的惩戒和奖赏对自己有效。同样，没有相关领域专家的组织也可以借助于由任职者、主管，或许加上分析员等组成的团队的集体智慧。

有效地设计反馈系统往往需要一些专业背景。然而，信息系统可以完全胜任。其目的就是开发出一套有效的手段以定期地、重复地提供具体的绩效信息给员工。许多组织只有单一的反馈机制，那就是一年一度的绩效评估。而大多数评估系统在以下两个关键反馈领域十分薄弱：频度和明确性。一个经理或分析师如果不能更改正式的绩效评估表格或流程的话，只有寻找其它的方式以为执行者提供他们所需的反馈。

技能与知识方面的缺陷，可以通过课堂培训、在岗培训和岗位辅导来弥补。由于培训和岗位辅导需要大量的专业知识，这些技能往往由组织中的人力资源开发部门提供。

解决个人能力缺陷的问题在于缺陷本身。有3个选项：改变工位以适应人（例如重新设计工位以容纳轮椅）；改变人以适应岗位（如心理辅导以应对压力）；调岗（如将他调往不需要运算能力的岗位）。

有许多处方。培训就是一种有效的疗法。不过，培训只对技能和知识缺乏症有效，而不能消除其它5类折磨所带来的痛苦。另外一个较受欢迎的疗法是重组。有效的重组可以消除任务支持的某些障碍，但对其它需求却无能为力。在实施解决方案前，必须诊断需求。

诊断和解决缺陷只是人力绩效系统的三种应用之一。6 要素也可用于改进已经符合预期的绩效。比如，任何在反馈或成果衡量方面的改进都可令绩效好上加好。经理或分析师也可将问题集作为校验清单，以为新的或改变了的岗位创造支持性环境。例如，它们可以在岗位确立和填补之前设计清晰的绩效说明和构建强化成果衡量的体系。

另外还有一个好处。人力绩效系统的每一处提高不仅会改进绩效的质量和效率，而且会丰富职业生涯的质量。其结果是，执行者更加愿意参与这个工具的三项应用。

在 Computec 公司，财务人员需要：

• 理解他们的 3 项信用审核目标

• 持有手册、电话、信用历史信息、计算器以及其它信用审核所需资源

• 在工作达标时获得奖励

• 定期获得明确的、针对自己的信用审核绩效的反馈

• 知道什么是信用审核、为什么要信用审核以及如何让信用审核有效率和效果

• 在财务部的环境中，精神和情绪上都能执行信用审核工作

以下是针对岗位管理的高层问题：

• 执行者理解岗位目标（所要求的产出和所要达到的标准）吗？

• 执行者有足够的资源、清晰的信号和优先级、逻辑合理的岗位设计吗？

• 执行者达成岗位目标后会获得奖励吗？

• 执行者知道自己有否达到岗位目标吗？

• 执行者具备必要的知识和技能以实现岗位目标吗？

• 在以上5个问题为肯定回答的环境下，执行者在体力、智力与心理上具备达成岗位目标的能力吗？

小结

组织和流程目标只有通过岗位层的绩效才能得以达成。管人不是件容易的事情，但也没有看起来那么神秘。高效的经理运用人力绩效系统来管理各要素以使好员工达成最佳绩效，而不仅仅是选聘优秀员工，然后祈望既效率高又质量好的绩效从天而降。经理要对每个人都在人力绩效系统中、而且6因素时时影响着系统的有效性有足够的认识。进一步，他们还要清楚，4个环境要素（多数处于他们可控范围内）往往隐含着绩效改进的最大机遇。我们发现：

• 高管可以应用岗位层视角和工具来明确责任、衡量直接下属的绩效；确保人力绩效系统能够支持正考虑发布的方针政策；创建人力绩效系统以实现产出质量、生产率以及直接下属的职业生涯最大化；诊断及改进自己的人力绩效系统；以及确保即将启动全组织变革有支持的环境。

●部门经理可以采用与高管相同的方式，运用岗位层视角和工具对直接下属、自己和所管辖的变革实施管理。

●分析师（尤其是人力资源专员、工业工程师和系统分析员等）可运用岗位层视角和工具诊断和清晰绩效需求；确保要导入或被要求启动的变革获得人力绩效系统的支持；管理上级和同事；诊断及改进自己的绩效以及提高自我的职业生涯质量。

本章所述概念和工具将被全面运用在后续的"应用"章节中。

第三部分

三层面绩效应用

第 6 章　将绩效与战略挂钩

真的勇士，能审时度势，无论前方是荣耀还是危险，都义无反顾地
达成目的。

——修昔底德

在对各层绩效实施管理之前，必须清晰地构建并沟通绩效期望值。
这在组织层尤其重要。如果我们还没有清晰地界定我们所经营的业务，
当然就无法有效地设计和管理组织层绩效，也不能确定流程层和岗位层
的绩效目标、绩效结构和绩效管理活动。没有清晰的战略作指导，我们
无法确保是否恰当地配置了资源、管理到了关键业务流程以及奖励了好
的岗位绩效。将中国的古谚稍作修改，可以说："如果我们不知要往何
处去，那么任何流程和工作都能带我们抵达目的地。"

我们不想就有关战略规划涉及的庞大的模型、理论和方法论展开叙
述。我们的目的是当一个组织的战略要有效地指导三层面绩效时，应识
别出那些需要回答的问题。一个清晰的战略可以制定出高层组织目标，

该组织目标将驱动绩效 9 变量（参见表 6.1）。

表 6.1 绩效 9 变量中的战略定位

绩效需求

		目标	设计	管理
绩效层	组织层	组织目标 • 组织战略/方向明确表达并充分沟通了吗？ • 战略就外部威胁与机会、内部优势与劣势而言有意义吗？ • 这个战略所需的组织产出及产出所要求的绩效水平都制定好并充分沟通了吗？	组织设计 • 所有相关职能就绪了吗？ • 所有职能都必要吗？ • 当前职能间的投入–产出流合理吗？ • 正式的组织架构能支持战略及能强化系统效率吗？	组织管理 • 设立了合理的职能目标吗？ • 相应的绩效测评了吗？ • 职能间的接口实施管理了吗？
	流程层	流程目标 • 关键流程目标与客户/组织要求挂钩了吗？	流程设计 • 这是对流程目标而言效力最大且效率最高的流程设计吗？	流程管理 • 设立了合理的流程子目标吗？ • 对流程绩效实施管理了吗？ • 对流程步骤间的接口实施管理了吗？
	岗位层	岗位目标 • 岗位产出和标准与流程要求（继而与客户和组织要求）挂钩了吗？	岗位设计 • 流程的要求反映到了相应的岗位设计上了吗？ • 岗位工作步骤合乎逻辑顺序吗？ • 岗位环境合乎人体工程学要求吗？	岗位管理 • 执行者理解岗位目标（产出和标准）吗？ • 执行者有足够的资源、清晰的指令和优先级，以及符合逻辑的岗位设计吗？ • 执行者达标后会获得奖励吗？ • 执行者知晓自己是否达标吗？执行者具备必要的知识/技能以达成岗位目标吗？ • 如果执行者在以上五个问题均获肯定答复的环境下工作，他们就具备体力、智力和心理能力去达成岗位目标吗？

什么是战略？

组织战略由两部分构成：战略开发和战略实施。战略开发的核心有四个要素：

1. 要提供的产品与服务（我们要做什么）

2. 要服务的客户与市场（我们为谁做）

3. 竞争优势（凭什么客户要买我们的东西）

4. 产品和市场的优先级（应该把重点往哪里用）

战略实施的核心有第五个、多构面的要素：

5. 系统和结构（我们如何实现做什么、为谁做、凭什么和哪里）

我们并非表明这五要素就是战略的全部。但我们相信，其它的所谓战略分析、决策和行动不过是：

● 作为前 4 个要素的投入（市场研究、行业分析、竞争分析、环境监测、产品线规划）

● 如何衡量前 4 个要素的有效性（财务结果、市场份额、非财务关键成功因素）

● 导向全部 5 个要素的哲学（价值观、文化）

● 第 5 要素的分支部分（预算、市场计划、人力资源计划、技术规划）

● 旨在排除横亘于第 5 要素前的障碍的解决方案与行动计划

哪些是（全组织的，或各分部的）高管们在设计和管理组织绩效之前需要回答的问题呢？

战略决策制定前的问题：

1. 以什么价值观指导我们的业务？

2. 我们要看多远的路？

3. 就外部环境（法律法规、经济环境、可用资源、技术、竞争态势、市场）而言，我们有哪些假设以支撑战略？

有关产品与服务的问题（要素1）：

4. 我们将提供（或不提供）哪些现有的或新的产品与服务？

5. 用什么标准来衡量是否有新产品与服务的机遇？

有关客户与市场（要素2）：

6. 我们所要服务（或不服务）的现有或新的客户群是谁？

7. 用什么标准来衡量是否出现了新的市场机遇？

有关竞争优势（要素3）：

8. 哪些因素（价格和/或各种质量维度）对客户而言很重要？

9. 哪些因素代表着我们的竞争优势？

有关产品与市场侧重（要素4）

10. 要在我们当前的哪些产品或市场领域投入最大的力量（资源或关注）呢？

11. 在哪些我们新的产品或市场领域投入最大的力量？

图6.1显示了这些问题的答案如何能帮助我们有效定义绩效系统观（参见第1章）的各个部分。

没有这11个问题的答案，组织就是艘无舵之船。没有战略定义和战略目标，组织就无法在其所处的环境中定位，而绩效管理也就成了猜谜游戏。借用一句老话，我们说：一个组织不但要把事情做对，还要做正确的事情。正确的事就是指一系列密切配合的、缜密而切实可行的、与战略相关的活动。

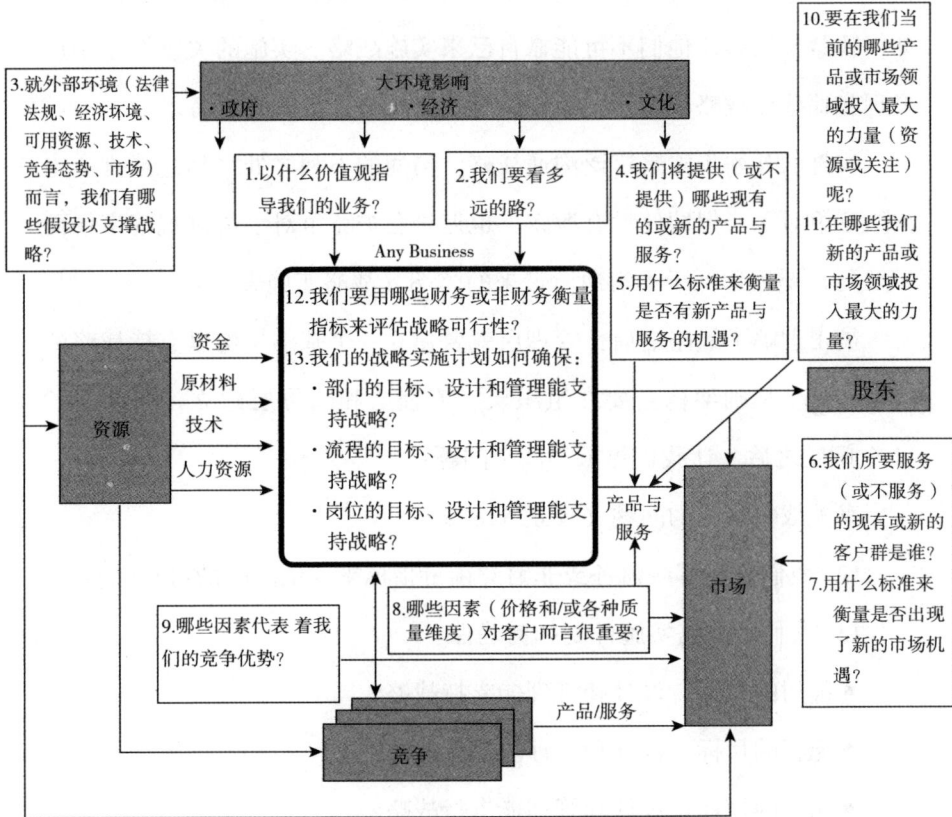

图 6.1　战略对组织系统图各部分的影响

为什么战略会失败？

好的战略只是成功的一半。在我们的经验中，战略没能成功实现的
主要原因并不是因为其缺乏清晰可行的愿景，而是因为其被束之高

阁——没有被好好执行。遗憾的是，战略再好，也不能天生地指导绩效。实施战略的综合行动要周密地计划、执行及监控。此外，无论高管如何智慧与勤恳，他们不可能靠自己来实施战略。实施的关键在于中层经理和那些对战略成败至关重要的管理系统与人员的管理者。

实施的开始步骤是广泛沟通战略。沟通的不利之处（信息或许会走漏给竞争对手，但即使没有泄露，也迟早会被竞争对手透过观察市场而了解到）要远远低于不沟通所带来的弊端（战略实施失败）。

员工理解了战略之后，管理层就要建立一个基础架构以支持战略的实施。这个基础架构需要在组织层、流程层和岗位层建立。在此前的11个问题之后，让我们再添加两个问题：

有关战略实施的问题（要素 5）：

12. 我们要用哪些财务或非财务衡量指标来评估战略的可行性？

13. 我们的战略实施计划如何确保：

- 部门的目标、设计和管理能支持战略？
- 流程的目标、设计和管理能支持战略？
- 岗位的目标、设计和管理能支持战略？

"股东回报"是一个很好的衡量指标，它可以反映出组织在多大程度上解决了这 13 个问题。

战略实施的 3 层面

在第 3 章，我们探讨了设定战略驱动型组织目标的必要性。案例中的战略目标是在 2 年内开发出 3 项新的软件产品和 2 项新的系统集成服务。这一目标如果没有反映在产品开发、运营和营销（组织层）的目标中、没有获得产品开发流程和生产流程（流程层）的有效支持、也没有被针对研发工程师和销售人员（岗位层）的奖励制度所强化的话，那么就无法达成。

我们所发现的最有力的战略实施工具，就是能有效帮助我们在组织/流程/岗位层设计和管理绩效的工具。一旦能通过回答图 6.1 所列的 11 个问题将战略制定出来，我们就能通过回答躲在问题 13 背后的问题来聚焦实施规划：

组织层

●目标：哪些具体的客户和财务目标需要设定并跟踪？

●设计：组织内部需要哪些客户-供应商链路来构造我们的竞争优势？

●管理：有多少类型及多少资源需要配置给各个职能？

流程层

●目标：对我们竞争优势至关重要的流程，需要设定哪些目标？

●设计：为确保战略相关的关键流程高效快速运行，我们要做什么？

●管理：我们如何确保关键流程被持续管理着？

岗位层

●目标：对流程（以及战略）至关重要的岗位，要设定哪些目标？

●设计：如何设计这些关键岗位以最大限度地支持战略成功？

●管理：我们要如何创造一个环境（反馈、培训、激励）以支持岗位对战略的贡献？

对这些问题的回答就是战略实施计划的核心内容。我们在本书通篇展示的工具——组织图、流程管理、人力绩效管理、测评体系——都是为帮助回答这些问题所设计的。

将绩效与战略挂钩：一个案例

鲍德温药店有限公司（虚构名）是家药品与杂货零售连锁店。为了能在高度竞争的行业中取得成功，鲍德温的高管意识到，他们需要建立一套战略以清晰地指导日常的经营绩效。他们运用了 11 个问题来确保通盘考虑，避免疏漏。我们可以汇总高管层制定的战略决策结果：

1. 他们建立了一个价值观声明，内容是：

• 鲍德温只销售最高质量的产品。

• 鲍德温员工会加倍努力地提供满足甚至超越顾客期望的服务。

• 因员工是最佳创意之源，鲍德温公司要在鼓励参与的开放风格下运营。

2. 在这个高度竞争的行业，他们设定 3 年为一个战略阶段。

3. 通过市场研究与自身对行业的理解，他们就未来 3 年内，鲍德温业务经营的外部环境形成了假设清单。这些假设包括：

• 药品行业法规的松动将使新药品类增多，以及常规药品数量剧烈增长。

●鲍德温所在地区的经济将持续增长。

●廉价的全职或兼职收银员和店员将持续地难以雇请到。

●药品折扣店超市将继续是我们最可怕的竞争对手。

●客户如果认为获得了药品本身之外的附加价值的话，仍然愿意多付点钱。

4. 鲍德温高管层在反复讨论后决定，他们将抵御提供杂货、汽车用品和玩具的诱惑。他们还决定不生产任何产品。他们将继续提供处方药、成药、保健产品、美容品、相机耗材和办公耗材。一句话，他们决定鲍德温继续靠传统的街角连锁药店的定位获取成功。他们定出了一个完整的产品分类清单以明确未来 3 年内提供及不提供的产品。

5. 高管层将用以下标准来评估新的产品线：

●是否有潜力达到利润指标

●是否符合街角药店的形象和当前鲍德温所售产品类别

●能否满足持久的需求

●不需要新的产品陈列形式或特殊的员工技能

6. 他们决定鲍德温将专注三个主要目标市场（客户群）：老年人、残疾人、年轻富裕家庭。尽管这些利基（Niche）市场排除了很大比例的人群，但高管相信，这种专注将为鲍德温带来显著的竞争优势和红火的生意。

7. 在评估新的市场机会（新的地域或新的客户群）时，主要的可行（Go-No Go）标准是：就现有产品线而言，该地区或客户群有否实证的需求；新扩张能否建立鲍德温的竞争优势；以及新投资能否在 2 年内收回。

8. 为确保他们的战略是客户导向的，高管层通过民意调查和焦点访谈结果来识别老年人、残疾人、富裕家庭市场的需求。他们认定，这几类人群的主要购买动因在于便利、可买到、服务。虽然价格是一大因素（尤其对医保病人），但高管们确信鲍德温的客户将愿意为便利、可买到和服务多付点钱。

9. 鲍德温的竞争优势将体现在便利、可买到、服务这三个已识别出来的领域。鲍德温将以门店位置、营业时间和送货上门三个方面实现便利性上的竞争优势，以确保针对三类客户群的全线产品随时可买到，来建立可获取性（Availability）竞争优势。不仅可以送货上门，鲍德温的服务项目还包括提供具备摄影和美容知识的人员、药品支持热线以及与病人、医生建立良好关系，为病人提供个体关怀。高管们坚信，这些将使鲍德温有别于低价、低服务的折扣店、杂货店和药品货仓式超市。

10. 在未来 3 年内，鲍德温将在目前为老年人和残疾人所提供的成药上作不同寻常的市场营销与采购进货。

11. 在鲍德温计划建立的竞争优势上，高管层将强化新产品（如残疾人用品）以使店铺成为目标客户的"一站式"购物店。

这 11 个要点只代表了高层战略，但它们指明了一个清晰的方向，并全面反映了对系统各部分的绩效分析。为确保他们的愿景得以实施，鲍德温高管层采取两项进一步的行动：

12. 他们选择三项测评指标来评估战略的成功：净资产回报、市场份额和客户满意度评级。

13. 他们设定了一系列的全组织和部门级的目标以反映战略冲击力。首先，他们为所有接触客户的部门建立了具体的服务质量目标。其次，他们确保所有部门都构造合理并互相联系，以使鲍德温能提供差异化的客户服务。第三，他们确保资源得到合理配置。例如，市场调查人员会得到在三个目标市场采集完整信息所需的资金和人手。

他们确保关键流程（客服、市场调研、供应商甄选）都已成文，且设定了支持战略目标实现的流程目标。他们确保这些战略性流程能有效地达成其目标，且安置了流程管理基础设施以检测和持续改进这些战略性流程。

在每个战略性流程中，他们识别出一些关乎组织成功的关键岗位。在鲍德温的客服流程中，所有与客户接触的岗位都是关键岗位。对于这些岗位，都设定并充分沟通了目标（派生于流程目标）。这些岗位都按照强化客户服务的原则设计过。最为重要的是，高管团队营造了一个环境（通过培训、反馈和奖励）以支持卓越的客户服务。

小结

三层面框架为组织战略作了两大贡献。对于战略制定而言，它提供了一个系统框架（参见表 6.1）以确保组织的发展方向是建立在对所有战略变量分析的基础之上的。同时，为系统的各部分提出了针对战略有效性而言必须回答的 11 个问题。

对战略实施而言，这个三层面框架提供了让组织的战略愿景变为现实的绩效 9 变量。一个管理团队若能在组织/流程/岗位三个层面上贯穿战略，必将戏剧性地增大战略落地的概率。因为在每一层，战略都通过目标、设计和管理来实现。

第 7 章至第 14 章将从战略实施的不同维度展开深入探究。

第7章 从年度运动到持续改进

切莫追逐幻影而丢失已有的东西。

——伊索

在众多的大型和中型组织中，高管们都喜欢开展绩效改进运动。这类运动往往有个核心口号，常常带有诸如质量、客户服务、再造、团队协作等关键词，并靠声势浩大的宣传来发动。这类运动要靠大量的资源消耗来支撑（通常这是获高管特别支持的信号）。

遗憾的是，改进运动常常以追逐幻影而告终，而不是以建立起一个实实在在的、持续改进绩效的基础设施为终结。正如这篇摘自财富100的企业通讯：

最近的两个质量组的总结会标志着项目封账完成。最初以 5 个小组为开端，本项目发展出 327 个小组。93 个提案提到了节约成本。在其执行期，项目本身已成为参与式管理哲学不可分割的一部分。它产生了诸如问题解决机制开发、领导力、沟通技能等有形的和无形的成果。

当认为美国所深陷的越南战争是一场无望获胜的战争的观点日趋明朗时，佛蒙特州参议员艾肯主张美国宣布胜利并撤军。类似地，这家公司通过枚举小组数量和提案数量而宣称质量运动成功，并将其结束。

这个组织（寥无有价之物可资回顾及展望）的一位人力资源开发专家画了一个家谱，显示出质量运动是近十年来所开展的 36 项有关生产率、质量、参与式管理以及文化变革运动中的一项。每一个运动开始时都大张旗鼓、期望颇高且耗资不菲，但多数现在已寿终正寝或苟延残喘。毫不奇怪，在这个组织中，员工对新管理举措的流行性反应正如管理顾问克里斯·哈特（1987）所描述的弹簧效应——用力就弯，撤力就还原（BOHICA——bend over, here it comes again）。在十年的运动之后，员工认为，除少数例外，组织依然故我。

美国企业在财务上的短视，近几年间被大量的书籍和文章大肆披露和挞伐（基本是白费工夫）。这种短视症同样也延伸到了组织改进领域。也许美国的高管们缺乏耐心，喜欢寻求魔弹（灵丹妙药式的方法）的特点源于他们的创业和产品革新的骄人战绩。而一旦遇到实质性的、持续绩效增长的问题，他们就找不到魔弹了。

在我们的经验中，即便实施最有效的培训方案和推行组织发展举措，也只不过能为绩效拼图的众多图块提供其中的一两片而已。我们发现，在绩效改进方面，无论是以质量、客户导向、生产效率、时间周期、成本节约，甚至或是文化变革为驱动的任何尝试与努力，它所能取得成效的大小，完全取决于其对绩效三个层面的涵盖程度。

四个缺失的绩效改进行动

如何对它们评级？

例 1. ABC 电子有限公司的总裁接触到"质量教派"并已成为一个忠实的信徒。认识到质量在其公司中没有获得应有的重视后，他是这样做的：

· 安排一个"炼狱式"质量讲师对所有经理提供一次一天或两天的培训

· 让人力资源开发部门组织每位主管准备与其下属的视频+互动会议

· 指派一个全职的质量总监，直接向他汇报

· 要求质量总监准备一段"质量声明"并令全员知照

· 指示员工沟通部门组织海报设计比赛，重奖优胜设计

· 通知人事部门要求全体员工佩戴工牌，上印"质量——ABC之本"

· 提供特别基金给人力资源开发部门，用于购买或开发质量技术的培训工作坊

评价：ABC 电子有限公司总裁的质量举措重形式轻实务。尽管他的行动动机高尚且无害，但总分却得了"F"，因为其所作所为对组织层、流程层和岗位层绩效没带来任何好处。

没有证据表明他向组织传达了质量战略，也没有设计质量赖以产生的职能关系。他没有做出任何努力去把质量植入关键战略流程之中，而且公司没有显示出将质量植入考核、培训、反馈之中，也没有嵌入对岗

位个体的奖励体系中。以上这些为最后导致这场改进运动将以短命和毫无成效为结局布下了所有的陷阱。

例2. 安睡客栈连锁酒店的质量总监高价雇请了顶尖的咨询公司再造其宾客入住登记和退房系统。顾问邀请前台的主管与非主管员工参与分析，并提出改造建议。大家提出的改进建议只经质量总监的小小的修改即获采纳，包括强化登记与退房准确率的衡量指标和奖励机制等在内的改进计划得以实施。

评价：安睡客栈比 ABC 电子有限公司要做得好一点。它采取行动对业务流程（登记与退房）实施改进。与该流程相关的人员都参与了分析。质量总监因将流程改进活动的结果与岗位层的支持系统挂钩而获高分。但他忽略了对组织层的关注。登记/退房流程是最具战略意义的流程吗？在客户优先级中，便捷退房又在什么位置呢？这间连锁企业是企图达到竞争对手的水平还是想建立竞争优势？对于所选流程，为何将参与者限定在前台部门？（难道登记/退房流程与预定、侍应以及账务人员无关吗？）另外，高管层呢？全权交由质量总监负责，而高管缺席是想传达给整个组织一个什么信号呢？

例3. 在广泛的市场调研和竞争力评估后，Cars R Us 汽车配件公司的高管层决定，他们将通过缩短订单处理周期时间——客户下单到收到正确的配件的时间来建立竞争优势。一组分析师被要求审查并提出好的办法，以降低影响订单处理时间的订单输入、生产与装配、分发这三个流程的执行时间。在 3 个星期内，分析师们开发了一个系统，能既不牺牲质量又不增加成本地将周期时间从当前的 28 天缩短到 11 天，实现行业最佳周期时间。这个系统即刻被实施。

评价：Cars R Us 在组织层定位了战略维度。订单处理周期时间被指定为潜在竞争优势。我们在组织层的问题是：各职能能否协调统一（即内部客户–供应商关系）地去达成战略目标？虽然选择并研究了一个关键的流程，但遗憾的是，我们不能把高于"C"的得分给它。因为在流程层，是由分析师而不是流程的关键执行者完成流程分析的。让执行者参与其中将增强跨职能的关系并增进他们对流程变革的承诺。

这个例子的主要缺陷在岗位层。这里有疏漏的过失。一个清晰的战略和构造完好的流程如果不能驱动执行的人，就没有任何价值。公司没有采取任何措施将周期时间战略和流程改进纳入到订单处理系统工作人员的岗位中。

例 4. 为应对日益增长的解除管制的（竞争性）政策环境，万国电话公司在其所制定的规划中设立了一个战略目标：在维修问题上改进10%，这个问题是季度客户满意度评级调查的一部分。公司策略委员会清晰地将此战略目标进行了沟通，提升了维修部门定员标准和卡车与工具的预算。人力资源开发部被告知扩展并强化对维修工和维修主管的培训。在维修部的每个科室，成立质量小组。在有经验的引导师（Facilitator）指导下，各团队每周碰一次头解决自己领域的问题。

评价：万国电话公司为绩效改进建立了组织层目标。该目标是战略性的，因为它强调了对客户和竞争的关注。而且，公司为支持目标的实现，确保了全组织的沟通和足够的资源配给。美中不足的是，在组织层，高管团队明显没有认识到，维修不仅仅是维修部门的事情。培训和群策群力解决问题正在确保岗位层受到充分重视（或许太过重视，因为尚无证据表明知识技能缺乏，而需要培训投入）。策略委员会明智地认识到，维修人员才是最有能力高效地改进绩效的。然而，维修流程无疑会有维修部内的职能与维修部以外的职能间的交接（接口）部分，因而，这种质量小组各属各的职能的方法会有点问题。我们还诧异，各团队所产生出来的改进，如何能获得考评与奖励体系的充分支持？

万国电话公司的作法，主要缺陷在流程层的缺位。这种缺位，我们见到的最多。没有任何迹象表明维修流程获得了全面而系统的关注。测评体系的潜在缺陷和极可能存在的"空白地带"（参见第1章）问题极大地降低了绩效改进努力的成功概率。在没有创建出一个高效的维修流程的前提下，组织层目标不大可能实现。维修流程的全局性缺点，往往无法体现在流程小组就岗位层所提出的建议中，因为这类问题超越了科室小组的关注范围。

全组织绩效改进

对以上4个绩效改进的企业实施点评，目的在于强调我们坚信的理念：任何没有考虑到全部绩效三层面的改进努力往往只会产生些零散的结果。如果ABC电子有限公司的总裁遵循三层面方法，他就会执行与绩效9变量（参见第2章至第5章）相对应的9个步骤：

组织层

1. 目标：开发一组全公司范围的、客户驱动的、与组织竞争优势和战略差距挂钩的绩效改进目标。

2. 设计：设计一个职能间的客户–供应商关系能相互支撑战略的组

织形态。

3. 管理：为目标的实现而合理配置资源，并建立一套跟踪并改进绩效的体系。

流程层

4. 目标：识别对战略至关重要的流程，设立描述绩效要求的流程目标。

5. 设计：成立跨职能团队，找出当前流程的断点，设计新的、消除断点的流程。

6. 管理：在流程的关键衔接点上设定目标，并持续监控和改进流程绩效。

岗位层

7. 目标：识别对流程成功至关重要的岗位，并制订这些岗位的产出目标。

8. 设计：设计并安排岗位，以便执行者能快速有效地达成岗位目标。

9. 管理：创建岗位工作环境，以便受训过的、具备能力的员工在清晰的任务要求、定期的反馈、积极正面的成果评价和最少的阻碍下达成目标。

这位总裁也许仍然要求提供意识培训、任命质量总监、将标语口号和宣传画贴满墙、塞进工牌中，而通过运用三层面方法所列的绩效 9 变量，他会将关注点从"月月新"的标志运动，转到建立持续、长期地实施绩效改进的基础设施上来。

尽管缺点不少，但 ABC 电子有限公司质量运动有个很重要的优点——总裁亲自参与。我们发现极少有成功且持久的成就，是在没有高管的积极参与下达成的。在样板项目中，高管不仅仅是只给予祝愿和资金这么简单。图7.1描绘了一个积极参与绩效改进工作的高管所要担当的5项职责：

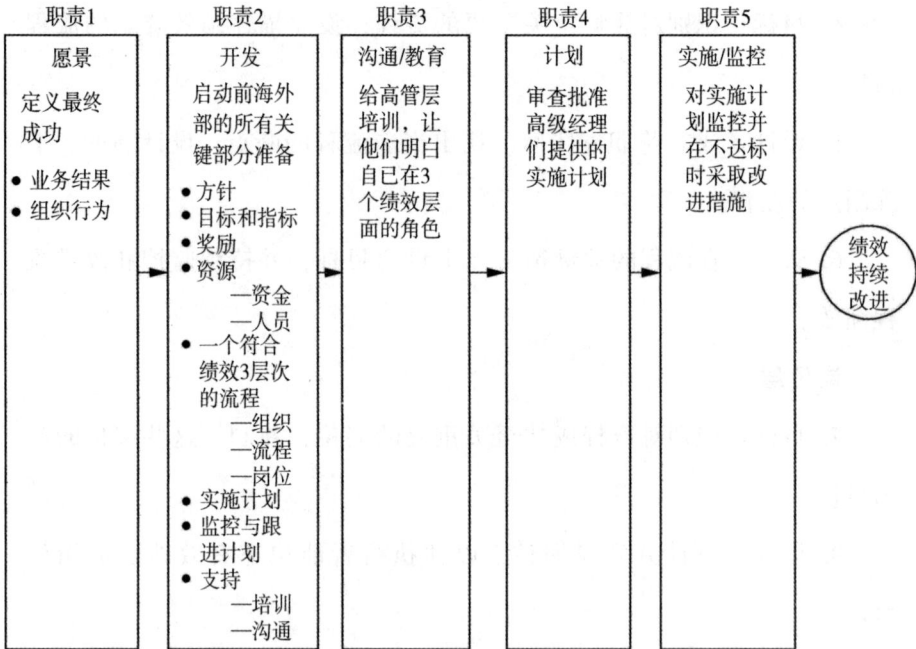

职责1	职责2	职责3	职责4	职责5
愿景	开发	沟通/教育	计划	实施/监控
定义最终成功	启动前海外部的所有关键部分准备	给高管层培训，让他们明白自己在3个绩效层面的角色	审查批准高级经理们提供的实施计划	对实施计划监控并在不达标时采取改进措施
• 业务结果 • 组织行为	• 方针 • 目标和指标 • 奖励 • 资源 　—资金 　—人员 • 一个符合绩效3层次的流程 　—组织 　—流程 　—岗位 • 实施计划 • 监控与跟进计划 • 支持 　—培训 　—沟通			

绩效持续改进

图7.1 绩效改进工作中高管的角色

两个案例研究

道格拉斯飞机公司

我们有机会帮助道格拉斯飞机公司（麦道公司的分部）设计和实施一个全公司范围的绩效改进项目。高管团队决定与"弹簧效应（BOHICA）"的态度作斗争，要实施一个质量和生产率并举的计划。

以识别所谓的重大业务问题"首检优质保证客户安全"为肇始，他们构造了一个组织结构，由普通工作小组组成，既有垂直式小组（工作单元小组），也有水平式小组（跨职能小组），小组定期开会，并由产品线中受训的全职推进者协助。这些团队要走一个 5 阶段的过程：

1. 领导人向团队说明启动重大业务问题计划的竞争动因以及流程制定的目的和方法。

2. 根据由组织战略所确立、通过项目办公室（每个办公室代表一个产品线）所传达的目标为基础，每个团队成员使用职能关系图（参见第 3 章）为模板绘制客户、产品与服务、投入和供应商之间的关系。然后在图上选择对目标影响最大的产品/服务与客户。就关键产品与客户，他们设定一个实验性目标来反映团队对目标的贡献度。（对于公司和团队而言，阶段 1 和 2 实际上是在处理组织层绩效。）

3. 团队从客户组织（往往是组织的内部单位）中挑选了一些代表人物访谈。通过一组结构化的问卷，团队掌握了客户对于产品和服务的需求，同时也获得了对当前绩效的反馈信息。基于这些需求，进一步提炼和完善阶段 2 的实验性目标。

4. 团队成员使用跨职能流程图（参见第 4 章）来设计流程，确保能以"首检优质"（不但是传统的质量概念，还加上了效率和成本）来满足客户需求。团队对当前流程和客户驱动的"未来"流程间的差距作了记录。跨职能流程图绘制完成后，针对每一项客户需求，团队开发了一套推荐的、数字化的测量指标和标准。这些标准将在随后第二次会议中与客户协商。

5. 在最后阶段，团队成员计划并付诸行动，从当前流程转到未来流程、解决在前四个阶段识别出的所有问题。他们将经客户确认的标准转化成为一个测评体系以便实施绩效持续跟踪。随后，他们建立了一套机制以使客户需求收集与数据反馈常规化。（阶段3、4，以及阶段5的这部分在处理流程层绩效。）最后，他们致力于将驱动测评、改进流程和客户导向意识的活动导入到流程中的每一个岗位。（阶段5的这部分在处理岗位层绩效。）

这个项目并非完美无缺，仍然有些弹簧效应（BOHICA）的、被人们视为"看，这又是一阵风，过后一切会照旧"的情形发生。比如，正式的流程在岗位层的要求以及描述比较淡化；有些分解落地的目标没有给予团队以明确的指引；跨职能小组太少。但作为一个涉及3万人的项目，它或许已达到了所能达到的成功。因为它解决了全部三个绩效层的问题，它持续且客户驱动。它在测评体系上着力很多，而且由组织原生结构中的个体来实施。

这个案例的过去时态，也许会令人怀疑地认为其不过是个短命的运动。其实，现在仅少数团队严格按照重大业务问题的流程行事，继而催生了进一步的绩效改进工作并更广泛地使用了5阶段中所介绍的工具。

GTE

GTE通用电话电子公司的绩效改进方法同样基于绩效3层面，但与道格拉斯飞机公司的方法有很大不同。GTE不去组建专门的项目团队，而是培训现有的管理团队，以作为绩效改进的催化剂。

项目以企业策略委员会将质量定为所有GTE业务中首要竞争力问题为开端。委员会成员（公司的7位行政高管）从年度战略规划会议中撤回，转而投身于高管层的质量培训中。尽管公司已经并一直在实施各种官方举措以强化质量，但多数并没有高管层的参与。委员会发现，高管层的参与是任何质量努力成败的关键。

主管质量服务的副总裁和高管培训总监都各自得出一致的结论，那就是质量之旅的下一步就是高管的培训。他们一直致力于开展质量培训与教育课程，策略委员会的授意正是他们所一直想启动的培训。副总裁和总监以开发符合以下条件的培训课程来破局：

●必须是实践型的工作坊（Workshop），而非质量意识课程。

●要符合质量作为"战略武器"的需求，而非作为普通工具的需求。

●各业务单元以团队的形式参训，而团队由业务单元的总裁或总经理及其直接下属组成。

●课程要有教室环节，还要有随后的工作现场环节（Work Session）。受训团队要向对该团队行为及结果负有责任的策略委员会成员提交行动计划。

在工作坊受训的第一小组正是策略委员会自己，他们的口号是"QCE——质量就是竞争力！"成员认识到，他们必须学习质量知识并承诺具体的行动以使自己能领导质量活动。这次培训之后，GTE 的 35 个业务单元的总裁带着副总裁都参加了 QCE 培训，共 12 期。

据 QCE 设计者称，课程本身及战略业务单元（SBU）团队的行动计划是建立在所谓'质量三层面'基础之上的，它们是：

层 1：组织层，开发出一个客户驱动的质量战略，以支持各业务单元的业务计划

层 2：流程层，对内外部客户制造产出的跨职能工作流

层3：个人与团队层，创造一个支持员工自愿提升质量的工作环境

在 3 天的培训期，团队学习了关于三个层面的质量知识，并在团队规划环节花费了大量时间。在这些工作坊的活动中，团队承诺要在三个质量层面上采取一系列的行动。

参加 QCE 工作坊的 550 位高管针对自己的业务单元或人员部门开发了质量战略，选择了实施工具以及计划采取特定的领导行为以支持战略实施。不出所料，大多数的实施计划都包括了让他们的下级和下下级管理人员参加 QCE 工作坊。而 QCE-II 就是为满足这一需求而设计的。

两天的 QCE-II 工作坊为业务单元内的经理们（偶尔也开放给非经理们）所提供，在业务单元所在的办公地点实施。QCE-II 是一个让员工理解高管所制定的质量战略，并承诺通过实施自己在质量三层面上制订的行动计划，来最大限度地直接支持公司战略的渠道。这些行动计划基于业务单元高层制定的"杀手差距"清单，该清单显示出当前及潜在的质量竞争弱点。为确保 QCE-II 不是"一阵风"式的运动，工作坊导师由业务部门总裁和副总裁担任，辅以 QCE 的教学视频。

QCE 和 QCE-II 课程达到了目的。除产生了一系列可量度的质量改进（含客户调查评级）的行动之外，还衍生出下一阶段的改进计划，包括标杆法和最为重大的，针对电话运营业务核心流程的大范围再造。

GTE 的 QCE 项目是一个少有的，靠培训驱动并达成重大的硬性（可观的质量改进）和软性（文化变革）成果的项目。诚然，来自于高层的承诺和质量服务副总裁及高管培训总监的不懈的努力是其成功的关键。当然，尚有相当一部分要归功于在绩效三层面的各层所使用的完备的工具与采取的完整的行动。

小结

一个项目，如其定义所言，是会有完结的。而绩效改进与之相对，是没有终结的。成功的绩效改进活动往往满足以下四个标准：

- 建立一个基础，使绩效改进能持续进行，而不依赖"特殊项目"来进行。
- 目标驱动，以一组目标，及能不断重设目标的机制为开端。
- 在组织、流程和岗位层都包含实质性行动。
- 以高管积极参与为驱动。

绩效9变量可以作为三层面绩效所需采取的实质性行动的检验清单。然而，掌握绩效改进技术只是个开头，更多的工作要靠组织高层承担责任、坚持努力，发挥更大作用。

第8章 诊断和改进绩效：案例研究

> 若想药到病除，先要诊断病因。
>
> ——普鲁塔克

制药行业开发出了大量的有效药品。比如青霉素，就是有效的针剂。然而，它对白内障却无能为力。没有证据显示可的松对感冒有效。阿司匹林被称为特效药，但其实，它对溃疡病患者反而有害。遗憾的是，任何有效药物只能治疗有限的疾病。职业的诊断师，即医生受雇对症下药。

与医药行业类似，坊间有许多绩效改进的"验方"。培训就是一剂；组织再造是一剂；管理信息系统也是一剂；激励计划又是一剂。问题是，谁是受雇为组织疾病对症下药的"医生"呢？

通常，受雇解决组织绩效问题和帮助利用绩效机遇的专业人士就在职能部门中，如人力资源发展（HRD）、数据处理（DP）和工业工程（IE）部门等。那好吧，我们当然不能指望直线经理成为能对各种绩效改进实施干预的大师。但总的来说，我们尚未给职能员工界定清楚其合适的角色。他们往往被视为（且经常自己视为）特定方案的提供者。如，人力资源发展 HRD 的伙计提供培训方案；DP 的人提供计算机系统解决方案；IE 提供工作流水线和人体工学方案。

与医生以诊断为主业不同，我们的这些专业人士往往是其部门专有品牌药品的供应商，声称自己的"大力丸"会药到病除。我们相信任何一位分析师或顾问师，无论其产品线有多宽，都要首先是位诊断师。即便有一打的绩效良药，如果不对症也纯属浪费金钱。更惨的是，药的副作用有时比疾病本身更致命。

最理想的是，一个部门经理在有需要时，可以实施诊断并且可以召集所有职能部门的代表一起提出一个全面的解决方案。然而，我们发现一个部门经理往往不具备这些技能，正如一个病人在呼叫合适的专家前要具备自我诊病的能力一样不大可能。部门经理具备对问题或机会的感应力，也知道在自己需要时采取一些行动。但是，依我们的经验，部门经理鲜有知道应采取哪些行动去抓住绩效改进机会的。这个现实给职能部门的人员造成了负担，他们要在实施解决方案前诊断现况。

绩效诊断与改进的 3 层面方法

我们发现，三层面绩效改进流程对于任何职能部门的人而言，都是一种有效地在提议行动前用以诊断现况的套路。至少，它能让分析师裁剪自己的解决方案，以适应组织单元的独特现况。至多，它还能显示，那个融贯了自己的灵丹妙药的解决方案，其实并不符合最紧迫的需求。

117

需要诊断的现况

一家财产保险公司 PCI（部分虚构）的运营副总裁要求过程分析员拉里开发一个更清晰、更翔实的新版理赔手册，以供组织的理赔代表使用。

拉里将应用 14 步的三层面方法（如图 8.1 所示）。在讨论每一步应用的情形时，我们将展示一些他使用的形式。然而，过程不是形式驱动的，而且也不用像这里所表现的那样正规。这个 14 步过程的核心是各步骤的顺序、每步要回答的问题、问题回复信息的整理以及诊断与行动的关联性。

项目定义与计划

步骤 1：项目定义。在此步骤中，拉里访谈了运营副总裁。他的目标是明确关键业务问题，因为是这些问题引发了拉里的这份差事。更新理赔手册很显然是副总裁首选的解决某些问题的办法。如果拉里想成为一个高效的诊断师，就要了解那些问题。在访谈过程中，他了解到副总裁担心的是赔付超支。PCI 的每单赔付均价过高，会侵蚀公司利润。

在项目定义期，拉里还将：

- 了解问题给组织带来的经济影响
- 基于预期的赔付额度建立项目目标
- 定义项目范围
- 识别自己的客户并定义自己或他人在分析过程中所要扮演的角色
- 根据限定条件、成功概率和项目价值作出一些推论

项目定义与规划

项目
定义　1

— 项目定义
工作表 →

项目计
划开发　2

— 项目
计划

组织改进

组织
系统
定义　3

— 职能关系图 →

组织绩效
改进机会
识别　4

— 组织分析与
改进工作表 →

组织绩效
改进及行
动说明　5

— 组织分析与
改进工作表

组织分析/改进
工作表（流程部分）

流程及其
绩效回报
选定　6

流程改进

流程
定义　7

— 流程图 →

流程绩效
改进机会
识别　8

— 流程分析及
改进工作单 →

流程改进
行动说明　9

流程分析及改
进工作单
（含行动）

流程分析及改进
工作单（含岗位）

岗位及其
绩效回报
选定　10

岗位改进

岗位说明
书定义　11

— 岗位模型 →

岗位绩效
改进机会
识别　12

— 岗位分析工作单 →

岗位改进
行动说明　13

绩效系统
设计工作单

注：绩效改进流程可用于：
　　—对已达标或超标的绩效进一步强化
　　—对未达标的绩效实施更正

实施

绩效改进
行动实施
及评估　14

— 行动计划
工作单 →

结果

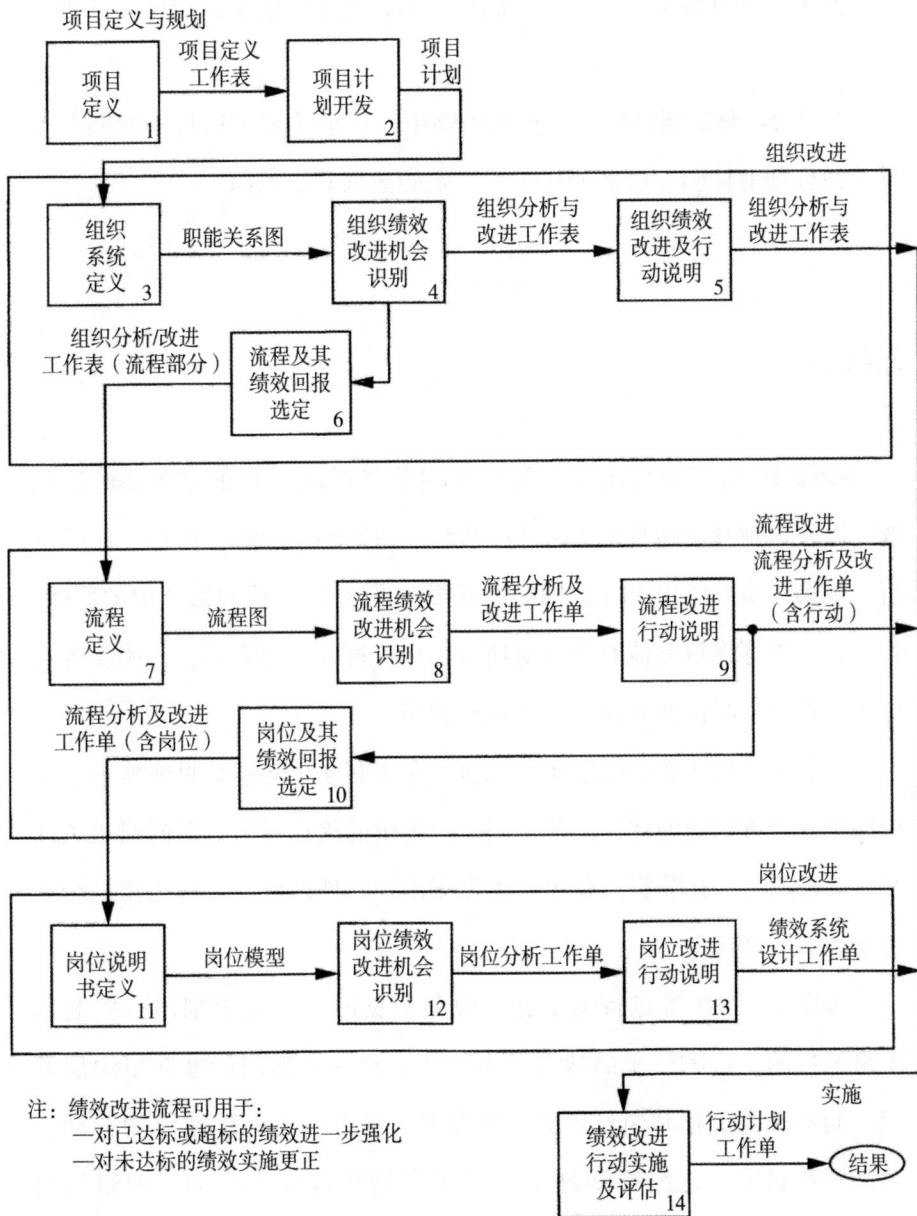

图 8.1　三层面绩效改进过程

假定项目有意义，而且三层面方法为其雇主所接受，拉里继续到步骤2。

步骤2：制定项目计划。在此步骤中，拉里计划了项目的时间和安排。他仔细地标明三层面分析中所需要的数据和数据源。

组织改进

步骤3：组织系统定义。为确保副总裁提议的修正方案能解决问题，以及识别其它可能影响赔付的因素，拉里在组织层开始了他的分析。他第一步是画出 PCI 的职能关系图（图8.2）。他知道图中的职能、投入、产出等将帮助他看清如何使这个项目符合公司大局，并确保他在分析中没有遗漏任何需探查的区域和领域。

步骤4：组织绩效改进机会识别。在步骤4，拉里要明确地识别组织层中有严重影响的缺失。他从副总裁提供的焦点开始，但同时也关注其它改进机会。在分析过程中，他发掘出理赔处理成本可作为第二个影响重大的改进机会。

步骤5：组织改进行动描述。收集数据时，拉里识别出一些起因于组织层的，影响严重的缺失。由于认识到这些起因能够在组织层处理，而不必在流程和岗位层去穷尽分析，他开发了一组建议的行动去解决那些起因。这组行动是基于组织层的绩效3需求的，即组织目标、组织设计、组织管理。但在组织管理范畴，他了解到，承保部门和理赔部门通常不懂由产品开发部门所推出的保险产品。他向产品开

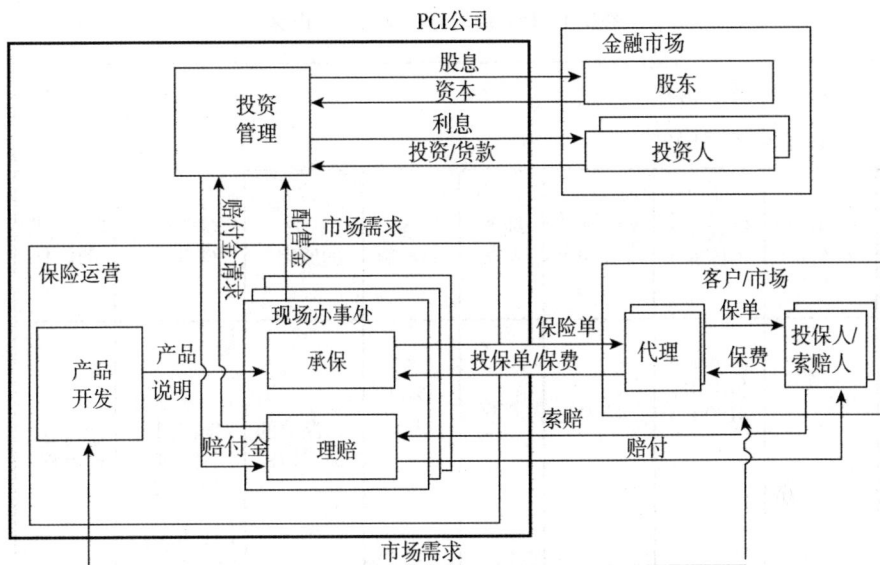

图 8.2　PCI 职能关系图

发部门提供了这些反馈，并提出需要建立客户与产品开发部门间更紧密联系的建议。这些组织层的建议将被添加到拉里在流程和岗位层所提出的建议中。

步骤 6：绩效回报流程识别。为了贯达流程层，拉里分析了 PCI 影响赔付额的 3 个流程。他调查承保和新产品开发流程。当他确信那些流程可以被改进时，拉里识别出，理赔处理流程是对这个项目目标影响最大的流程。基于此，拉里更新了他的计划，细化他在流程层将执行的步骤。表 8.1 展示了拉里在步骤 4、5、6 中要做的工作。

表 8.1　PCI 组织分析及改进工作表

关键业务问题：清算 部门：保险运营/赔付							
组织产出（产品）	绩效要求（标准）	实际绩效（产品）	绩效差距	差距的影响	差距的原因	组织改进行动	影响差距的流程
理赔	A.每单赔付上限：$1500	$1700	$200	180万美金	每保单的描述错误	·向产品开发部门反馈赔付绩效问题	赔付处理流程
						·改进客户需求记录	
					保单费率错误	·及时向理赔部门反馈	
						·调整理赔的目标	
					缺乏对赔付绩效的测评	·改进对支付绩效的跟踪	
	B.每单耗时：60天	60天	无				
	C.每单处理成本:$215	$375	$160	140万美金	代理人理赔误转	·明确合理的赔付率，并/或为导向错误的理赔单 ·开发新的异常处理程序	

流程改进

步骤 7：流程定义。在这个步骤中，拉里与一帮理赔代表和理赔主管一起工作，构建一幅流程图，以反映理赔处理流程应该的流向（在多数情况下，这种类型的小组首先要画出"IS"现况流程图作为设计新的"SHOULD"应该流程图的背景资料）。他们制作的流程图如图 8.3 所示。

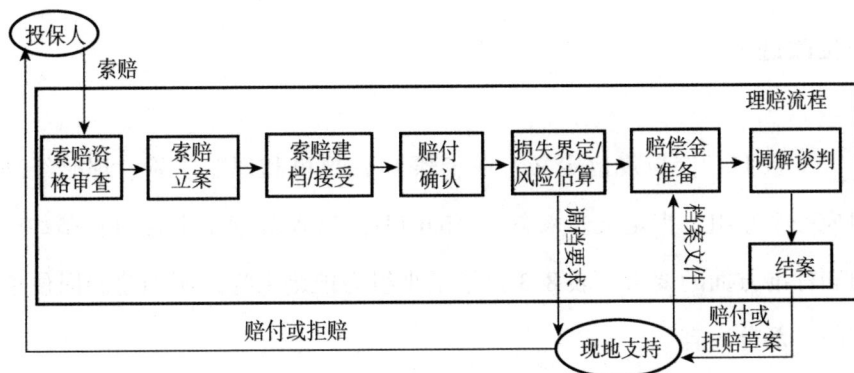

图 8.3　PCI 理赔处理流程图

步骤 8：流程改进机会识别。画出理赔处理流程后，拉里标出流程每一步的实际绩效、期望绩效、绩效差距和绩效差距的影响。他识别出了几个重大的差距点，一个在"索赔审查"步骤，一个在"赔付确认"步骤。

步骤 9：流程改进行动细化。在步骤 9，拉里识别出了在步骤 8 所发现的差距的成因，并提出了消除差距的流程改进行动。他将建议的行动限定在流程层范畴内，而不去分析岗位层。拉里发现了为什么要明晰绩效期望值和提供反馈的原因。

步骤 10：绩效回报岗位识别。作为流程改进的最后一步，也作为岗位绩效改进的桥梁，拉里识别出了那些有差距的流程步骤中的一些岗位。他的分析表明，理赔主管岗——而不是理赔代表岗——在岗位改进阶段需要特别予以关注。表 8.2 汇总了拉里在步骤 8、9、10 的工作。

岗位改进

步骤 11：岗位规范定义。在步骤 11，拉里和理赔主管、理赔经理组成一个小组，来定义未来态（SHOULD）流程对理赔主管岗有哪些产出和标准方面的要求。表 8.3 显示了小组为理赔主管岗所创建的岗位模型的一部分内容。

步骤 12：岗位绩效改进机会识别。在步骤 11 中创建的岗位模型描述了理赔主管所需达成的绩效。在步骤 12，拉里对比了当前绩效与岗位模型所要求的标准之间的差距、差距的影响、以及差距的成因。他使用人力绩效系统（HPS）（参见第 5 章）来帮助自己识别差距成因。他的一个更为重大的发现在于，理赔主管在索赔资格审定时，本应对 75% 的索赔案作可修复度识别，但他们只做了 18%。拉里的分析表明，主管们没有去衡量、去估测，或没有获得可修复度鉴别培训。表 8.4 汇总了他对主管岗所做的分析。

表 8.2 PCI 流程分析与改进工作单

关键业务问题：清算
流程：理赔处理

流程步骤/产出	绩效要求（标准）	实际绩效	绩效差距	差距的影响	差距的原因	组织改进行动	影响差距的岗位
索赔资格审定	对所有索赔做残值识别	事后审计发现，82%的索赔单未做残值识别	82%	每单成本	缺乏反馈，使鉴别技能无法提升 对需要鉴别技能的工作无结果评价或反馈以持续支持绩效	对所有识别出的可修复索赔单提供所馈	理赔主管
	识别并从代理人处获取错漏信息	只识别了65%的错漏信息	35%	及时性 每单成本	期望值沟通缺乏一致	澄清并沟通期望值	理赔主管
赔付配置	选择使处理成本及支付成本最小化的赔付办法	尚无经济考量	未基于经济指标考量	赔付额高企且在增高			

表 8.3 PCI 公司理赔主管岗位模型

岗位：理赔主管
岗位工作：理赔处理

岗位工作及工作子项	关键维度	指标	标准
索赔审定 损失通知收取 索赔类型识别 确定赔付范围 –残值识别 –法律倾向识别与考量 错漏信息识别 理赔过程跟踪	准确性 及时性	残值识别比率 保险责任确定的延迟比率 报损通知单分类准确率 报损通知处理或确认的平均时间	残值识别率达75% 保险责任追加或修改比率少于5% 报损通知单全部输入，并按类制表 报损通知单每单处理时间为15分钟
赔付立案 经济责任确认 –损失估算 –赔付差异性估测 –可选算法确定	准确性	对算法差异大于5%的案子的论证比例 外部索赔案子的平均规模 协同审查/再审查案子的比例	算法差异大于5%的案子全部论证 外部赔案子的平均规模大于$1000 协同审查/再审查案子的比例为10%
理赔代表工作过程督导 理赔过程记录检查 文件日复核 周期性核查/复核 理赔代表绩效机会识别	数　量 及时性 准确性	待处理案件数 平均理赔时间 支付差异比例	待处理案件数——平均25件 平均理赔时间——20工作日 支付差异问题在被审时必须低于10%。在总体审计后的案件中要小于2% 所有理赔代表低于此标准的绩效表现必须即刻识别出来，并即刻实施改正

表 8.4　PCI 岗位分析工作单

岗位：理赔主管									
标准	实际绩效	差距	差距影响	差距成因					
				PS	TS	FS	CONS	K/S	CAP
残值识别率达75%	残值识别率仅18%	57%	索赔每单成本上升		×	×	×	×	
追加或修正的问题低于5%	追加或修正的问题低于3%	无							
每15分钟一份报损通知	平均每15分钟一份报损通知	无	赔付增高						
报损通知全部输入，并按类制表	未做	理赔办分室无报损数据			×		×	×	
				×		×			
算法差异大于5%的案子全部论证	算法差异大于5%的案子在一年中超过8个月未论证	年度有75%的理赔为达成（或未测定）经济指标20%的理赔立案错误	每单成本升高						
外部索赔案子的平均规模大于$1000	外部索赔案子有20%是不到$500的		每单成本升高					×	×
协同审查/再审查案子的比例为10%	协同审查/再审查案子占比为3%	质量控制样本比需求低7%	赔付上升						
所有理赔代表的绩效表现必须达到： –待处理案件数——平均25件 –平均理赔时间——20工作日 –支付差异问题在补审时必须低于10%。在总体审计后的案件中要小于2%	55%的理赔代表绩效达标 50%的绩效不达标者都实施了纠偏行动	45%的不达标率 50%的不达标绩效未被指出/支持	赔付上升且每单成本增高						

*PS–绩效说明
TS–任力支持
FB–反馈
CONS–结论/评价
K/S–知识/技能
CAP–能力

表 8.5　PCI 绩效系统设计工作单

岗位：理赔主管						
绩效说明		任务支持	反馈	结论/评价	知识技能	能力
工作	标准					
（参见岗位模型工作单和岗位分析工作单） 索赔资格审定	做了残值识别的索赔案要达75%	确保足够的时间用于索赔资格审定	对所有案件的残值提供数据	评估其这方面的指导绩效	开发索赔资格审定的作业指导	
	输入全部报损通知单	对现场支持流程做分析		将报损通知的错漏反馈给代理人修正	提供如何准备报损通知书的培训	
索赔立案	论证所有算法差异大于5%的案子		确定测评体系并用于核查经济责任			
	高于$1000的才可立案为外部索赔		经理评估指标以理赔处理成本与理赔代表的活跃度为基础依据	基于绩效评价准则评估	启动培训	
	协同查勘案件占比为10%					

步骤 13：岗位改进行动细化。针对每项差距，拉里提出了差距缩小措施。正如下药必须对症一样，他的措施针对差距的成因而展开。表 8.5 展现了拉里在步骤 13 所做的部分工作。

实施

步骤 14：绩效改进行动实施与评估。在这个全过程的最后一步，拉里将基于 3 个层面所作的分析汇总。将绩效 9 变量相关的问题（参见第 2 章表 2.2）逐项检验，以确保自己的建议书涵盖了全部三个层面的绩效需求。他还对所提建议进行了成本–收益分析，而且开发出了一个高层实施计划的提案。最后他的建议书贯达了整个项目实施过程，而这个实施过程是拉里与运营副总裁在项目定义阶段和规划阶段所共同确定的。

小结

乍一看，这个过程有点狗拿耗子，大大超越了差事的要求。毕竟，拉里只是被临时派差来更新手册的。可一旦接下这桩差事，他就要去找到引发这桩差事的问题。通过三层面绩效改进过程，他找到了能比更新理赔手册有大得多的回报的行动与措施。

整个过程会占用拉里 20 天的时间。当然，我们要对比将这 20 天用来写手册收益高，还是用来做绩效分析收益高。我们还要意识到，拉里或许走了些捷径，使得他在保证三层面方法的完整性的同时，极大地节省了工作时间和项目周期。

拉里是位高效的绩效"医生"，他准确地掌握了病因。他不仅在组织、流程、绩效三个层面全面对病情做了诊断，还提出了基于诊断的治疗方案。他还能提供一桩精品的职能服务：部门绩效分析与改进。

第9章 项目定义：10个必选步骤

流程是进入组织运营的窗口，通过它，我们可以观察到许多潜在的机会，以及许多实现更高绩效的途径。

——普赖斯·普利切特（Price Pritchett）

RBG 咨询集团（Rummler-Brache Group）的方法论的一个最显著的优势是它可以任意延展以适应你的需求，并且还能保证产出实实在在的成果。就我们的经验，对于关键流程而言，仅仅提交 Rummler-Brache 方法中描述的最少的交付物（Deliverables），都能令其实现可观的绩效提升。对多数组织而言，这个绩效提升量意味着很大的财务收益。那么，在流程改进项目中的关键交付物是什么呢？如果你准备实施 RBG 方法论的阶段 1 和阶段 2，需要知道的最重要事情是什么呢？

第 9、第 10 两章涵盖了 RBG 方法论中项目定义、分析、设计三个阶段的所有步骤和工具。这些工具将帮助你生成最低限度的产出，我们称其为快速流程改进项目（Process Improvement Project，PIP）。这是个完全实战型、实景式的内容，没有丝毫的矫饰，也不含学术理论。对每个工具而言，我们会详尽解释何时该使用、应该如何使用、使用多久、使用时所需的材料是什么，等等。另外，我们还提供每个工具所产生的交付物的实际案例。RBG方法论的阶段1（定义DEFINE阶段）包含10个步骤，如图9.1所示。

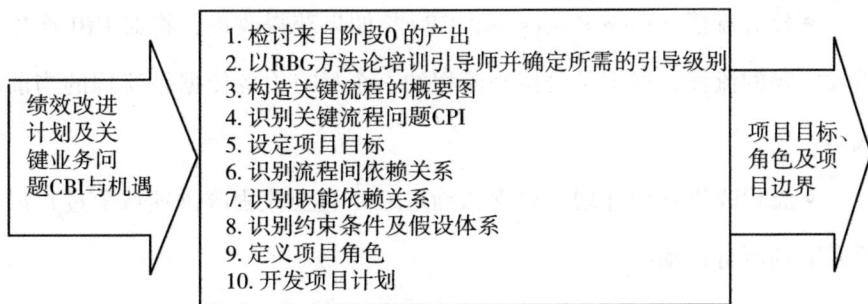

绩效改进计划及关键业务问题CBI与机遇

1. 检讨来自阶段0的产出
2. 以RBG方法论培训引导师并确定所需的引导级别
3. 构造关键流程的概要图
4. 识别关键流程问题CPI
5. 设定项目目标
6. 识别流程间依赖关系
7. 识别职能依赖关系
8. 识别约束条件及假设体系
9. 定义项目角色
10. 开发项目计划

项目目标、角色及项目边界

图9.1　阶段1步骤

阶段1：项目定义

在阶段1之前，必须完成阶段0，绩效改进规划。阶段0要确保流程改进与管理的工作必须由战略和应用优先序（Priorities）所驱动。

步骤1：复审阶段0的产出——绩效改进计划

阶段0的产出包括：

● 关键业务问题（Critical Business Issues，CBI），也就是战略成功至关重要的机会与挑战。由于是整个企业范围的项目实施，所以，CBI

往往不是针对某特定流程的。CBI 往往与营业收入、利润、市场份额相关。

● 关键成功因素（Critical Success Factors，CSF）——那些在组织运营所处的外部环境中实现世界级绩效的关键变量——用于识别企业核心流程。

● 核心流程（Core Processes，CP），如果获得改进，将对 CBI 产生重大影响的流程。确定是否核心流程的一个最有力的依据是流程的当前成本。

● 流程改进管理计划，包含从确定 CBI 直至流程改进项目全过程需要采取的所有行动。

步骤 2：引导师（Facili tator）培训及引导级别确定

我们建议一个引导师必须起码接受有关项目定义、流程分析与设计、绩效指标链的 2 周培训。如果引导师参与了 RBG 的培训并与 RBG 咨询顾问跟班参与了至少一项大的项目的话，RBG 将授予该引导师以 RBG 方法论引导师证书。

引导师的角色对项目的成功至关重要。所以，确保这个人接受了正确的培训，具备良好的经验，并且接受了 RBG 方法论的最新培训是个重要步骤。

在"定义"阶段（阶段 1），引导师要：

● 率领项目发起人、流程负责人和高层管理团队一起确定项目范围、项目目标、项目边界、人员配备以及时间表。

在"IS当前态"阶段（阶段2），引导师要：

● 提供结构框架和相关文本以协助保持设计小组的工作聚焦

● 访谈熟悉流程的人以准备好"IS当前态"流程草图

● 计划并主持由设计小组参加的"IS当前态"研讨会，负责搜集、记录并汇总有关流程绩效的信息

在"SHOULD未来态"阶段（阶段2），引导师要：

● 继续为设计小组提供协助，帮助他们准备与领导小组的会议

● 准备草图，以协助新流程的设计

● 引导"SHOULD未来态"研讨会

● 更新流程图并准备流程文件

● 指导设计小组制作面向管理层的汇报材料，其中包含设计小组的建议与项目实施计划

项目引导师应该具备非常强的规划与组织能力以及对高管的影响力。引导师在设计小组中将成为一个RBG方法论的专家。

我们建议设计小组的全体成员参加至少两天的培训以学习如何做以下事情：

● 定义关键业务问题CBI

● 设定改进项目的范围

● 为"IS当前态"制作流程图及流程文本

● 识别改进区域

● 构建流程图，将"SHOULD未来态"流程文本化

RBG方法论的培训能为设计小组成员提供十分大的增值，使得他

们在执行组织战略的流程中扮演关键而核心的角色。

在项目中，设计小组能获得的引导支持程度可能因为就按图 9.2 中各问题的回答不同而不同。

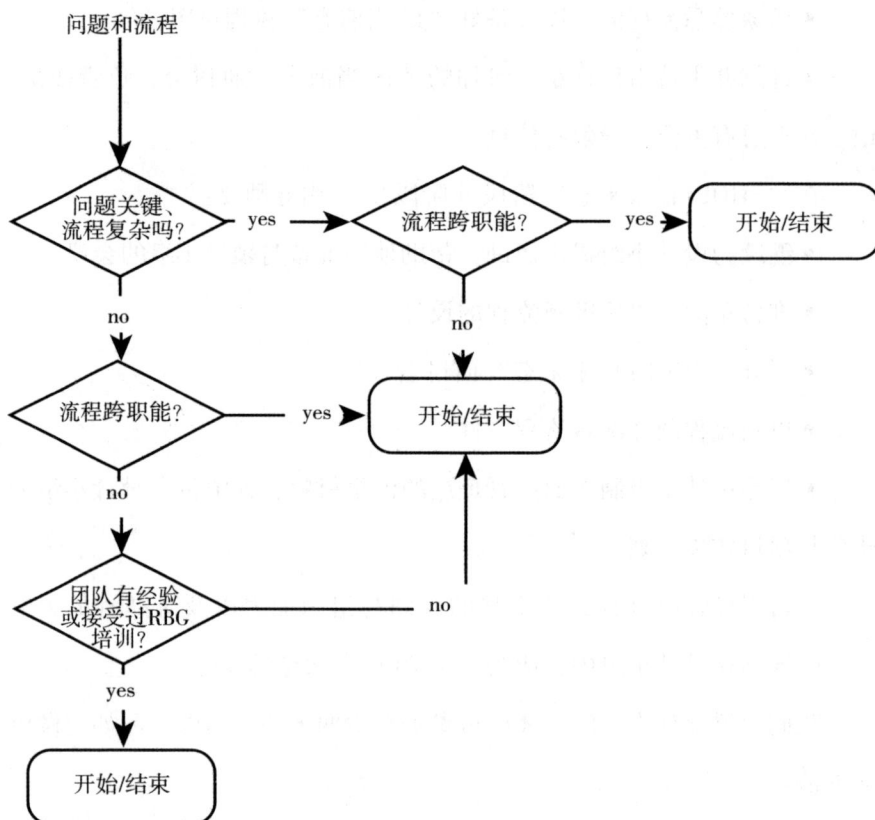

图 9.2　确定完全引导、部分引导和不需要引导

全引导

全引导意味着受训的 RBG 引导师在项目的各个阶段扮演一个积极角色，参加所有的小组会议、主导访谈、主导流程图开发、主导小组会议。

推荐在如下情况下采用全引导：

- 定位于解决重大业务问题的项目

- 包含复杂、跨职能流程的项目

- 未掌握 RBG 流程改进方法论的组织启动的项目

以下是全引导方式的成功因素：

- 一位 RBG 认证的引导师（RBG 建议对于大的项目，起码要两位引导师来一同完成全引导工作）

- 对引导师、项目发起人、领导团队成员和设计团队成员的角色与责任有清晰的认识与认同

- 编制项目的各个阶段的详细文本

- 在项目的重大里程碑阶段，与高管执行正式的进度复审

RBG 的方法论软件支持流程改进项目的全引导模式。

部分引导

在部分引导模式下，RBG 引导师在项目的关键点上支持领导小组和设计小组，但不会出席所有的会议，也不会主导或参与项目的所有阶段。

通常，设计小组负责大部分或全部的流程图制作，并主导设计小组会议。

部分引导适合以下情境：

- 项目相关的业务问题相对不突出

- 业务并非过度复杂（例如，其部门数量少）

- 组织或设计小组成员具备 RBG 方法论的相关经验

这样的支持包括：

- 帮助项目发起人实施项目定义

- 主持或支持团队培训

- 参加项目启动会

- 响应设计小组成员在绘制"IS 当前态"流程图时的援助请求

- 参加"IS 当前态"研讨会

- 复审"IS 当前态"研讨会的结果，为向领导小组汇报作准备

- 协助项目发起人与设计小组组长制定"SHOULD 未来态"设计策略

- 参加"SHOULD 未来态"研讨会

- 复审"SHOULD 未来态"研讨会的结果，为向领导小组汇报作准备

- 协助开发实施计划以及高层实施计划

部分引导模式的成功因素有：

- 经验丰富的项目发起人或设计小组长

- 有经验的设计小组成员

- 项目定义完全彻底

- 完整描述了引导支持的关键点

- 对引导支持有清晰的预期

- 获取 RBG 认证引导师支持的可靠获取途径

无引导

无引导意味着设计小组在无 RBG 引导师的支持下主导自己的项目。这种方式在以下情况下可行：

● 项目涉及的业务问题不突出

● 需要改进的流程相对简单（例如，只是单个部门内的流程）

● 组织（包括设计小组）具备接受 RBG 方法论培训并具备相当经验的人才

无引导模式的关键成功因素：

● 经验丰富的项目发起人和/或设计小组长

● 受过训并有经验的设计小组成员

● 在整个项目阶段，有愿意并可充当引导师角色的项目发起人或小组长

● 必要时，可靠的 RBG 引导资源

步骤 3：勾勒关键流程

工具：关键流程概要

关键流程概要在较高层面上帮助你理解每个关键流程，它为你提供以下信息：

● 流程起始于何处（触发），终止于何处（产出）

● 哪些其它流程为该流程提供输入或接受其产出

● 流程所包含的主要工作部分或子流程

何时使用

在勾勒关键流程时，你需要在数据收集阶段的访谈中尽早提问。通常，你要向高管指派的个人提问，而不是向高管本人提问以收集信息。

因为，高管通常不能提供你所需的，用于勾勒关键流程概要的细节信息。

如何使用

回答关键流程概要中的问题可以确保你理解要改进的流程，以及该流程的边界。关键流程概要还能够运用于为关键流程开发相互关联的流程绩效指标。

所需时间

勾勒每个流程概要需要 15 ~ 30 分钟时间。具体耗时与流程的复杂程度以及组织对该流程之前有多少思考和认知有关。

所需材料

- 关键流程概要（参见一下实例）

案例：关键流程概要

1. 关键流程名是什么？

客户订单处理

2. 流程的产出是什么？

课程资料

3. 基于本项目的目的，流程的最后一步是什么？

客户收到课程资料

4. 谁是流程产出的接收者？

用户企业（通常销售额在 1 亿美元及以上）

5. 基于本项目的目的，流程的第一步是什么？

销售员从客户处接收到订单

6. 启动流程的输入和触发器是什么？

客户索要课程资料

7. 流程含哪些主要工作部分或子流程？

订单输入子流程、订单准备子流程、订单发运子流程

8. 有否不同类型的输入以使该流程有不同的处理路径？

无——任何产品、任何规格、任何客户订单统一由该流程处理

9. 流程输入的供应方是谁？

客户

10. 有哪些其它流程"接触（Touch）"该流程？这些关联流程中有哪些内容与本流程的改进工作关系重大？（参见表 9.1）

11. 流程看上去像什么？（参见图 9.3）

表 9.1　关联流程的重大相关点

其它流程	重大相关点
销售流程	无——假定销售准确无误
销售预报流程	对客户订单处理流程的库存水平产生影响——或许需要启动另一个单独的流程改进项目
采购流程	无
新产品开发流程	无

图 9.3　流程样例

步骤 4：识别关键流程问题（Critical Process Issues，CPI）

工具：关键流程问题 CPI

关键流程问题 CPI 是连接目标流程与关键业务问题 CBI 的桥梁。CPI：

• 是在流程改进项目 PIP 中必须清晰描述的、特定的流程绩效方面的问题

• 是用于聚焦 PIP、设定项目主要目标的重要因素

• 是设计小组决策指南。设计小组通过它来决策如何改进流程、如何为改进后的流程开发绩效指标

• 回答"流程所需改进的，将对 CBI 产生积极作用的是什么？"的问题

何时使用

CPI 的确定要在 CBI 确定之后。CPI 需要将目标流程与 CBI 衔接。

如何使用

• 复审 CBI 以及你的访谈纪要

• 识别需要改进的流程

• 描述流程所需改进的，将对 CBI 产生积极作用的内容

所需时间

与领导小组及其它能告知你 CPI 的相关人员访谈、收集信息的时间。

所需材料

• CBI

• 访谈记录

案例：关键流程问题 CPI

以下是几个 CPI 的例子：

• 我们频繁的不能按承诺的时间将订单交付给客户。

• 新产品上市花费了我们 3 年的时间——是我们的竞争对手时间的两倍。

• 销售代表提交的订单大约有 20% 是不准确或缺项的，导致这些订单的执行成本和时间的增加。

• 特价商品交付十分差：

　　订单频繁延迟

　　客户经常收到并未订购的产品

　　发票出错（客户收到的发票与产品不符）

• 订单执行：

　　整体的库存管理流程受限

　　交付成本超限

　　库存周转率低

• 支出的财务报表及预算及公司报表显示：

　　财务信息并未为决策提供支持

　　问责与职责未达成统一

• 预防性维护（维保）

　　工厂设备的正常运转时间仅为 65%

　　维修成本超支

• 更新与换代

- 推荐的产品不符合客户或企业的盈利需求

- 产品质量不稳定并且不达标

步骤5：设定项目目标

工具：项目目标

流程改进项目目标基于组织流程要如何表现。你必须知道流程当前的表现，这样你才能确定当前的绩效与期望值间的差距，这也将帮助你主导一个成本–利润分析。

何时使用

确定项目目标要在启动流程改进项目之前，以及在关键流程问题CPI 明确之后。

如何使用

1. 要制定项目目标，你必须确定所需要的绩效水平，如当前值、基线、绩效层面等。这十分必要，因为流程的 "IS 当前态" 绩效与 "SHOULD 未来态" 绩效的差距会影响设计与实施。

2. 一旦确定了所需的绩效水平，就要明确地制定目标值，以确保：

- 具体

- 可度量

- 雄心勃勃但可达成

- 合情合理

3. 认同绩效改进活动需假以时日来达成目的，所以，你需要设置渐进的短期目标测评进度，确保其朝着整体的大目标前进。参见表 9.2 和表 9.3 项目目标实例。

4. 按照以下指引，确定绩效基线：

● 理想的绩效数据由你的组织定期持续地采集。如"单位成本"、"订单交付平均天数"等数据。这些数据能帮助提供基线值以便我们衡量项目的成功。

● 如果数据不能持续获取，则要研究分析历史绩效数据。例如，对过往 3 年的项目文件作复核，或许能帮助你确定新产品上市周期时间。

● 如果无历史数据，则要确定如何从现在起采集数据，这样你就可以到项目实施阶段开始时便有了若干个月份的基线数据。如果你无法确定如何采集数据，或许就需要对项目目标作变更。

表 9.2　项目目标实例 1

流程绩效指标	绩效基线	短期目标 Q1	短期目标 Q2	短期目标 Q3	短期目标 Q4	流程目标
订单周期时间	约为 30 天	≥28 天	≥25 天	≥20 天	≥15 天	≥10 天
订单处理成本	平均每单 $200.00	≥ $180.00 每单	≥ $150.00 每单	≥ $125.00 每单	≥ $100.00 每单	≥ $70.00 每单
库存件数	5,292 件	4,500~5,000 件	4,000~5,000 件	3,500~4,000 件	3,000~3,500 件	2,000~3,000 件

额外项目目标： 本流程改进项目将成为后续的新产品开发项目的样板。

表 9.3　项目目标实例 2

流程绩效指标	绩效基线	短期目标 Q1	短期目标 Q2	短期目标 Q3	短期目标 Q4	要求绩效水平
机电性能	100%达标	100%达标	100%达标	100%达标	100%达标	100%达标
单位制造成本	较标准品成本超支12%	较标准品成本超支10%	较标准品成本超支8%	较标准品成本超支6%	较标准品成本超支4%	较标准品成本零超支
及时交付率	83%	85%	87%	89%	95%	100%
交付准确率	89%	91%	93%	95%	97%	100%
计费出错率	12%	10%	8%	5%	2%	零

额外项目目标：开发流程改进管理培训课程模块。

5. 识别所有适用的非定量或无形目标。比如：

- 创建客户至上的企业文化

- 将流程文件的观感标准化

- 在组织内部为目标流程创建通用语言

- 增加一线员工的权力

所需时间

设定项目目标所需的时间决定于所要采集的当前绩效数据的类型。如果存在当前数据，则当务之急是与高管团队一起迅速设立并验证目标。如果当前数据不存在，则需要如下的考虑时间：

- 要跟踪哪些指标

- 跟踪的频率是多少

- 在何处安置"仪表盘"以便数据的采集和显示

所需资料

- CBI——关键业务问题

- CPI——关键流程问题

- 绩效数据基线值（如果存在的话）

步骤 6：识别流程相互依赖关系

工具：流程资产

流程资产是一份组织主要流程的清单。它是绘制流程概要图以及开发流程关系图的前提。

何时使用

在"定义"阶段的访谈信息汇总之后及派发流程关系图 PRM 之前使用流程资产清单。

如何使用

运用流程资产模板：

- 列出组织所有的流程（见表 9.4）

- 分类各个流程：客户类、管理类、主流程、支持类，还有供应商类（参加实例）

- 识别每一个关键流程的产出，并填入关键产出列

- 识别每一个流程的接收流程，并填入接收流程列

- 现在你具备了所有所需信息用于绘制流程关系图 PRM

表9.4　流程资产清单（部分）实例

流程名	类型	关键产出	接收流程
规划与预算流程	管理	运营计划/预算	所有流程
原材料采购流程	供应商	纸	制造流程
人事流程	支持	人员/规章	所有流程
制造流程	主要	产品	用户培训流程
客户下单流程	客户	订单	销售流程

【实例：流程资产】

工具：流程关系图 PRM

流程关系图 PRM 是组织内主要工作流程间的投入-产出（Input-Output）关系。它将帮助你了解和显示业务运行的流程网络。它还能明确你选定要优化的流程将影响其它哪些流程，以及将被其它哪些流程所影响。

何时使用

- 当需要了解商业运行背景的时候

- 在项目分析、项目定义、项目设计时，对整体全貌（Big Picture）的理解很重要时

- 在理解流程间的相互作用十分重要时

如何使用

首先，使用流程资产工具开发出流程资产，然后，按以下步骤创建

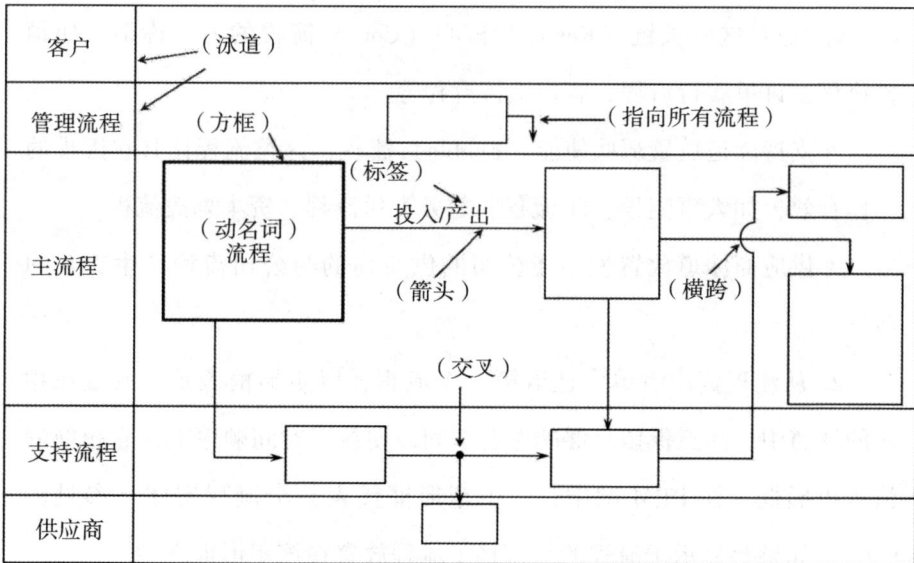

图 9.4　标准 PRM 流程关系图的构成要素

流程关系图 PRM：

1. 绘出如图 9.5 所示的泳道图：

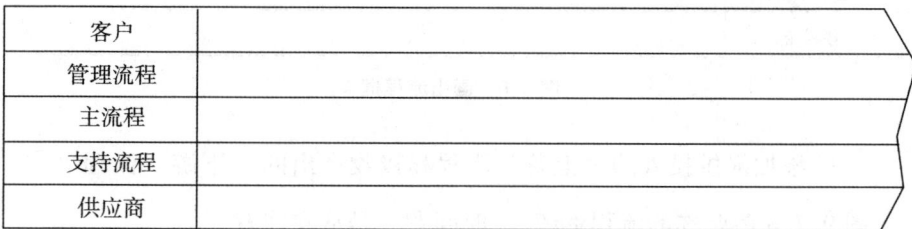

图 9.5　流程关系图样本

● 客户泳道放置公司的客户组织中的与公司交互的流程

● 管理泳道放置公司中的指导性和方向性的流程，如战略规划流程、预算流程和商业计划流程

● 主流程泳道放置公司生产产品或服务的流程。价值链（Value

Chain）是对这些关键（Key）与核心（Core）流程的另一称谓，如销售流程、订单履行流程、客户支持流程等

• 支持泳道放置那些使能（Enable）流程，这类流程让其它流程的工作有效，如人事流程、IT 流程、财务支付流程、资本划拨流程

• 供应商泳道放置发始于公司的供应商的与公司流程产生交互的流程

2. 从流程资产清单中选取第一个流程，以矩形框表示，放置在相应的泳道中，注意保留足够的左右空间以便放置时间顺序上比它超前的流程矩形框。在 PRM 图中，一个矩形框代表一个流程实体（参见图9.6）。如果要显示子流程的话，将子流程放置在该矩形框之中。

客户	
管理流程	
主流程	▉
支持流程	
供应商	

图 9.6　画出流程框

3. 添加提供投入的"上游"流程和接收产出的"下游"流程（参见图9.7并参照你的流程资产）。时间顺序是从左往右。

4. 用带有标签的箭头代表投入或产出，来连接各个流程框。通常，对一个流程而言你只需要突出其最为重要的 2~3 个产出即可（参见图9.8并参照你的流程资产）。

5. 以由上至下、由左至右的顺序为流程框编号，但序号并不代表固定的顺序，只是一个唯一识别号而已。

图 9.7　画出上下游流程框

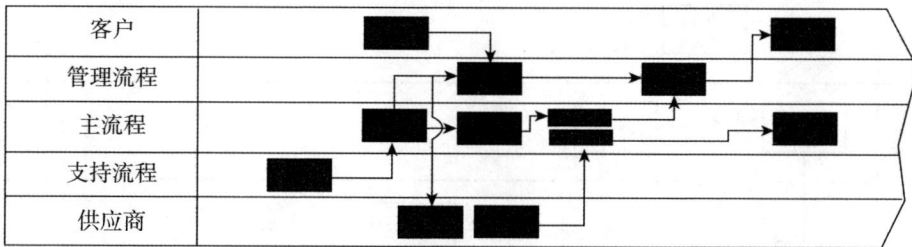

图 9.8　画出投入与产出箭头

6. 验证并修改流程关系图。

所需时间

绘制 PRM 所需的信息是流程概要数据，这些数据是你访谈高管团队或其它特定人选时收集而来的。在信息已采集到的前提下，根据复杂程度，绘图会耗费若干小时的时间。

所需材料

你将根据以下材料来绘制你的 PRM：

- 流程概要信息

- 流程资产

技巧

在为每个流程框起流程名时应特别注意，其表示的是流程名称，而不是该流程的主管部门名称。如果流程框的名称很像部门名，就很容易造成误解。例如，叫"产品设计"就比叫"工程"好；叫"新产品开发"要比叫"R&D研发"好。而且，尽量加上"流程"二字，以确保读者阅读时确定它是流程而非部门。如图9.9和图9.10所示。

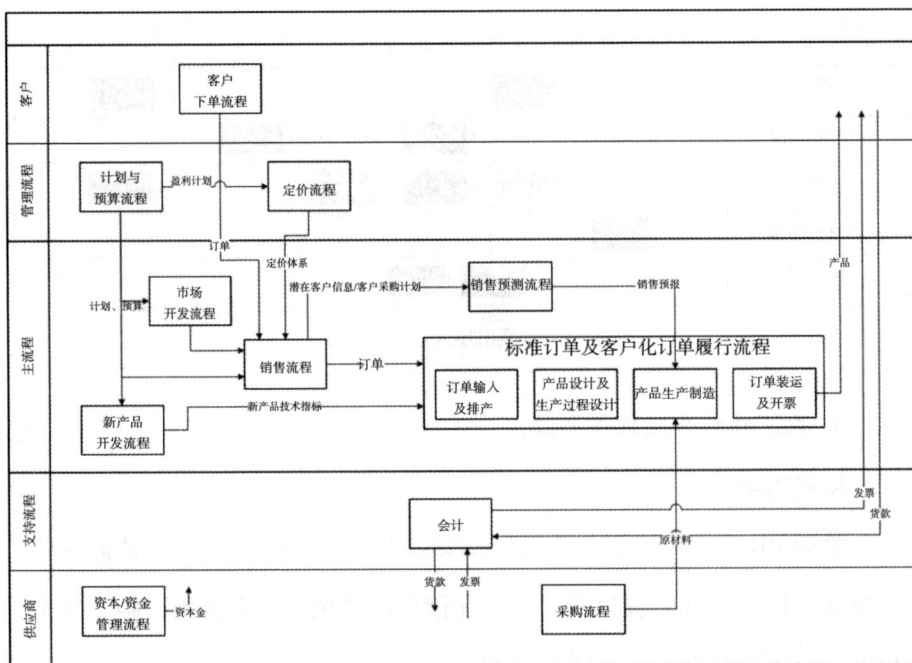

图9.9 流程关系图例1

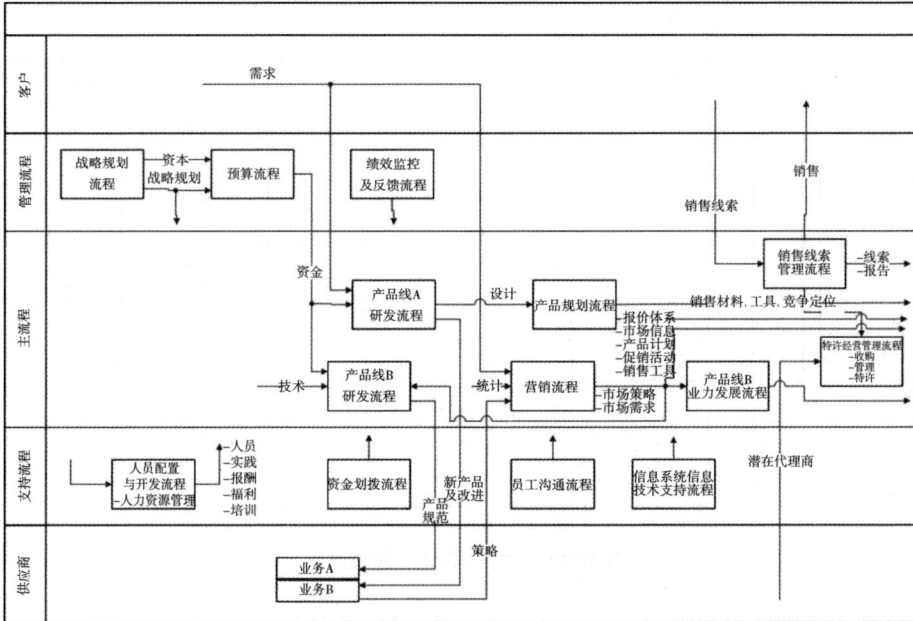

图 9.10 流程关系图例 2

步骤 7：识别职能间的依存关系

工具：职能关系图（Function Relationship Map，FRM）

职能关系图 FRM 描绘了组织中的职能（部门）及其相互的投入-产出关系。职能关系图的目的在于帮助分析、改进以及设计组织的职能关系。它可用于整体描绘组织中的所有职能间的关系，也可用于描绘参与特定的某个流程的所有职能间的相互关系。

通用 FRM（参见图 9.11 所示的例子）：

- 通用 FRM 是一张帮助经理们和顾问理解组织运作的图

- 通用 FRM 通常作为超系统图位于中心部分的内容。它显示了组

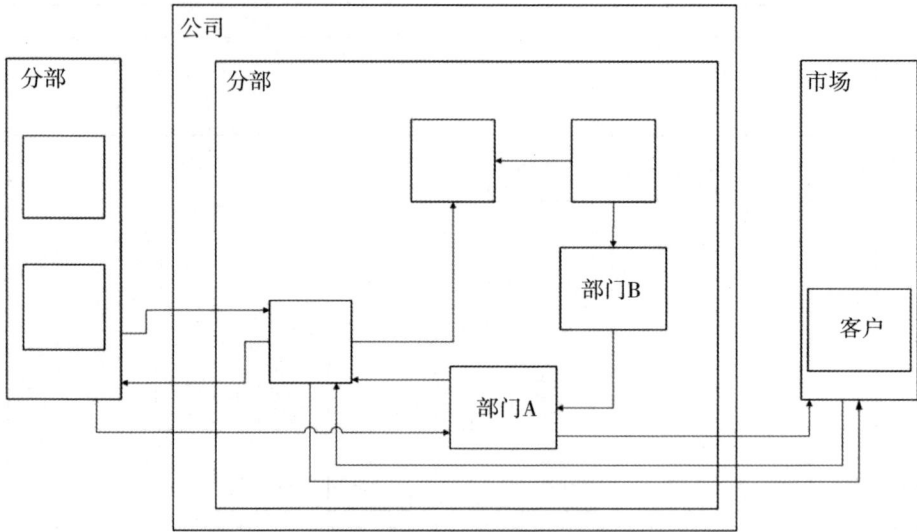

图 9.11　通用 FRM 职能关系图

织与其它系统间的投入与产出关系。职能框之间的箭头表示职能的产出，以及哪个职能接受这个产出。运用通用 FRM，可以在高的层面上跟踪组织的价值链（Value Chain）

●特定 FRM 是一个分析工具，用以了解业务，或部分业务是如何运作的

●特定 FRM 通常用于绘制参与到某个特定流程或流程系统的职能（部门）

在流程改进项目的进程中，FRM 可以成为一个关键图，它可以用于组织或流程的再设计，也可以用于测试各种变化对组织的影响。

何时使用

在以下情形中使用 FRM：

●需要解读业务的价值链

- 需要识别参与某个或多个流程的职能（部门）

- 职能间的关系需要明确

如何使用

按照以下步骤创建通用 FRM：

1. 识别组织实体。

2. 明确主要产出及其输出到何处。标注箭头。

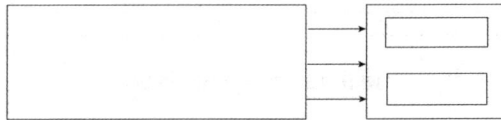

3. 明确关键投入，及其来自于何处。标注箭头。

4. 在组织实体框内识别主要职能实体（分支机构、部门）

5. 标明各职能实体的名称。

6. 标注各个职能实体间的关键投入与关键产出。标注箭头。

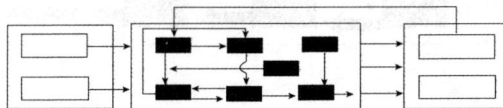

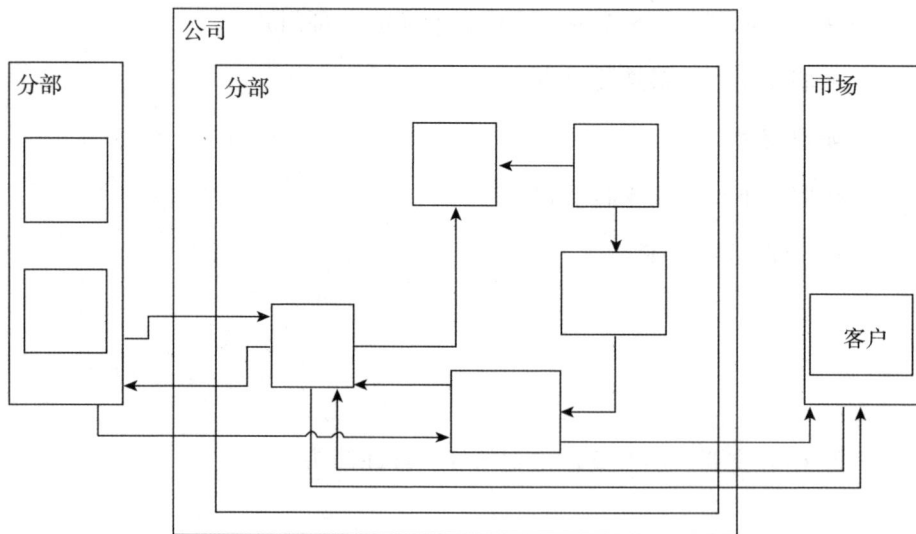

图 9.12　特定 FRM 模板

按照以下步骤创建特定 FRM：

1. 创建通用 FRM。

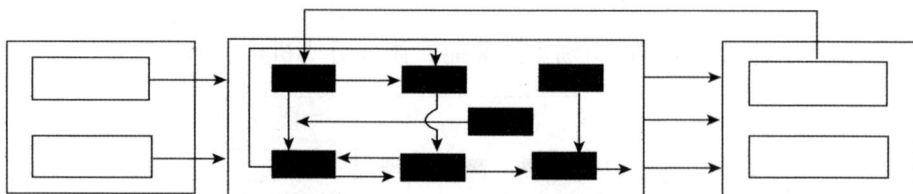

2. 跟踪所选流程流经的职能，添加投入-产出细节。

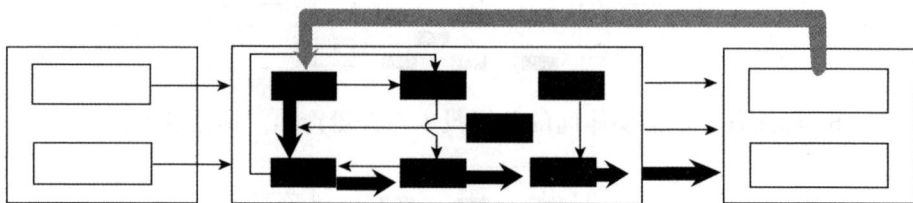

或者，

3. 识别所选流程中第一个投入，指向第一个职能。

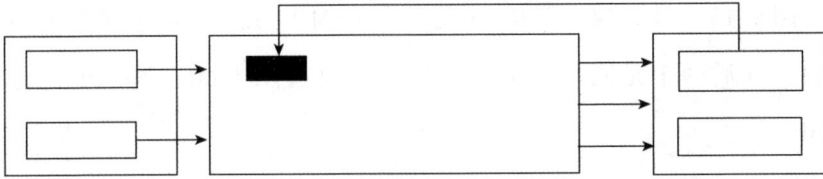

4. 标注职能的产出及其流向何处。

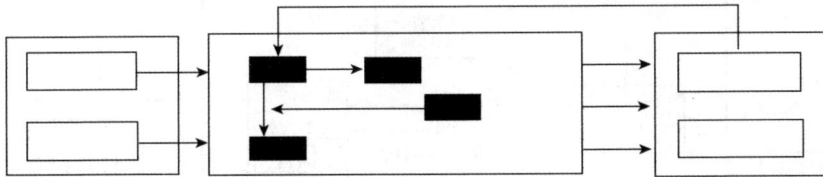

5. 标注下一个职能的产出及其流向何处。重复本步骤直至贯穿整个组织以完成本图。

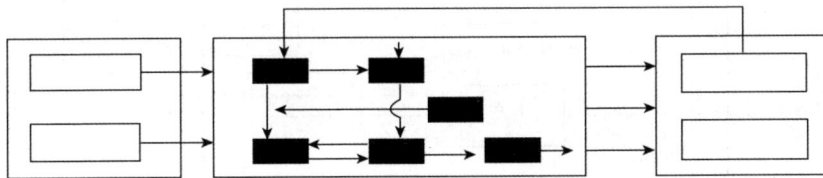

所需时间

在访谈信息收集完备之后，需要几个小时的时间完成绘图。

所需材料

你将需要如下的材料以构建 FRM：

- 在定义阶段的访谈中所收集的信息

- 组织结构图

- 11×17 时的网格纸和白板纸

- 报事贴及笔

- 制图软件

【实例：职能关系图】

图 9.13、图 9.14、图 9.15 是三个 FRM 例子，来自于两个不同的项目。（后两个是同一个 FRM，但一个是通用 FRM，另一个是特定 FRM）

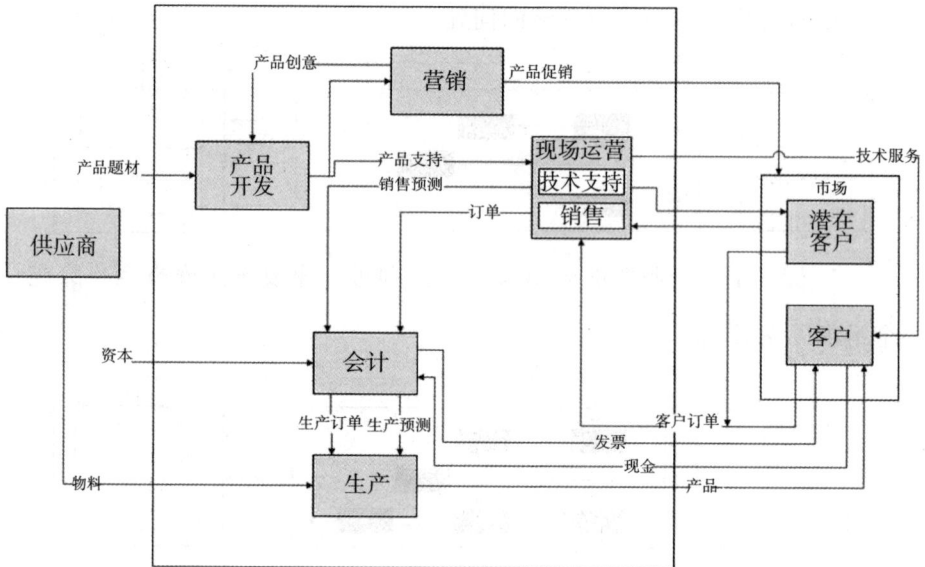

图 9.13　FRM 例 1

步骤 8：确定约束 constraints 和假设 assumptions

约束与假设包含项目或组织可获取的资源的局限。

约束的例子：

● 资本受限。所提供的解决方案必须以资金来源有限为前提。所有的资金要求必须具备详细的成本-收益分析，并含替代性考虑。

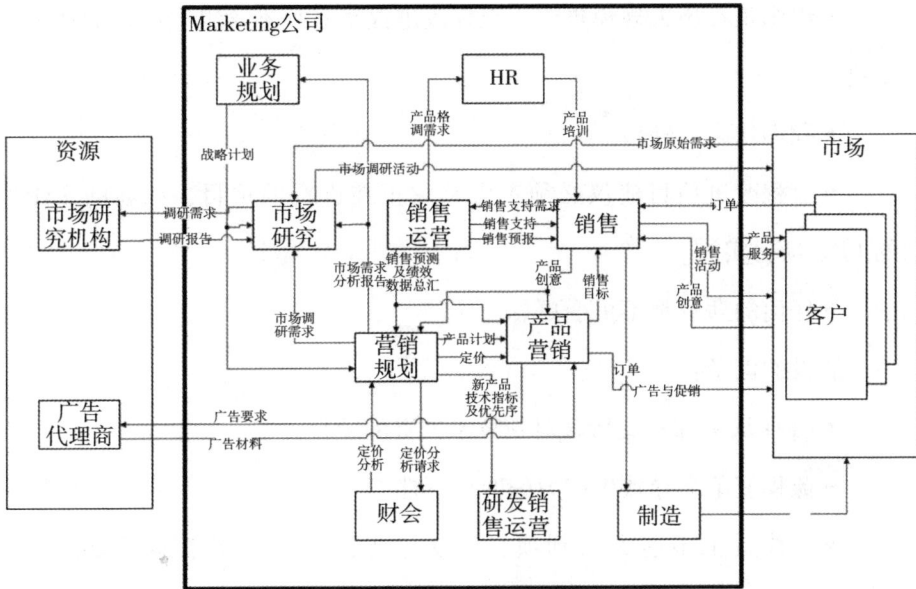

图 9.14　FRM 例 2（通用 FRM）

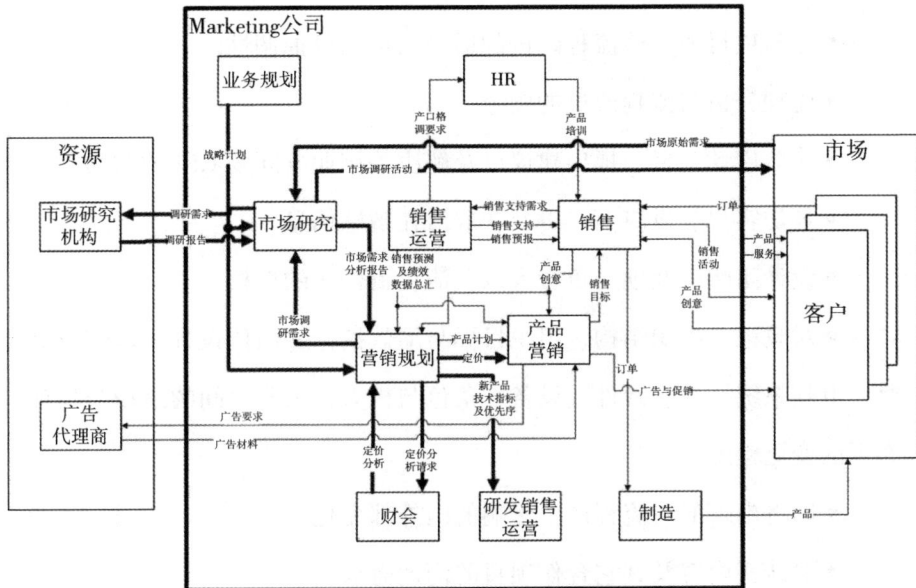

图 9.15　FRM 例 3（特定 FRM）

• 组织正经历大规模重组。流程改进提案必须不含组织结构的任何变更。

• 我们从来不外包。

• 流程改进项目建议必须考虑其它正在进行的项目，如新的 SAP 的 ERP 项目实施。

• 任何的薪资都不可变更。

假设的例子：

• CEO 从来都不支持含对新技术投资的项目。

• 流程变革会导致生产力的明显下挫。

• 一线员工不能参与到项目团队中来，因为我们不能承受他们离岗。

约束与假设通常可以分为以下几类：

• 参与项目或实施流程改进的适当人选的可抽调性

• 流程分析与流程改进的资金

• 团队启动项目、提出建议以及解决关键业务问题 CBI 的时间

• 拜访客户、供应商，以及获取潜在敏感信息

• 设计团队以及项目负责人以及流程责任人的授权

• 对政策、组织结构、组织目标与绩效指标、岗位设计、薪酬及奖励、电脑系统、其它硬件及设备、角色与权力、工作空间的地理与物理布置的变更程度

• 即将出现的对流程产生影响的内外部变化

• 对涉密内容及其它合作项目的沟通需求

让我们看看某企业的总裁，他组建了设计小组，为小组成员授予为

改进流程绩效而可以作除以下约束以外的任何变革的权限：

1. 不能改变任何人的薪酬

2. 不能违背劳资协议

3. 任何资金花费需求必须通过正常的审批渠道获得

由于这些约束实际上赋予了相当大的权力，因此其对于团队达成项目目标的能力方面未产生负面影响。

另一方面，非常重要的一点是，我们经常需要，而且能够去挑战约束。例如，某设计团队通过如下两点来挑战约束：

1）遵循约束的要求重新设计流程，并推荐一些变革以达成项目目标；

2）推荐第二套建议方案，该方案会忽略某些约束——但将会获得明显的成本节约。许多情况下，第二套方案能被管理层接受并实施。

步骤 9：定义项目角色

工具：项目团队角色汇总表

这个工具描述参与流程改进项目（PIP）的小组成员。

设计小组

设计小组由 8~15 人构成，包括：

- 待分析与改进的流程中所涉及的各业务部门代表

- 所有涉及地区的代表（如果该流程需要跨越某些地区或国家的话）

- 流程中涉及的利益相关方代表（可选择性地邀请加入，从而获得

他们对项目执行的认同与支持）

●代表的选派不能基于他们在那段时间刚好工作不忙，或者刚好"有空"

可以选派基层主管和员工加入设计团队中，如果：

●团队中未包括直接汇报人

●基层主管对"IS当前态"的日常作业情况极其熟悉

设计小组从依照访谈日程和布置访谈前期的筹备事务开始"IS当前态"阶段的工作。在"IS当前态"的研讨过程中，设计小组要确认和识别相互关系、输入、输出、困难或问题，以及基准指标。同时，设计小组也要开发"SHOULD未来态"的设计说明与"COULD BE可选态"的备选方案。完成"IS当前态"的研讨之后，设计小组要识别出与其它流程之间的相互关系，并且回顾"IS当前态"的全部文档。

设计小组接下来要实施"SHOULD未来态"阶段的工作，包括设计新的流程，总结应建议采取哪些改变，查看并确认在"IS当前态"分析过程中鉴别出来的所有断点都能通过这个新流程得以解决。

在"SHOULD未来态"设计阶段结束时，应对设计小组成员的工作表现表示认可，并视情况将他们重新委派到各实施小组。通常，设计小组成员一般会被委任为实施小组的组长。

如果有"引导师"涌现，设计小组将会获益匪浅。引导师是那些可为整个团队带来活力与挑战的人。

随着项目的开展，设计小组的人员会发生一些变化，比如离职、调岗等等。在"SHOULD未来态"阶段增加（临时性的）人员或在"IS当前态"阶段增加技术专家都是较为常见的。

设计小组组长

设计小组组长担当领导的角色，与引导师紧密配合，一道参与设计小组的所有研讨活动。他或她带领设计小组开展工作。

执行小组

如果有这样一个执行小组，那么在项目的"DEFINE 定义"阶段，主要由执行小组来收集定义项目所需要的数据。同时他们还向领导小组提出问题或担忧，为领导小组推选成员。在流程改进项目（PIP）的整个过程中，这个小组还将继续查找问题和监控项目进展，如需要的话，还要进一步澄清目标。

引导支持小组

对于大型的项目，一个人确实难以应付协调会议、收集信息、绘制地图和引导讨论等等一系列任务。要避免过度负荷，为主引导师（Facilitator）提供额外的支持应当是个好的解决途径，比如通常要定义有关项目支持方面的需求，可有时还是有必要增加另外的引导师。

引导师

有关引导师的角色描述，请参见第一阶段的第二步骤。

实施小组

新流程设计完成之后，就要在跨职能的结构上组建实施小组来执行新的流程。例如：提议更新或安装一个能够支持流程自动化的新信息系统，需要的不仅是 IT 部门的专家，而且还要有完成此项任务不可或缺的其它人员，他们或者工作与之相关，或者具备相关的专业经验和能力。提议修改制度则需要那些具备制度编制专长，或其工作可对制度编制有帮助的人员来共同开发新的制度。

实施小组组长

新流程设计完成之后，实施小组的组长要在实施新流程的过程中，管理她或他的实施小组的所有活动。她或他负责定期向项目经理汇报小组的工作进展状况。

项目经理

在新流程的实施期间，项目经理要协调所有实施小组的工作，以确保实施计划按期执行并控制在预算之内。他或她定期要与管理层召开项目进展会议，向他们通报进展状况并根据需要逐步升级提出问题。他或她往往向流程负责人汇报工作。

项目发起人

项目发起人是项目的维护者（Champion），他或她一般是最先发起流程改进项目（PIP）的人。引导师是为项目发起人（和流程负责人）提供结果而负责的。这个人也许与流程业主同为一人。

流程业主（Process Owner）

流程业主是与流程的成功息息相关的人，这个角色可等同于流程经理。流程业主的主要工作包括：

- 建立并界定项目范围

- 获取项目资源

- 根据需要，与访谈对象沟通，确保他们按要求参加访谈

- 与组织中的关键决策人沟通并确保得到他们的支持承诺

- 帮助筹划与领导小组召开的回顾会议并尽可能亲自参加这些会议

- 向领导小组、执行小组及其它关键的利益相关者简要汇报项目的进展、问题及建议

流程业主必须是领导小组中的一员。如果组织处于动荡不安的时期，在项目初期也许没有逻辑上的流程业主；但是，在这种情况下，则必须指定一位临时的流程业主。如果流程被彻底地重新设计了，那么该流程逻辑上的业主也要随跨职能流程边界的调整而更换为新的业主。他或她也许与项目发起人同为一人，但是，他的或她的关键职责则是对流程负责。

接收组织

接收组织要在实施小组的协助下将新流程导入他们的组织中。在此之后，这些组织要承担起监控流程的日常绩效的责任并确保达成绩效目标。

利益相关方

利益相关方是可能会被变化影响到的一些个人或组织。识别有哪些人是利益相关者，变化会以什么方式影响到他们，并获得他们的支持对于新流程设计的最终导入和应用尤为重要。这些人在流程改进项目（PIP）中一般扮演顾问的角色而非决策的角色。在项目过程中，流程负责人会不断与利益相关者沟通项目的相关进展。

领导小组

在"定义 DEFINE"阶段结束时，一旦清晰地界定了项目范围，那么就要组建一个领导小组。这个小组在整个流程改进项目（PIP）中，负责回顾和监控项目的进展并扮演决策人的角色。该小组中的成员也会提出并解决问题。

步骤 10：开发项目计划

工具：项目计划

项目计划列出与流程改进项目（PIP）相关的主要活动与项目成果。

项目计划可以有多种表现方式（例如甘特图和 PERT 图），项目计划应该是一个高阶计划并尽量越简明越好。

何时使用

在流程改进项目（PIP）被全面定义和批准之后，我们就要制订一份项目计划（参见表9.5）。

表 9.5　实例：项目计划

主要里程碑及交付物	预期时间	前导工作	完成日期	责任人	备注
项目启动：DT 培训及通告	DT：1 天	各人在项目中的身份确定	Sept. 7	K. Potter 引导师	
"IS" 访谈：流程步骤按职能泳道识别清晰；识别察觉到的断点和问题；绘制 "IS" 草图	1.5 ~ 2 小时/职能	确定受访人，确定访谈日程	Sept. 18-21	G. Bell DT 组长	对 DT 成员以及其它关键人员实施一对一访谈
"IS" 议程：确定 "IS" 流程，确定断点及断点的优先顺序	DT：3 天	访谈中所发现的问题	Sept. 26-28	G. Bell DT 组长	

表9.5（续）

主要里程碑及交付物	预期时间	前导工作	完成日期	责任人	备注
ST 审查：审查"IS"分析	DT：1天 ST：1天	已定稿的"IS"流程图和断点清单	Sept. 29	K. Potter 引导师	
"SHOULD"议程1：开发线性流程图；确定流程指标	DT：2天	用于"SHOULD"设计的技术指标	Oct. 4-5	G. Bell DT 组长	
"SHOULD"议程2：开发跨职能角色/责任矩阵表	DT：2天	线性"SHOULD"流程图和指标	Oct. 11-12	G. Bell DT 组长	

DT＝设计小组；ST＝领导小组

如何使用

回顾流程改进项目（PIP）所涉及的步骤并决定以下内容：

- 适于 PIP 的主要里程碑

- 完成每个里程碑所需的投入预估

- 各里程碑之间的相关性

- 各里程碑的完成期限

- 各里程碑的负责人

所需时间

完成一份高阶的项目计划所需要的时间，取决于项目本身的复杂程度，以及你是否要包括沟通与变革管理相关的里程碑。即使这份计划将作为你们前进的地图，但它将成为一份工作文档。因此，不要花费太多的时间来思考任一里程碑。做最好的预估并继续向前走。

所需材料

- 项目计划软件
- 项目计划的通用里程碑

技巧

- 即使投入的程度与相关关系可能对确定每个里程碑的完成期限或次序有帮助，但一般不需要在项目计划体现这些内容。

- 在你的项目计划中加入"备注"栏，这样可以将不适于记入计划中其它部分的任何重要信息记录在"备注"栏中。

第 10 章　流程分析与设计：10 个必选步骤

在竞争中，组织如何才能快速取胜？答案是：减少非增值活动的浪费，消除部门交接延迟。流程优化点往往在组织系统的纵横接口处。你会在空白地带找到它们。

——普赖斯·普利切特（Price Pritchett）

经由第一阶段明确项目定义和范围之后，即可启动 Rummler-Brache 方法论的阶段 2——流程分析与设计。

阶段 2 的目标是设计一个新的"SHOULD 未来态"流程，这个流程可以：

- 达到领导小组提出的要求
- 实现项目目标
- 解决关键业务问题

阶段 2：流程分析与设计

在阶段 2，将"IS 当前态"流程和改进机会形成文档。然后设计一个新的或改进的"SHOULD 未来态"流程，该流程要能够实现项目目标并解决断点问题。图 10.1 列出了流程分析与设计的 10 个核心步骤。

步骤 1：将"IS 当前态"文档化

工具：跨职能流程泳道图

跨职能流程泳道图是能够呈现跨职能间次序步骤的一幅图画。它既反映了输入是如何转换为输出的，又展示出流程中输入与输出的流向，以及流程在组织中所涉及的各职能。

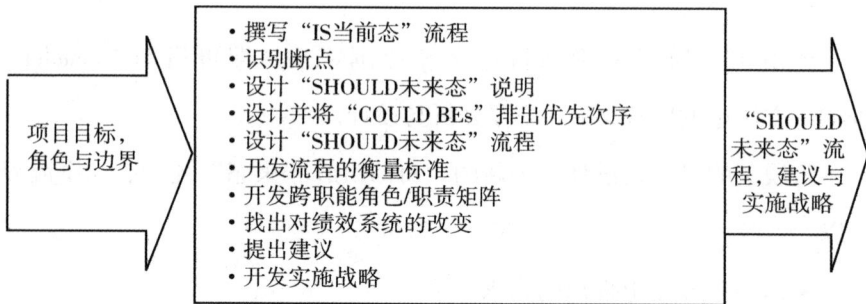

项目目标，角色与边界 →

- 撰写"IS当前态"流程
- 识别断点
- 设计"SHOULD未来态"说明
- 设计并将"COULD BEs"排出优先次序
- 设计"SHOULD未来态"流程
- 开发流程的衡量标准
- 开发跨职能角色/职责矩阵
- 找出对绩效系统的改变
- 提出建议
- 开发实施战略

→ "SHOULD 未来态"流程，建议与实施战略

图 10.1　阶段 2 的 10 个核心步骤

何时使用

此泳道图用来：

• 撰写"IS 当前态"流程文档，便于理解和分析

- 撰写 "SHOULD 未来态" 流程文档，用于实施和持续改进

- 呈现跨职能间的工作流

如何使用

1. 画出水平的行，以代表图表中的各职能，如图 10.2 所示。

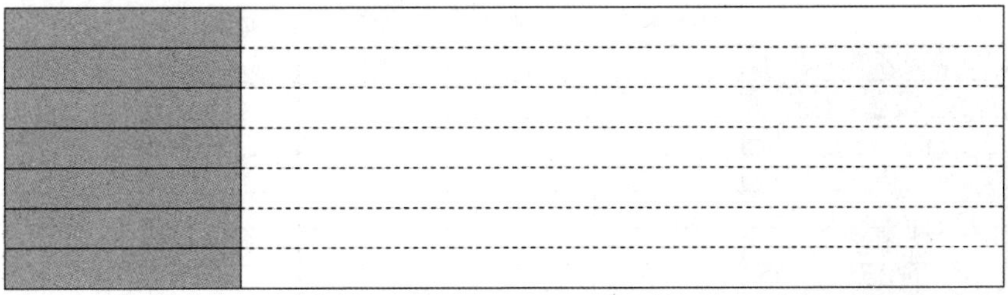

图 10.2　跨职能流程泳道图模板

2. 将客户或市场放入上部的行中，将供应商放入下部的行中。相应地标注出其它各行，如图 10.3 所示。

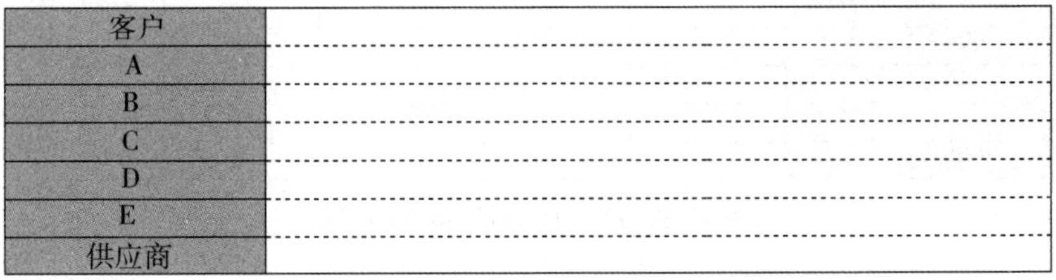

图 10.3　跨职能流程泳道图–已标注

3. 你也许需要在底部加入一行 "其它"，可以包括例如备注、次数、费用、意见及质量情况等。如果流程中使用到了 IT 系统，你则需要在中间加一行，注明 "系统"。

4. 找出流程中的子流程，如图 10.4 所示。

5. 在表中合适的位置放入流程的第一个步骤，并标明步骤的名称，如图 10.5 所示。用一个名词+动词的过去式形式（如需求评估、报价提

供或产品概念测试等）来标明此步骤的活动。

6. 识别输出和流向。在表中合适的位置放入另一个步骤，如图 10.6 所示。从上一步骤的输出端画一个箭头到这个步骤，并在箭头上注明输出的内容。

	订单录入	定制	生产	运输	安装
客户					
A					
B					
C					
D					
E					
供应商					

图 10.4　跨职能流程泳道图-包含子流程

	订单录入	定制	生产	运输	安装
客户					
A	■				
B					
C					
D					
E					
供应商					

图 10.5　跨职能流程泳道图-步骤

	订单录入	定制	生产	运输	安装
客户					
A	■				
B	■				
C					
D					
E					
供应商					

图 10.6　跨职能流程泳道图-输出

7. 接下来对自己问几个问题，"在这个步骤达到或完成了什么？输出了什么？输出到哪里去了？在合适的位置中放入其它的步骤，如图

10.7 所示。

8. 参照图 10.8 中的图示说明。

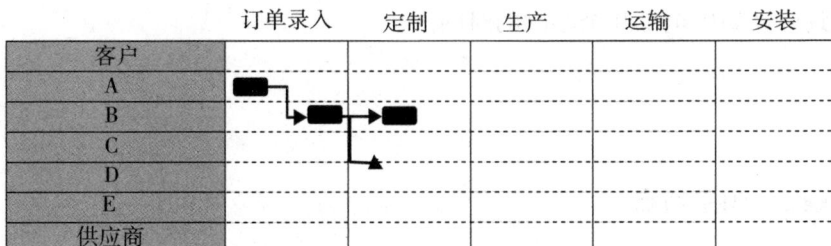

图 10.7　跨职能流程泳道图−输出

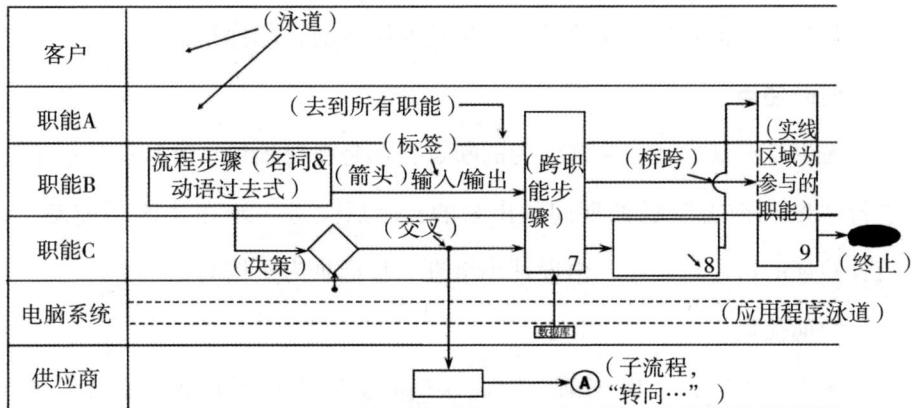

图 10.8　图示说明

9. 如果需要，可以适当对泳道图进行修改并由上至下标出方框的数字（从左到右，仅作为参考之用。）

10. 在制作跨职能"IS 当前态"流程泳道图的草图时，不必在泳道图上标注被访谈人认为可能存在的断点，以避免设计小组对可能的断点产生预先倾向。相反，你们应该一步一步地把流程走下来，让他们识别并对断点进行讨论。这样做，是为了使得设计小组的成员更真实地掌握流程，进而提出改进点。

所需时间

制作一份跨职能流程泳道图所需时间取决于流程本身的复杂程度。大致可计划用至少几个小时的时间。

步骤 2：识别断点

工具：断点

凡是会对流程的效果或效率产生负面影响的，都称作断点。

何时使用

无论是客观的还是主观认为的断点，都是在与领导小组和设计小组进行"IS 当前态"访谈期间找出来的，之后又进一步在"IS 当前态"流程验证的讨论过程中，由设计小组进一步记录为文档的。

如何使用

• 引导师应在"IS 当前态"面谈期间，注意到所有被大家认为是断点的地方。

• 在设计小组回顾和验证跨职能"IS 当前态"流程泳道图时，应以下列方式注明所有的断点和问题：

在易事贴上标注数字，数字外画个圈，分别贴在泳道图上有断点或问题发生的位置。用易事贴的好处在于，可以随着小组成员讨论过程中的意见变化，随时将易事贴移动位置。在活动挂图/白板上，写下与断点对应的数字，并在旁边对断点进行简要描述。

在"IS 当前态"泳道图被验证之后，小组成员要一起重新查看一下断点。做一张断点清单，在清单上逐一描述每个断点的影响。在排列断点的优先次序时，可以用到这些关于断点影响的描述。

所需时间

所需的时间取决于找出了多少个断点，以及需要多深入的讨论来澄清和描述每个断点的影响。

所需材料

- 跨职能"IS 当前态"泳道图

- 活动挂图、纸和记号笔

- 断点清单的复印件

- 易事贴

举例：断点清单

例表 10.1 是通过对 EAGLE 教育产品的订单实现流程的回顾和讨论，找出的断点清单。"全部"和"部分"栏将在完成"SHOULD 未来态"流程设计和提出建议后再来填写。

注："类型"栏用于通过系统、制度、角色和职责或"IS 当前态"泳道图上的某些内容来识别断点。换句话说，这些是增加了额外的标注，用于更直观地说明该断点是属于哪个类别的，而不需要详细把断点读完一遍才能知道它是归属哪个类别的。

步骤 3：设计"SHOULD 未来态"技术规范

工具："SHOULD 未来态"设计技术规范

这个工具将协助设计小组开发一系列"SHOULD 未来态"的设计

技术规范，这些技术规范会达到项目目标并且对关键业务问题产生积极的影响。它们由三个元素构成：

- 输出技术规范（要求）
- 输入技术规范（要求）
- 流程技术规范（特征或特点）

何时使用

"SHOULD 未来态"设计技术规范由设计小组开发，之后由领导小组审核批准，再开始"SHOULD 未来态"流程的设计工作。

如何使用

1. 首先向设计小组提出以下问题，来开发输出的技术规范：

新设计流程的输出应该是什么？

每个输出的关键维度应该是什么？

每个输出的目标应该是什么？

2. 然后向设计小组提出以下问题，来开发输入的技术规范：

新设计流程的输入应该是什么？

每个输入的关键维度应该是什么？

每个输入的目标应该是什么？

3. 从输入和输出技术规范可推导出流程的技术规范，基本上会形成以下这些具体的维度：

流程绩效

- 成本（材料，人工，资产）
- 时间（周期，反应性，及时发货）
- 管理（健康，安全，环境，财务，人力管理）

- 流程质量（出错率，废品率，返工/费用，成本/绩效可达成性）

- 流程能力（生产能力，技术，资源消耗）

适应性或灵活度

- 流程与其它流程的互动

- 流程与客户互动

- 流程与执行者之间的互动

流程的可管控性

- 监控

- 问题解决

在设计完成"SHOULD 未来态"流程之后，一整套流程的技术规范也将被开发完毕。直到这一步，只需要从输入或输出技术规范中找出那些流程技术规范。

所需时间

计划出至少半天时间。时间的长短取决于流程的复杂程度。

所需材料

- 以下是输出技术规范的数据来源：

关键业务问题及项目目标

业务战略

客户满意度数据

竞争分析/对标数据

组织竞争需求（为了争取竞争优势，保持竞争优势等等）

- 以下是输入技术规范的数据来源：

关键业务问题和项目目标

客户需求与要求数据

供应商需求与要求数据

输入断点

图 10.9 以表格的形式展示了"SHOULD 未来态"设计技术规范的范例，这是在设计完成"SHOULD 未来态"流程并确认过输入和输出技术规范之后，能够开发出来的一套完整的技术规范。

这是一个概念性的模型，描述了在流程中"流动"的设计技术规范元素。

表 10.2、表 10.3 和表 10.4 展现了输出、输入和流程技术规范的具体例子。如同图 10.9，表 10.4 同样也要全面设计"SHOULD 未来态"流程后才能得以完成。

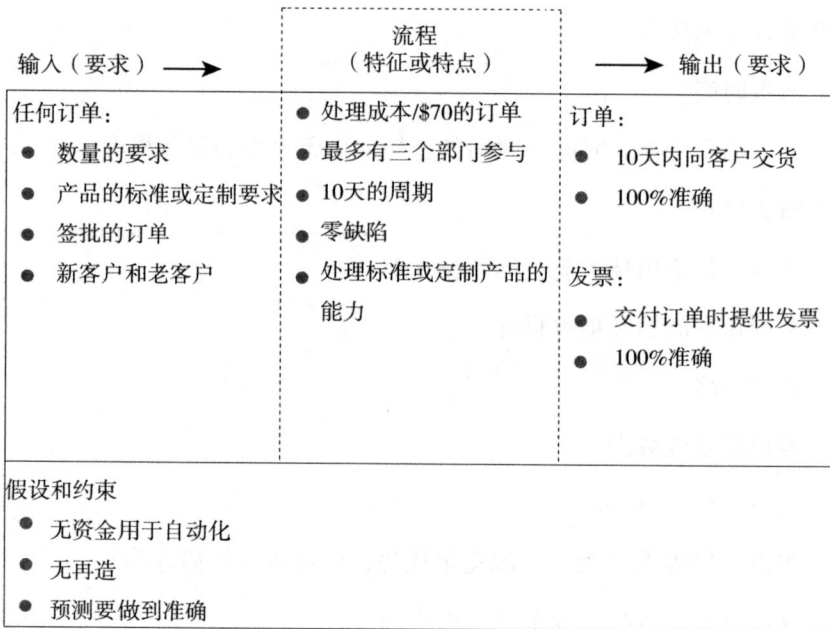

输入（要求）　➡️　流程（特征或特点）　➡️　输出（要求）

任何订单：	● 处理成本/$70的订单	订单：
● 数量的要求	● 最多有三个部门参与	● 10天内向客户交货
● 产品的标准或定制要求	● 10天的周期	● 100%准确
● 签批的订单	● 零缺陷	
● 新客户和老客户	● 处理标准或定制产品的能力	发票：
		● 交付订单时提供发票
		● 100%准确

假设和约束

● 无资金用于自动化

● 无再造

● 预测要做到准确

图 10.9　"SHOULD 未来态"设计规范–范例

表10.1 实例：订单执行流程断点清单

编号	优先序 高/中/低	类型	属性	定位			断点描述	断点影响
				全局	部分	流程步骤		
1	中	组织	资源			14	无足够的工程师资源支持销售	不能及时响应客户需求，会造成潜在销售损失
2	高	流程	角色-责任			12	ABC替CDE处理客户订单，反之亦然。究竟谁应该把握客户出现混乱	工作重复会导致重复发货
3	很高	组织	规章			12	公司将客户管理的责任分解的方式造成许多问题	同上
4	很高	流程	规章			11	用于分配客户给ABC还是给分部的理论依据是不正确的	重复指定找出客户管理责任的混乱
5	很高	流程	IT			3	没有电子的客户数据库可供使用	浪费时间、营销低效。不能为方案撰写提供准确信息——要在多个应用系统中找信息
6	低	流程	执行			14	DEF只能手核价，且报价不能及时存入系统中	催款延迟

技巧

●虽然各流程的特点未必与范例中的关键维度和目标一样契合，但是当发现流程的某一特点与任何主要的流程技术规范都无关，那么就要对这个流程提出质疑。

表 10.2　输出技术规范

输出	关键维度	目标
产品	及时交付	在承诺的交付日期的 24 小时内
	完整性	100% 完成订单
	成本	价格未超出报价
发票	准确度	100% 准确
	及时性	产品出货 24 小时内发出

表 10.3　输入技术规范

输入	关键维度	目标
客户订单	完整性	100% 完成 包括发货日期 包括价格报价
	准确度	数据 100% 准确
客户要求	完整性	所有性能参数都被明确
	准确度	零修改或纠正

表 10.4　流程技术规范

流程特点	关键维度	目标
自动化仓储计划系统	成本：材料	符合标准
建立材料单库存标准	及时性：循环时间	最多 10 天
线上 QA 调机操作参数	质量：符合标准参数	误差控制在 .0001 之内
将环境标准加入材料单内	法规：环保	达到联邦环保局的环保规范
不违反流程限定	安全	无事故
产品订单、要求的数据库 在线材料单 通过 PC 在线应用	管理性：绩效监控	每天 24 小时内可获取数据

• 在此要设立目标和关键维度。因"SHOULD 未来态"设计的开发还未定，所以流程特点会相应的发生变化。

步骤 4：设计并优先排序"COULD BE 候选"

工具："COULD BE 候选"设计

这个工具提供了可与设计小组成员共同分享的一些"COULD BE 候选"设计的例子。

何时应用

在设计小组完成"SHOULD 未来态"设计技术规范之后，要创造一些"COULD BE 候选"设计。

如何应用

1. 在做这个设计之前，你也许需要先做一些创意思考的活动；

2. 强调这是一种脑力风暴式的活动：

没有"错的"或"不好"的主意

不做任何评价

接受所有的想法

彼此间相互启发

3. 为设计小组提供一些基本的指引：

每一个"COULD BE 候选"都应是达到或超出"SHOULD 未来态"设计技术规范（部分或全部）的一种尝试。

"COULD BE 候选"设计是基于你如何认为"SHOULD 未来态"流

179

程可能有效运行，以及各种各样的问题可能怎样被解决；直到你把它们设计到"SHOULD 未来态"里，它们才会成为 SHOULD。

一个单独的"COULD BE 候选"也许只能解决部分流程断点，但只要它有可取之处，将来就可与其它候选相组合。

4. 将设计小组大致平均分成几个小组。一般每组 4~6 人为宜。

5. 为每个小组提供一个活动空间、一本空白的活页挂图纸和一个绘图工具箱。

6. 如果可能，每个"COULD BE 候选"设计应当包括：

"COULD BE 候选"的一份图纸

一个名称

一份概要说明

一份流程特点和运行方式特点的清单

一份利益清单（采纳此设计的益处）

一份内在风险清单

一份在设计中隐含的假设清单

【实例："COULD BE 候选"设计】

图 10.10、图 10.11 和图 10.12 显示了"COULD BE 候选"设计的例子，可以帮助设计小组成员跳出盒子。这些例子反映了组织想要在三个工厂降低生产成本的愿望。这家公司要求设计小组特别考虑关闭其中一个工厂同时加强运行管理的可能。他们提出了 3 个设计，参见图 10.10、图 10.11 和图 10.12。

1. 远程工作录入

流程特点	采纳此设计的益处	此设计的内在风险	此设计隐含的假设
无	·提高准确度 ·提高反应速度	·分散办公的高成本 ·依赖于电子数据的处理 ·如何配置人员	·快速响应对客户非常重要 ·为主要的客户提供快速的服务直接关乎公司的生死存亡 ·缩短与客户之间的距离是一项有竞争力的优势 ·在主要客户的办公地点，可以实现电子数据录入

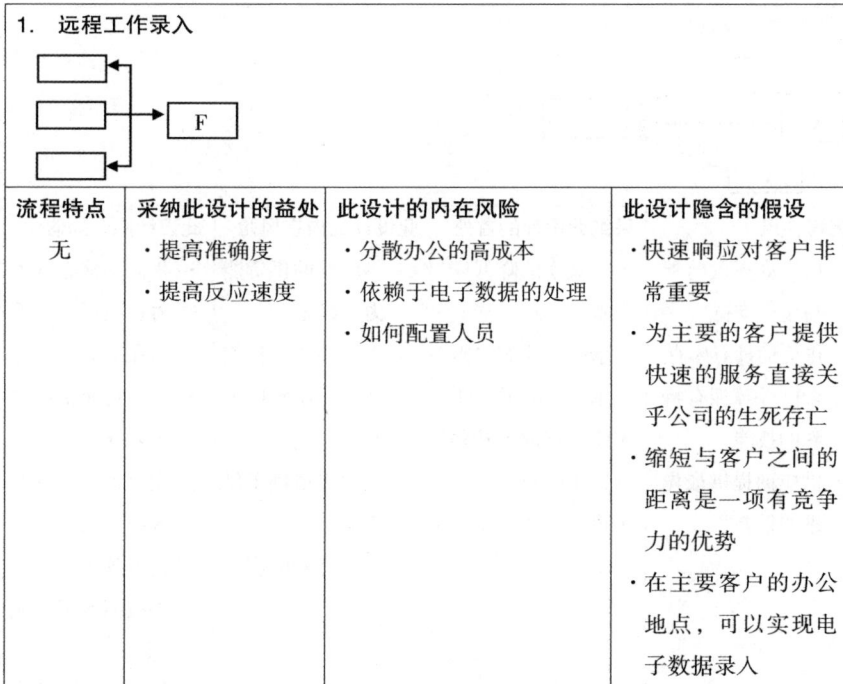

图 10.10　远程工作录入

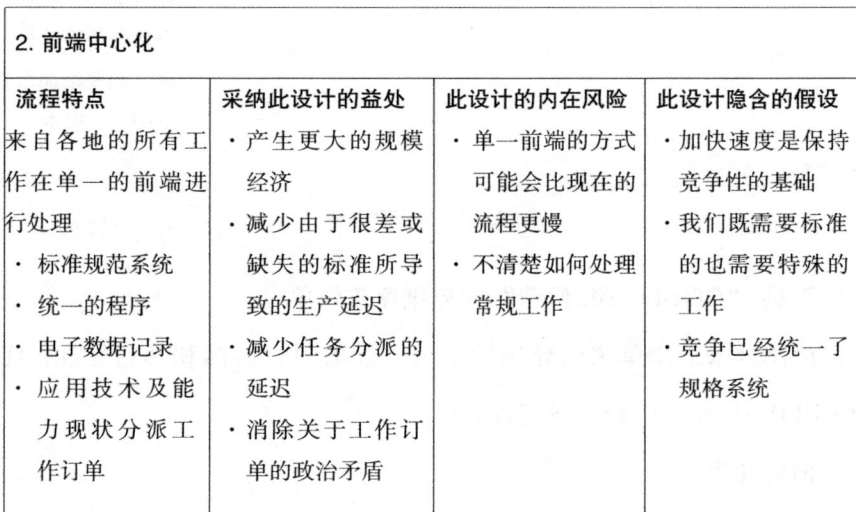

2. 前端中心化

流程特点	采纳此设计的益处	此设计的内在风险	此设计隐含的假设
来自各地的所有工作在单一的前端进行处理 ·标准规范系统 ·统一的程序 ·电子数据记录 ·应用技术及能力现状分派工作订单	·产生更大的规模经济 ·减少由于很差或缺失的标准所导致的生产延迟 ·减少任务分派的延迟 ·消除关于工作订单的政治矛盾	·单一前端的方式可能会比现在的流程更慢 ·不清楚如何处理常规工作	·加快速度是保持竞争性的基础 ·我们既需要标准的也需要特殊的工作 ·竞争已经统一了规格系统

图 10.11　前端中心化

3. 供应商选择

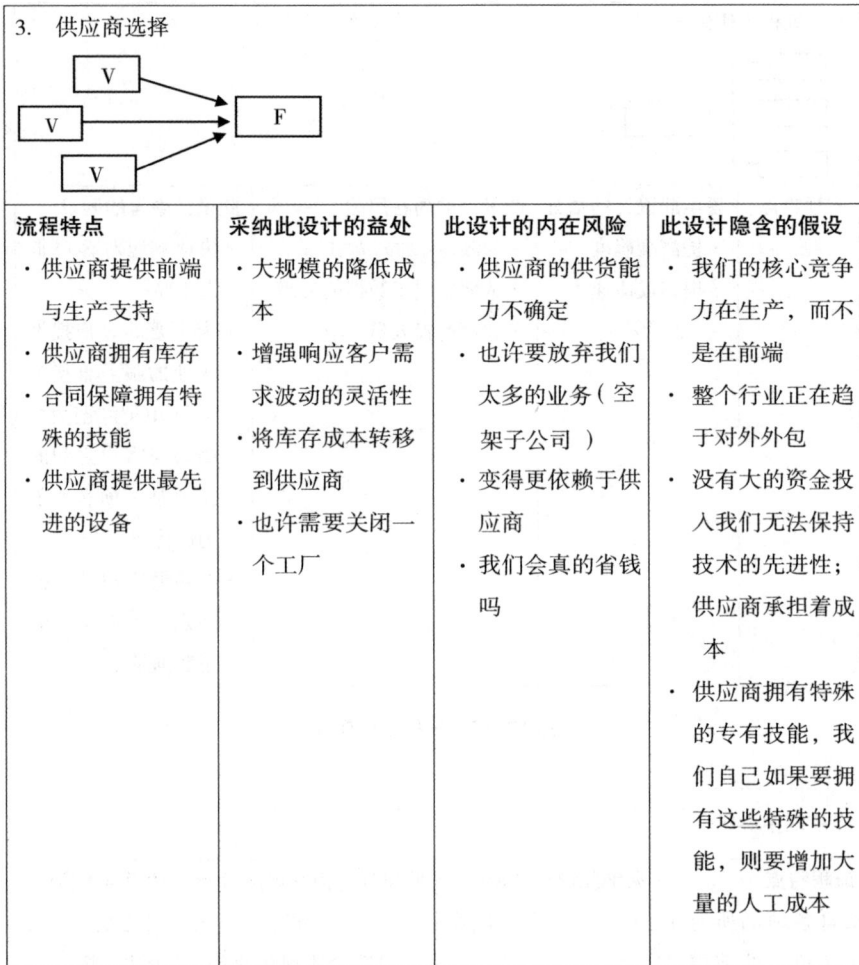

流程特点	采纳此设计的益处	此设计的内在风险	此设计隐含的假设
· 供应商提供前端与生产支持 · 供应商拥有库存 · 合同保障拥有特殊的技能 · 供应商提供最先进的设备	· 大规模的降低成本 · 增强响应客户需求波动的灵活性 · 将库存成本转移到供应商 · 也许需要关闭一个工厂	· 供应商的供货能力不确定 · 也许要放弃我们太多的业务（空架子公司） · 变得更依赖于供应商 · 我们会真的省钱吗	· 我们的核心竞争力在生产，而不是在前端 · 整个行业正在趋于对外外包 · 没有大的资金投入我们无法保持技术的先进性；供应商承担着成本 · 供应商拥有特殊的专有技能，我们自己如果要拥有这些特殊的技能，则要增加大量的人工成本

图 10.12　供应商选择

工具："COULD BE 候选" 优先排序工作单

应用这张工作单来引导领导小组，根据项目目标和其它标准，将"COULD BE 候选"设计排定优先序。

何时使用

领导小组要在对"COULD BE 候选"设计进行优先次序排列时，填写"COULD BE 候选"优先排序工作单（参见表 10.5）。

如何使用

1. 在与领导小组回顾"IS 当前态"分析结果之前，填写"COULD BE 候选"优先排序工作单中的几部分内容（参见表 10.5）。在模板最上部的"必达项"处，填入项目目标。在模板中的相应位置里，填入输出、输入和流程技术规范。

2. 在对"IS 当前态"分析结果的回顾会上，当讨论"COULD BE 候选"设计时，将事先准备好的工作单分发给领导小组的各位成员。

表 10.5　"COULD BE 候选"优先排序工作单

必达项（项目目标）	"COULD BE 候选"可能性			
	A	B	C	D
输出（列出你的输出要求）				
输入（列出你的输入要求）				
流程（列出你的流程技术规范）				
愿望（列出领导小组表达出来的所有"愿望"）				

3. 提问领导小组成员，从工作表中的输出、输入和流程技术规范中，找出他们认为最有可能实现项目目标的那些"COULD BE 备选"设计。

4. 在工作表的下端，请领导小组成员列出他们认为与新设计相关的"愿望"。

表 10.6　例："COULD BE 备选"优先排序工作表

"COULD BE 备选"优先排序工作表				
必达项（项目目标）订单循环时间最多 10 天，每个订单的处理成本控制在 $ 70 以内	"COULD BE 备选"可能性			
	A	B	C	D
输出				
在承诺日期的 24 小时内完成产品交付				××
100% 准时完成产品订单	××			
产品价格不超过报价	×			
发票 100% 准确	××			
产品交付 24 小时内寄出发票				××
输入				
客户订单 100% 完整	××			
客户订单 100% 准确	×××			
依据客户要求订立所有的绩效维度	××			
对客户要求无修改或更正	×××	×××		
	×	×		
流程				
原材料在标准成本内		××		
循环时间在 10 天之内		××	××	××
误差在 .0001 之内		×		
符合联邦环保局的标准要求		××		
无事故		××		
愿望				

步骤 5：开发 "SHOULD 未来态" 流程设计方法

1. 回顾 Rummler-Brache 的设计原则：

- 针对 80% 的可行性设计，并为例外设置单独路径

- 消除或减少低增值步骤的影响

- 简化复杂的步骤

- 合并简单的步骤

- 尽量将质量保障设计在工作中，而不是在输出成为事实后设置检查环节

- 凡有可能的地方，设计并行路径

- 扩展员工的工作内容与授权

- 除非风险无法接受，否则不需要设计到任务层的工作。在正式实施之前要愿意花时间和成本预先开展试运行

2. 回顾并更新 "IS 当前态" 分析文档，关注是否还有其它的断点。

3. 回顾并更新 "SHOULD 未来态" 设计技术规范。确保将领导小组额外增加的意见和改动补充进去。

4. 识别流程中的子流程（4~10 个宏流程块），如图 10.13 所示。

5. 对于每个子流程，列出输出、输出要求和假设。同时，识别出流程与子流程末端的衡量标准，如图 10.14 所示。

6. 从流程开始的引发点到结束，找出每个子流程的主要流程步骤。

子流程 A   子流程 B   子流程 C   子流程 D

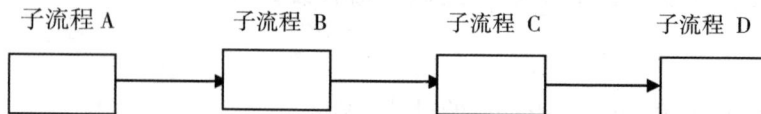

图 10.13 宏流程块

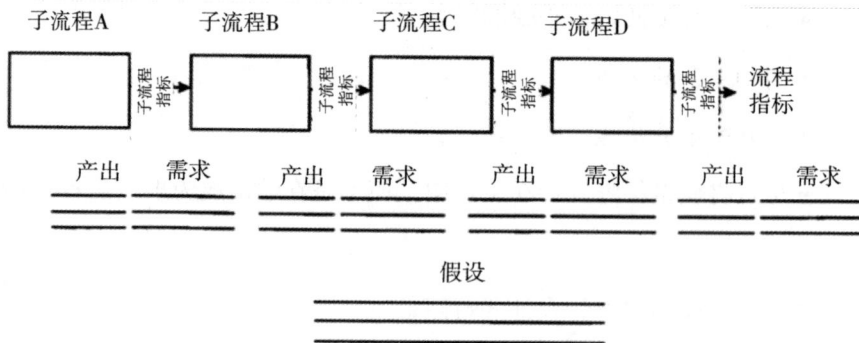

子流程A   子流程B   子流程C   子流程D

子流程指标   子流程指标   子流程指标   子流程指标   流程指标

产出   需求   产出   需求   产出   需求   产出   需求

假设

图 10.14 包含输出、输出要求和假设的宏流程块

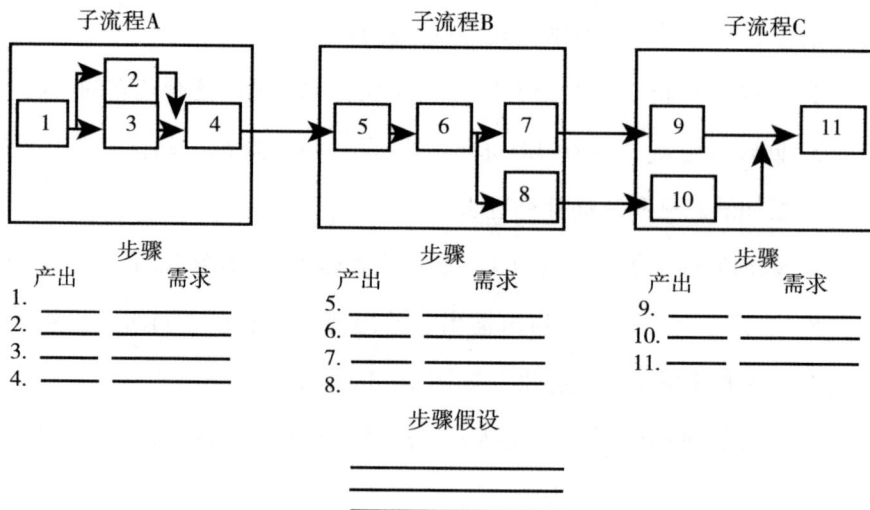

子流程A   子流程B   子流程C

2   1   3   4   5   6   7   8   9   10   11

步骤

产出	需求		产出	需求		产出	需求
1.			5.			9.	
2.			6.			10.	
3.			7.			11.	
4.			8.				

步骤假设

图 10.15 包含输出、要求与假设的连线流程图

186

7. 制作一个体现流程每个步骤的连线图，不需要标注每个步骤涉及的部门。这是为了能够聚焦于"什么"而不是"谁"。下面的连线流程图，标注了输出、要求与假设，如图 10.15 所示。

8. 做好连线图后，定义新的角色并做一个新的跨职能流程图，加入一些具体信息，说明有些步骤可能会发生变化（在技术、程序等方面）。这份"SHOULD 未来态"跨职能流程图将达到"SHOULD 未来态"的设计技术规范，图 10.16. 所示流程图可呈现出在组织内流程的输入和输出在所有相关部门之间的流动。参见跨职能流程图工具的步骤 1。

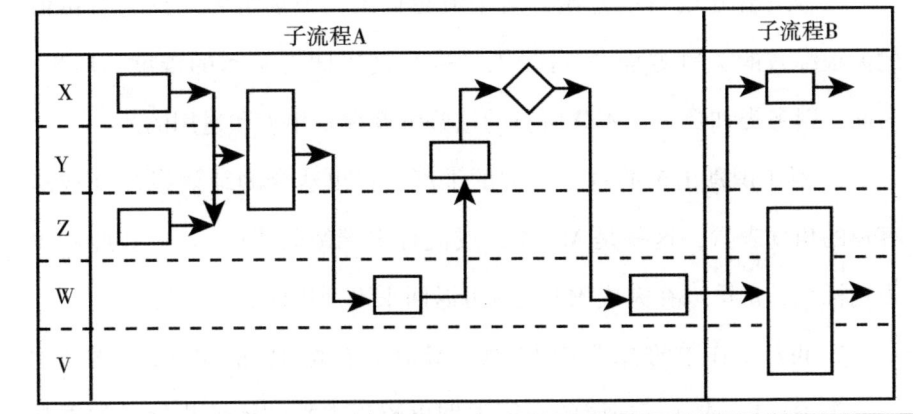

图 10.16　主要流程步骤的跨职能流程图

步骤 6：开发流程绩效指标

工具：绩效指标链

M1 是流程末端的绩效指标，M2 是子流程的绩效指标。只开发与 M1 相关的那些 M2 绩效指标，你可以减少绩效指标的数量。

绩效指标链工作单是用于连接流程与子流程输出的一个工具。同时，绩效指标链能够帮助你建立一个流程绩效指标系统，可更好地满足你的故障解决标准。

何时使用

应用绩效指标链工作单来定义项目并设立流程绩效目标。在"SHOULD 未来态"的设计讨论会上，还可以用到这个工具，来识别新流程的绩效指标。

如何使用

1. 从工作单的右端开始，对于流程输出，识别出客户认为有价值的流程绩效的关键方面/维度。工作表显现出四类基本的维度：质量，时间，财务类和数量。不是所有的这些维度都是相关和适用的。

2. 对于识别出来的每个关键的维度，找出适合的绩效指标（或从客户的角度来看，这些是 M1-E，或流程末端绩效指标）。可在此步骤识别标准，也可以在完成 M2 之后再返回来识别指标。

3. 再从工作单的右端移到左端，针对每个被识别的 M1-E，再识别出一个 M1-I，或从管理层的角度识别出流程末端的绩效指标。如果某一个 M1-E 与客户有很大的相关性，那么你需要找出一个流程末端绩效指标，以能够让管理层跟踪在这个关键维度方面，流程具体表现怎么样。

4. 从流程输出的关键维度中，找出一些对管理层很重要，但对客户未必那么重要的维度。比如，客户很少会像管理层一样在意某一输出的制造成本，但管理层却很重视。那么，就将这些维度另增加为 M1-I 绩效指标。

5. 将每个与流程相关的子流程输出记录在绩效指标链工作单中。做的时候，从右往左做，每次只做一个流程输出。如果你有多个流程末端输出，你也许应该再用一张独立的工作单。

6. 对于已经找出的每一个 M1-I，开始建立一个 M2 绩效指标链，从右至左。M2 是子流程末端的绩效指标。只需要找出与 M1 相关联的 M2。

7. 不是每个子流程的 M1-I 都能有与之匹配的 M2。

8. 总而言之，确定 M2 的程序是以一个 M1-I 开始，进一步向后推（从右至左），找出与每个具体的 M1-I 相关的 M2。然后，选择下一个 M1-I，并重复同样的方式，直到考虑到了所有的 M1-I。

所需时间

完成绩效指标链工作单所需的时间取决于流程的复杂程度。可计划至少 2~3 个小时的时间。

所需材料

● 开发项目定义的绩效指标，你需要使用绩效指标链工作单（参见图 10.17）和关键流程介绍。

● 开发"SHOULD 未来态"设计的绩效指标，你需要用到绩效指标链工作单和新的子流程，它们的输出、要求和假设。

图 10.17 是一个未全部完成的绩效指标链工作单，用于一个订单完成流程的"SHOULD 未来态"设计。

M2a	M2b	M2c	M2d	M1-I	M1-E	
客户需求重复确认次数	重设计次数	零件质量问题数	产品错发次数 发票错发次数	发货准确率	次品退货率 开票投诉率	质量
订单及时（24小时内）排程率	生产计划达成率 物料短缺数	发货计划达成率 订单返工个数	发货计划达成率	计划达成率	订单按时收货率	时间
	设计成本：计划/实际 重复设计成本：计划/实际	制造成本：计划/实际	发货成本：计划/实际	订单处理成本达成率：计划/实际	客户价格投诉次数	成本
						数量

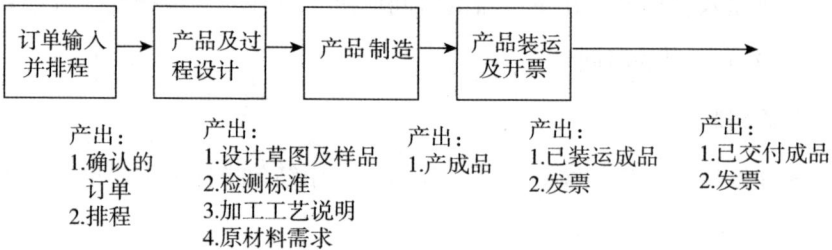

```
┌─────────┐   ┌─────────┐   ┌─────────┐   ┌─────────┐
│订单输入 │──▶│产品及过 │──▶│产品制造 │──▶│产品装运 │──────▶
│并排程   │   │程设计   │   │         │   │及开票   │
└─────────┘   └─────────┘   └─────────┘   └─────────┘
```

产出：   产出：   产出：   产出：   产出：
1.确认的   1.设计草图及样品 1.产成品   1.已装运成品   1.已交付成品
  订单   2.检测标准   2.发票   2.发票
2.排程   3.加工工艺说明
               4.原材料需求

图 10.17　例：绩效指标链

步骤 7：开发跨职能角色/职责矩阵

工具：跨职能角色/职责矩阵

跨职能角色/职责矩阵能够帮助明确在一个新的流程里，哪些步骤涉及哪些部门来做。

190

何时使用

如果预计新流程的导入可能导致组织结构/权力的大变动，或者新流程与"IS 当前态"在职能角色方面存在明显的差异，那么则需要做一份跨职能角色/职责矩阵。

如何使用

1. 在矩阵的左栏列出流程步骤——每行一个参照（依据你的跨职能"SHOULD 未来态"流程图）。

2. 列出职能（依据你的跨职能"SHOULD 未来态"流程地图）一直到余下的列的最上部。

3. 在合适的职能下，列出每个流程步骤的输出（从你的跨职能"SHOULD 未来态"流程图）。

4. 检查每个步骤时，应用 PARIS 方法来判断：

谁是执行者？

• 执行者（P）是对此任务负责的人——这是一个做事的人，还是一个在共同分担的任务中，协调他人工作的人。

• 基本上，每项任务有一个执行者。如果执行者多于一个，矩阵必须注明他们各自的职责分别是什么。例如，一个职能是关于汽油的，而另一个也许是做同样的任务，但是关于柴油的。

谁该批准输出？

• 批准者（A）应该是为这个步骤提供输入的人，或是既提供输入又要批准的人。批准人要对结果负责。

• 尽可能减少审批步骤，但有责任的归属要有审批。要为执行者设

191

立明确的行事规则（由直线管理者强制的要求，如果需要），但一般不赋予审批人的角色。

谁该审批输出？

• 审核者（R）有权知道所完成的和已决定的事情。审核者对自己工作的其它部分（或称其它流程）进行审核，以便准备承担下一阶段流程的责任，同时对本流程前一部分的参与程度作出反馈。

谁该为任务提供输入

• 输入产生于任务之前，通常，来自于专家或者参与流程前几个步骤的部门以及涉及相关流程的部门的意见和信息可作为任务的输入。执行者不必一定要听取这些输入，但必须清楚的是，如果执行者从未听取输入，那么团队协作性必定会受损。决定是否提供输入，往往因人而异。如果某人被强制性地要求提供输入，那么，他/她就是"支持者"。

谁该支持并以何种方式来支持任务？

• "支持者（S）"支持"执行者"，支持的内容往往含有分析工作。通常是相当重大的、资源密集的任务。在跨职能角色/责任矩阵中的文字，按照实际的支持工作描述即可。

5. 图 10.18 显示了如何从流程步骤推导出角色。

所需时间

你应该可以在 1 小时内完成这个矩阵，因为在现有的文档中已经有所有相关的信息。

所需材料

• 跨职能角色/职责矩阵模板

- 连线流程图

- 跨职能"SHOULD 未来态"流程图

表 10.7 是一个订单完成流程完成了一部分的"跨职能角色/职责矩阵"

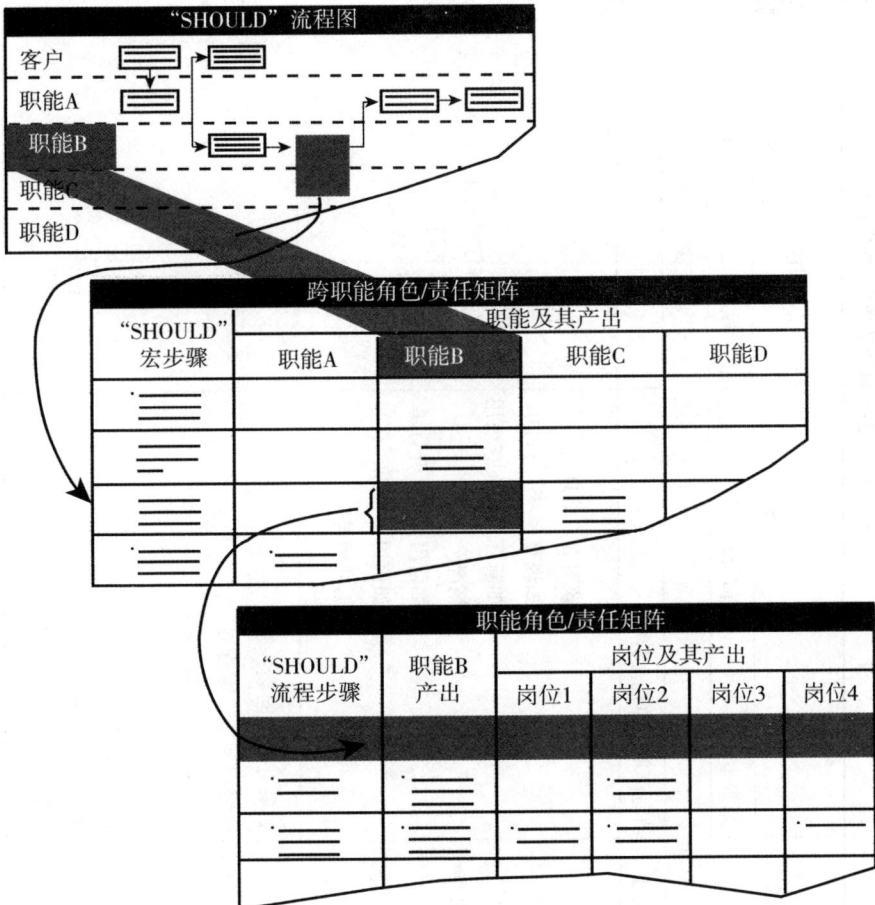

图 10.18　绘制跨职能角色/职责矩阵的步骤样板

表10.7 例：跨职能角色/责任矩阵

流程步骤（宏观）	职能				
	销售	信贷及开票	生产控制	生产	组装及运输
			职能输出		
1. 接受订单	填写订单表单提交订单				
2. 录入订单	如果有信用问题：解决信用问题，审查客户信用问题并要求客户担保 如果问题解决了：订单重新提交并审查客户信用情况	核对客户信息 如现有客户：开订单 如新客户：检查信用情况 如信用可以：开订单 如信用不可以：订单返回销售	录入订单 检查库存 如有货：将订单递送组装及运输部门 如无货：计划安排生产		

表 10.7（续）

流程步骤（宏观）	职能				
	销售	信贷及开票	生产控制	生产	组装及运输
职能输出	如果问题没有解决：撤销订单并审查客户信用情况		如果信用问题没有解决：停止订单		
3. 订单生产				收到生产计划 安排生产 调好设备 印制材料 将印好的材料发往组装和运输部门	
4. 按照订单组装并发货					收到订单 如果是生产完成的订单：将材料组装并发货。将发货单递送财务部门

195

步骤 8：识别绩效系统中的变化

工具：人资绩效系统检核单

设计小组开发"SHOULD 未来态"流程图时，在其组织"IS 当前态"验证研讨的过程中，应当随同"人资绩效系统模型"一起使用此"人资绩效系统检核单"。在对工作进行再设计时，也要用到此检核单。也可以帮助设计小组判断人资绩效系统中有哪些因素会对某一职能或一组执行者的断点绩效产生影响。

何时使用

应用人资绩效系统（HPS）检核单来帮助找出员工绩效系统中能够影响断点绩效的因素。在使用此检核单的过程中，配合使用员工绩效系统模型会更加有效。

如何使用

从岗位层的断点中找出尚未明确根本原因的那些断点。岗位层断点具有以下特点：

- 对绩效表现无清晰的要求/标准

- 未能提供充足的工作支持（资源或工具）

- 不负责的结果

- 缺少充分的工作绩效反馈

- 缺少充分的培训

- 执行者不具备按要求达成工作结果的能力

将人资绩效系统（HPS）模型与人资绩效系统检核单用于每个职能或每组执行者。通过这种方式，明确对绩效断点产生影响的人资绩效系统因素。

●人资绩效系统检核单左侧的问题用来帮助你明确哪些人资绩效系统因素是有用的——可以全部都是，也可以是其中某些因素的组合。

●如果对某一问题的答案是"不"或"不知道"，那么就来填写"绩效系统解决途径"一栏，以开始记录解决断点的必要步骤。

●也许有必要与相应职能中的某些任职者面谈，以了解正确的信息

表 10.8 是已填写部分内容的人资绩效系统检核单，用于解决某一个岗位层断点。

工具：人资绩效系统模型

这个工具连同人资绩效系统检核单，将帮助设计小组在"IS 当前态"流程验证的讨论过程中，来识别岗位层断点。同时，在新流程设计完成后（参见图 10.19），如果必须要调整一些岗位，这个工具可以帮助他们将这些岗位记录下来。你也可以在实施阶段把它用作参考文件，来预先告知员工他们要对他们的绩效做出什么改变。

步骤 9：提出建议

工具：建议

"建议"详细说明了如要成功地实施新流程，则必须要改变什么。在你将刚想出来的建议列出一份清单之后，你应当把这些建议分门别类，以便于参考查询。

表 10.8　例：人资绩效系统检核单

岗位层断点：
对生产提供的设计技术规范一项不准确，导致了大量的返工。

绩效系统排障提问		是	否	不了解	绩效系统解决途径
输出	**A. 绩效标准**				
	有绩效标准吗？（如果有，则回答以下 2 个问题）			×	如果有绩效标准，应同工程部门开会明确。
	执行者知道理想的表现输出和绩效标准吗？				
	执行者认为这些标准是可达到的吗？				
输入	**B. 任务支持**				
	执行者能够很容易的认识到输入所需的行动吗？	×			
	没有其它任务的交互，能够完成这项任务吗？	×			
	工作程序和工作流程是否合逻辑？	×			
	有充足的资源可供完成此项工作吗？（时间、工具、人员和信息？）	×			
结果	**C. 结果**				
	C. 结果是否支持达成期待的绩效结果？			×	不了解任何结果，无论是正面还是负面的。与工程和物料部门沟通来明确结果。
	从执行者的角度来看，结果是否有意义？				
	结果及时吗？				

表 10.8（续）

岗位层断点：
对生产提供的设计技术规范—项不准确，导致了大量的返工。

（绩效系统排障提问）	是	否	不了解	绩效系统解决途径
反馈				
D. **反馈** 执行者能得到有关他们绩效的信息反馈吗？（如果是，回答下一问题。）		×		同结果项
他们得到的信息：及时吗？相关吗？准确吗？具有建设性吗？容易理解吗？具体吗？				
E. **知识和技能** 执行者具备工作所需的技能和知识吗？	×			
执行者知道为什么他们期待的绩效重要吗？			×	同结果项
绩效				
F. **个人能力** 执行者在体力，智力和情商方面是否都具备做好工作的能力？	×			

199

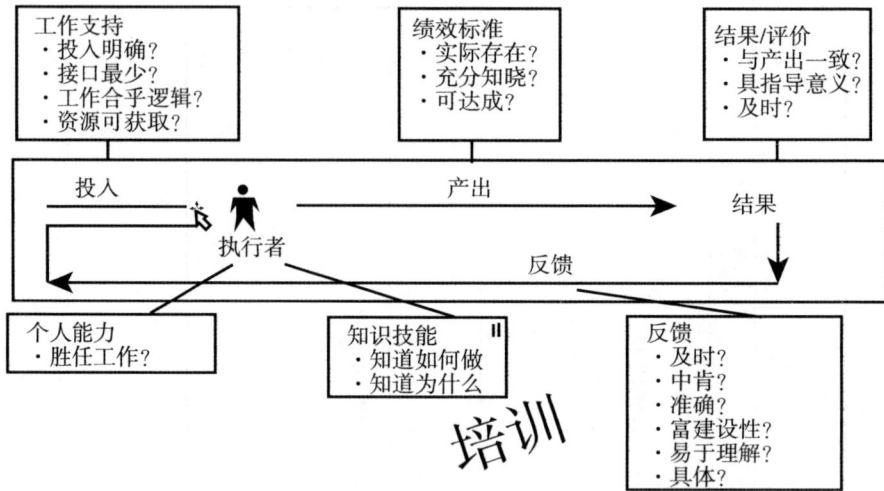

图 10.19　用于问题解决或设计有效的人资绩效系统（HPS）模型

何时使用

在设计完成"SHOULD 未来态"流程和相关的跨职能角色/职责矩阵之后，将这些建议分类。

如何使用

应用表 10.9 中显示的"建议分析工作表"，来列出一份建议的清单。

1. 收集并回复以下"SHOULD 未来态"流程设计文档：

- 跨职能"SHOULD 未来态"流程图

- 断点清单

- 过往实施工作的有关数据

- 跨职能角色/职责矩阵

- 每一步骤的输出、说明或要求和假设

表 10.9　建议分析工作表

建议	对项目目标的影响	产生益处处的时间	实施的时间	实施所需的资产投入	实施所需的现金投入	实施所需的人员时间	改变的复杂度	对组织运行的中断	相互关系				阶段的顺序	意见
									前期的建议 #	同期的建议 #	独立的	后续的建议 #		

2. 总结上述信息并纳入建议之中，包括以下内容：

- 改善建议的明确表达

- 改善会给组织、流程和岗位带来的影响

- 改变会影响到的职能（部门）

- 与其它建议的关联

- 综合成本预估或改变的益处

- 风险

3. 思考清楚具体的建议，这样提议改变本身的逻辑和顺序就更为清晰。

4. 当你进一步分析每个建议的时候，应该考虑以下问题：

- 对项目目标的影响

- 实施的时间

- 运行费用

- 改变的复杂度

- 相互的独立性

- 可受益的时间

- 资产投入的要求

- 人员实施的时间

- 对组织带来的中断影响

- 顺序

应用表 10.10、表 10.11 和表 10.12 显示的格式，来总结每个建议的有关信息。将所有的建议初步大致分为 10 个类别。典型的类别包括：

- 以活动或所需专业知识的类型划分（例如：销售、信息技术或生产）

- 以组织结构或地理位置划分（例如：位置、区域、业务部门或国家）

- 以实施战略来划分

- 以 "SHOULD 未来态" 子流程划分

所需时间

开发建议清单所需的时间取决于进行改变的流程的复杂程度。可计划至少半天的时间。

所需材料

你会需要用到以下 "SHOULD 未来态" 的设计文档：

- "SHOULD 未来态" 跨职能流程图

- 断点清单

- 过往的实施数据

- 跨职能角色/职责矩阵

- 各步骤的输出、技术规范或要求和假设

建议格式

以下是你在撰写"SHOULD 未来态"流程建议时可以使用的两种格式举例。

【例1】

建议总结描述

修改销售代表的奖励支付系统，即由提交订单后支付佣金变为订单发货结束后支付佣金。

表 10.10　期待的结果

节省的时间	最少	最佳估测	最多
对客户更快了	3 天	6 天	10 天
及时交付（客户满意）	95%	98%	100%
更快开具发票（销售的 10%）	$70,000/月	$78,000/月	$83,000/月

表 10.11　期待的费用

项目	最少	最佳估测	最多
设计新系统	$3,000	$5,000	$7,000
实施新系统（每个销售代表培训半小时）	$1,300	$1,500	$2,000

表 10.12　风险

可能出现什么问题？	出现的可能性	影响	信号
销售代表拒绝接受并结成联盟	鉴于近期在工作以外组织集会来看，出现的可能性为中度	弹性降低；成本增加	第二次组织集会
销售代表拒绝接受并辞职	低——我们支付的薪酬更高	雇用和培训新销售代表的成本增加	人员流动率

解决的断点/问题

断点 15：对于销售代表所提交的不完整订单，需要与客户格外沟通确认，可能会导致订单处理时间的增加。

【例 2】

建议 NO.19：流程绩效指标

应执行并管理由设计小组确立的流程绩效指标。

描述

为了明确流程是否实现了效果和效率改进的既定目标，应当执行并跟踪由设计小组已识别的流程绩效指标。组织将应用这些绩效指标，同时常设的流程小组再进一步识别更多的改进点。这些绩效指标应与执行者个人的考核指标联系起来。

益处

为确保流程达到绩效目标提供方法

找出潜在的绩效问题或持续改进的机会

费用或投入

与流程设计中描述的绩效指标和找出的跟踪车辆对比确认

明确获取、监测和遵照绩效指标执行的责任分工

明确为提供跟踪车辆所需的行动

风险

- 对绩效指标体系不大接受

- 绩效指标遭到流程执行者反对

- 在持续衡量流程方面，跨职能之间缺少沟通和反馈

- 大家认为衡量的成本太高

- 衡量结果仅体现了期待而不是实际的表现

解决的断点数量：39 个

影响的部门：全部

与其它建议之间的关联

- 提供跟踪新流程效果的方法

- 提供流程持续评估与改进的反馈

实施所需的合作者

- 由项目经理带领的跨职能团队

关键里程碑与事件

- 回顾、确认并提升由设计小组描述的绩效指标体系

- 明确需要跟踪哪些数据，落实获取那些数据的任务的责任

- 识别和实施绩效指标跟踪的方法或途径

- 将流程绩效数据的分析与沟通职责做合理指派

实施战略

在试点范围内对绩效指标体系进行测试

步骤 10：制定实施战略

工具：总的实施战略

应用此工具将领导小组在初审"SHOULD 未来态"流程设计期间，所产生的反应和建议收集上来。

何时使用

在与领导小组讨论"SHOULD 未来态"流程设计的初审意参见期间，你可以开始将收集到的信息填入总实施战略模板中。

如何使用

1. 向领导小组说明这是一个高阶设计，用于纵览总的实施战略——目前暂不需要细节描述。这是为快速启动实施而设计的。

2. 询问领导小组成员，了解他们认为总实施战略中的 5 项内容的输入是什么：

- 实施的指导原则是什么？

- 我们应克服或避免哪些过去曾发生的问题？

- 已了解或确定的情况：

    资源

    时限

    资金

    目标或衡量标准

    实施的操作自由度等方面确定的情况如何

- 谁会参与到实施过程中，他们的关键角色是什么？

• 对设计小组制定实施计划初稿的详尽程度有何要求？

也许你可以将模板复印，分发给领导小组的每位成员，由他们来填写模板。或者你可以在活页挂图/白板上将他们的意见收集并记录下来，之后再写到模板上。

【例】已填写完成的总实施战略模板

实施的指导原则

- 实施是接收组织（如区域）

- 试点的资金出自区域费用预算

- 开发的费用由集团提供

- 所有的实施计划必须经由区域副总裁批准

- 区域决定实施的资源分配、人员、内容和时间

- "IS 当前态"计划初稿必须在其它计划之前

- 实施计划批准后，即可开始相关内容的沟通交流

应克服（避免）过去曾出现的问题

- 缺少需求与期望的沟通

解决途径：由区域和部门经理主持多层级信息对话。沟通与评价小组负责制订正式的沟通计划和材料。

- 过早宣布成功

解决途径：由实施领导小组每月进行一次目标回顾，比照目标来衡量项目的进展情况。

已了解或确定的情况

- 资源

实施领导小组将确定担任项目经理和小组长的人员。区域副总裁将提名小组成员。

● 时限

在近 18 个月内，所有的建议必须实施完毕。

● 资金

参见之前的实施指导原则。

● 目标或绩效指标

实施小组（ITS）不可以改变"SHOULD 未来态"流程。实施小组（ITS）可以决定在与其它小组商定的最终期限之内，应在什么时间或以何种方式开展他们的计划。

在实施期间组织内应参与的范围和关键角色

● 集团的部门（信息系统，人力，一线支持，市场和销售）

　　开发信息系统

　　制定制度政策

　　提供培训和辅导员

● 区域

　　加入实施小组（组长和组员）

　　协调试点和反馈活动

　　参与跨区培训

设计小组提供的实施计划初稿应详尽到何程度

高阶计划应包括可以下步进入实施阶段的足够信息。

工具：实施策略

此工具将帮助你针对每个建议，开发和分析可选的实施策略。

何时使用

在对所有的建议进行彻底的分析之后，你可以针对每个建议，来开发一个实施战略。之后，你可以分析每一策略，再选择其中适合的策略向高级管理层汇报。

如何使用

应用模板或手工制作一幅实施策略矩阵图。

1. 对每个建议，你都要分析它的紧迫性和颠覆性。

2. 应用图 10.20 作为参考导引，画一个四格矩阵，横轴为紧迫性，纵轴为颠覆性，横纵轴刻度从 1 至 5。

3. 将每个建议放入横纵坐标的点上。图 10.20 显示一幅完成的矩阵图。

4. 将你分类的建议画上圆圈，这将突显出某一类的建议会涉及几个策略，并且需要不同的任务和时间表。参见图 10.21，在这个矩阵里，各分类已被标注。

验证你的实施策略矩阵

5. 为每个建议填写一份实施策略分析工作单（参见表 10.13）。

所需时间

制作一份实施策略矩阵图所需要的时间，取决于你必须要考虑多少建议。可计划至少半个小时的时间。

所需材料

- 平均的紧迫性和颠覆影响程度

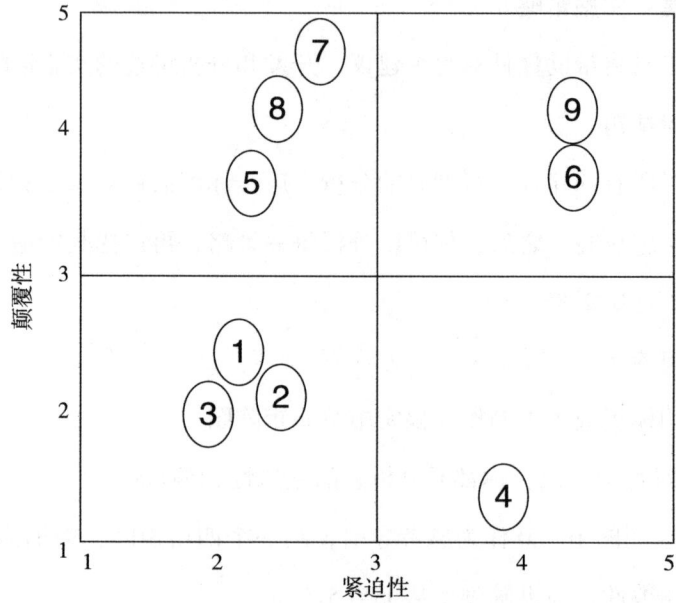

图 10.20 例：紧迫性和颠覆性矩阵

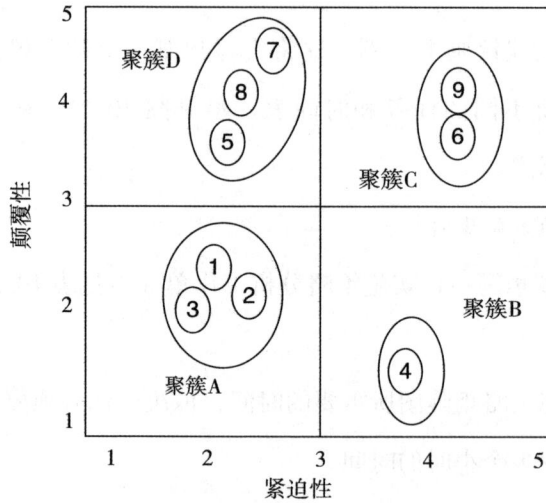

图 10.21 例：紧迫性和颠覆性矩阵（分类标注）

- 已填写完毕的建议分析工作单（参见表10.9）

- 实施策略分析工作表（任选）

表 10.13　实施策略分析工作单

类别:【在此输入类别描述】 建议:【输入此类别中所包含的建议编号#】			如果回答为"是",那么下面涂阴影的战略则不太适合	
在符合的项上画圈	当前的	灵光乍现的	阶段的	系统的
1. 需要为重大损失预留时间？	▨	▨		
2. 设计解决方案所需的时间？	▨	▨		
3. 需要测试可行性？	▨			
4. 需要示范可行性？	▨			
5. 需要穿过组织的各层级吗？	▨			
6. 需要跨地理区域推广应用吗？	▨			▨
7. 需要按时间分摊成本/资源吗？	▨			
8. 需要重新设计组织吗？	▨	▨	▨	
9. 需要改变支持性的技术系统吗（如程序，技术规范，设备，工具，信息系统，培训体系）？	▨		取决于具体的程度	
10. 需要改变公司的政策、战略、目标和愿景吗？	▨	▨	取决于具体的程度	
11. 需要改变关键的人力资源系统（包括薪资、招聘、评估和规章制度吗)？	▨	▨	取决于具体的程度	
12. 需要让协会、政府机构、外部供应商参与吗？		▨		
13. 需要培训新员工新程序、技能等等吗？	▨	▨		
14. 需要打破现有的公司政治吗？	▨	▨		

- 实施策略矩阵（参见表10.14）

图10.22是一份填写好的实施策略矩阵图。在此图中，依据组织对

每个建议实施的紧迫程度,以及人们认定可能会对组织带来的破坏程度,对 9 个建议在矩阵中进行了相应的分布。

表 10.14　实施策略矩阵

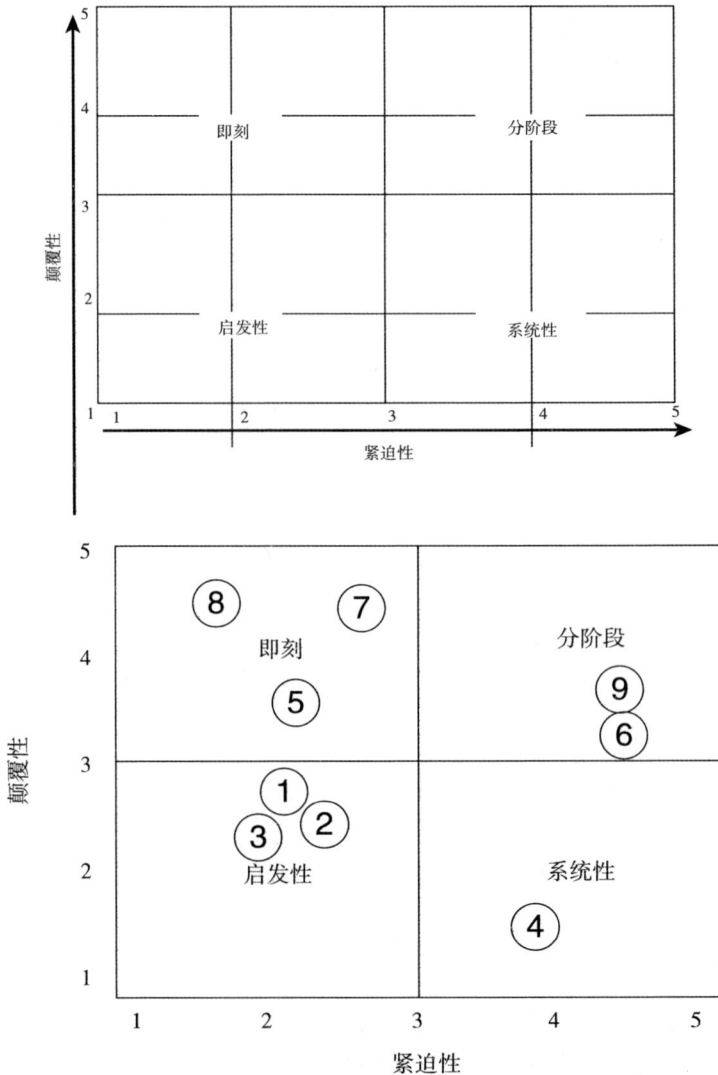

图 10.22　例:填写完成的实施战略矩阵

第 11 章　克服流程改进"7 宗罪"

错误是以伤亡为代价的，而战士们会即刻看到指挥官的任何失误。

——艾森豪威尔

任何行业任何规模的公司都已渐渐明白他们需要改进业务流程，包括产品开发、订单履行、计划、分销、账务处理、招聘、客服等流程。每个人都在做着——或至少是在谈论如何做——"流程改进"、"流程再设计"或"流程再造"。

如同采用其它的绩效改进努力一样，多数的组织都明确表达了对流程改进所期待的成果：节约成本、质量改进、压缩周期时间。可往往是"只闻呲呲响，不见牛排来"；只见行动，不见成果。

依我们的经验，众多的流程改进投资之所以未获潜在回报，缘于所谓"7 宗罪"。

1 宗罪：没有用企业所面临的战略性问题来锁定流程改进方向。一个食品行业的公司以拥有 70 个跨职能流程改进小组而自豪。被问及成果时，高管念念有词、云遮雾罩地做了一通"文化变革"、"授权"的布道。事业追求可谓崇高，但股东价值提高了几何呢？

一家工程集团公司有几十个业务单位，每个单位都完成了流程建模和归档。当问及他们这些流程图用得怎样时，他们坦言，没用过。

太多的流程改进小组要么是没有围绕关键问题，要么是专注于攻关小组自选的所谓后院问题（通常是部门内的），那些问题在组织全局优先级清单上都排不上号。

我们知道，在"质量圈"时代，微波炉的位置以及墙面的颜色对业务结果影响甚微。

流程改进项目应该由组织关键问题所驱动，如：利润率、市场份额、合规、安全、客户满意度等。它还应该与可量度的目标相绑定（如将占有率从35%提升到38%、将保修赔付率控制在销量的3%以内、砍掉4000万美元的物资采购成本、缩短产品研发生产周期到6个月以内）。正如这些例子所显示的，多数的关键业务问题CBI要靠我们通过跨职能流程来解决。

依我们的经验，流程改进如果不为可衡量的战略问题所驱动，必将失去高管层的支持，同样也会失去具体工作人员的支持。"成为世界级选手"、"提升效率"、"改变我们的文化"的愿景虽然值得嘉许与赞扬，但却无法让改进活动聚焦。改进小组的数量和流程图的数量不应成为衡量成功的指标。

流程改进最大的投资回报ROI来自于将其作为实施战略的工具。CEO必须要保证有一个重点突出而明智的战略来实施。他还要确保流程改进计划符合核心流程，而这些核心流程是与关键成功因素相关的，还与处于组织与要实现的战略愿景之间的问题相关。与任何好的计划一样，它应该明确行动的内容、名称及日期。

如果你不准备将流程改进与你的战略和你所面临的关键业务问题相绑定，那就别指望有显著的成果（第 9 章描述的一个严谨的阶段 0 有助于避免本宗罪）。

2 宗罪：流程改进未让正确的人尤其是高管参与，也没有走对路。我们相信流程改进不能由外人完成。CEO 们频繁地被诱惑去雇个专家帮他们"搞掂"。而这些专家却只提供改进建议书。这种方法的缺陷倒不在于顾问的分析是否周密，也不在于他们的建议是否高明，而在于来自于外部的变革建议，无法获得实施人员的充分承诺。

我们已知某家制造公司，最近与让他们花费了 7 千万美元的一家组织再造的咨询公司解约。尽管有显著而迅速的成本降低，但该咨询公司在员工中制造了太多的敌对情绪，以至于这家制造公司不再着眼长线的绩效改进。

流程改进工作必须由流程的执行者来完成，这些执行者也包括客户及供应商。而顾问只能扮演一个增值角色，这个顾问可以是外部顾问，也可以是来自于企业的质量部、人力资源部以及流程再造部门的内部顾问。这个角色并不一定要承担分析和再设计工作，他的主要工作在于给流程执行者以及那些靠改进才能更好工作的人提供工具和指导。

缺少高管的积极参与，是流程改进项目中最多见的缺失成因。"高管"包括能促成事情发生的发起人或负责人，以及由流程所穿越的各部门或区域的主管组成的领导小组。他们的角色是提供战略以指导整体流程改进工作、为项目设定方向、在关键衔接点指导团队工作、排除工作障碍、批准合理的建议、管理变革的实施。

我们可以谈谈大家都喜欢的所谓授权。其实，在如陶氏化学这样的组织，如果没有职能、地区以及产品线的管理层参与行动，那就不会出现有意义的变革。如果你尚未准备扮演一个行动者的角色，那么就不要投资流程再设计。（如果清晰地定义了阶段 1 的角色，并在阶段 2 和阶段 3 中切实履行那些角色的话，我们就没可能被这宗罪绊倒。）

3 宗罪：没有给流程改进小组以清晰、适合的项目规程，也没有追究他们履行规程的责任。让我们设想，你在适当的部门、地区中选派了适当级别的人组成了一个流程改进小组，且组员们个个热情高涨、干劲十足。这是个好的开始，但假如对分派给自己的任务方向与边界都不了解，他们就会不知所措，垂头丧气，无法实现预期成果。

高管的一个关键角色是确保每一个设计小组成员都知道下列问题的答案：

• 是哪个问题促使我们要启动这项工作？为何要选择那个问题来解决？（为什么我们要聚在这里？）

• 这个流程/项目的具体目标是什么？（成功的具体构成是什么？）

• 我们，以及其它成员的角色是什么？（为什么会选到我们其中的每个人？我们是分析员？建议者？实施者？）

• 交付成果是什么？（新工作流？标杆信息？行动计划？成本-收益分析？）

• 所要改进的流程边界是什么？（它由哪里开始，到哪里结束？）

• 如果有的话，约束条件是什么？（有何限定？）

• 截止日期、进度安排、项目周期？

- 要投入这个项目，我们怎么兼顾日常工作？

- 我们的贡献会有什么回报？（对我们有什么好处？）

如果你组建了一个小组，他们无精打采、业绩平平，或者耗了半年时间，流程改进仍未按建议完成交付，则多半是因为没有提供一份包含所有上述问题答案的规程。而这完全是你的失误。

一旦规程建立，高管们就要维持相当水平的压力以出成果。在陶氏任学，我们强调理性解决问题和 "靠事实管理"。总体而言，我们对此方式的运用良好。但过度的分析会令流程改进工作瘫痪，因为总可以搜集到新的信息、总会挖掘出更深的根源。在某个时刻，改进项目发起人要让大家清楚，该是继续推进的时候了。

如果你未准备好给流程改进小组指明清晰的方向并适当施压的话，那就不要为他们的成果感到失望。（如果领导小组全面完成了阶段 1 的工作，并在阶段 2、阶段 3 中担当相应的角色，本宗罪就可避免。）

4 宗罪：高管团队认为 "不破不立" ——要实现重大改进，就要先砸碎现有组织（"再造"）。 在过去的两年，流程再造的概念风靡全美，再造的倡导者们提供了一个根本性的、颠覆性的视角来让我们看待自己的工作。迄今一切良好。然而，再造经常被等同于重组、裁员或上新的计算机系统。

我们的建议是：

- 组织重组本身很难改进绩效。重新构造汇报关系之后接着要重新构造如何工作。然而，要改进工作流程，并不一定就要改变组织结构。其实，越聚焦于流程，组织结构的重要性就越低。我们无法估量美国沉迷于年度组织重组所耗费的财务与心理成本有多大，但我们相信，那个数字一定惊人。

● 席卷商界的裁员狂热几乎到达爆炸点。很明显，全球性竞争的市场要求我们消除浪费，消除我们之前忽视的所有浪费。但是，太多的公司把再造当质量改善一样用——把它当成是在后方消除浪费的工具，而不是在前线提升竞争优势的武器。裁员不会象征着荣誉。而成功的流程改进则会令企业维持甚至增加员工数量以跟上自己所创造的需求增长的步伐。

● 自动化常常构成解决方案的一部分，但它极少成为解决方案本身。首先要解决流程问题，然后再谈 IT 自动化。

另外，我们不认为根本性变革一定比渐进式变革更健康。有些流程需要根本性再设计，甚至是再创造，而有些就不必。变革要多么彻底，该由关键业务问题 CBI 决定。任何对当前流程的分析都为未来流程的设计提供深入的洞见。

陶氏化学的欧洲区高管们在一帮再造倡导者的鼓噪声中回应道："那帮说我们一团糟而且早该把多年建立的东西全部丢掉的人是谁啊？我们知道我们必须在质量和成本方面取得重大改进，但是，我们是家成功的企业，而且有更长的路要走，我们认为许多事我们都做得很对。我们应该继续建设，而不是撕破、剥离。"

判定流程改进工作是否成功，不能按组织架构图中的多少个方框被改变、多少个头头被裁撤、多少钱花在了 IT 自动化上、事情变得有多么不同来衡量。衡量成功要基于你用流程改进这个工具在多大程度上解决了业务问题、多大程度上实现了组织战略。

如果你没准备在现场、在一线实施具体的变革，也没奢望产生具新闻价值的突破的话，也不必因赢面不多和耗时不少而灰心。

5 宗罪：流程设计者未能充分地认识到新流程带来的变革对人员的影响。 流程设计者往往都遵从所谓的"理想方法"来"创建一个智能化的流程……然后一切就水到渠成"。我们的经验表明，这种情形很少发生。设计上无论多么出色的流程，也不会令人自动地去按序执行。

一个新流程需要对其所影响到的人员实施能力"健全测试"。一家工业煤气公司曾设计了一个新的财务报告流程，堪称完美。不曾有非增值步骤，并且充分采用并行步骤来有序执行。还运用自动化手段提升流程速度。然而，设计师揭示了一个问题：在整个公司甚至其它任何地方都找不到谁可以胜任这个流程的角色。该公司不得不调整这个流程以适应员工实际的技能。

一旦流程确定可行，流程的执行人员以及管理人员必须明白：

● 他们的工作会发生什么样的改变。他们会要求使用电脑吗？需要成为团队中的一员吗？需要做决定吗？

● 他们的绩效指标/目标会发生什么样的改变。会否基于客户满意度来考核他们？会否基于团队贡献度来考核他们？会否基于预算执行情况来考核他们？

新流程的设计者和执行者必须明确，人力绩效系统 HPS 的哪些因素——资源、工具、培训、反馈和奖惩——必须发生改变以支持新流程。如果需要新的行为模式，那么这些行为模式必须获得足够的支持。

例如，为有效执行新设计的分销流程，分销经理们需要关于订单、库存、信用状况的日记录；需要获得新规程的培训；需要掌握电脑专业知识；需要根据他们与销售、制造、财务等部门的互动情况获得奖惩，而不单单依据他们在自己的职能金钟罩内的表现来获得奖惩。

如果你尚未对工作以及工作环境的变化做好准备的话，就不要浪费大家的时间去改进工作流程。通过在第二阶段，尤其是第三阶段完整地分析人力绩效系统 HPS 的各个部份（见第 5 章），我们就可以完全规避这宗罪。

6 宗罪：较实施而言，组织更看重再设计。流程再设计若不去实施，就仅具学术价值而已。设计变革所需的投入与成功实施变革所需的自然时间、管理时间和资源投入相比，是小巫见大巫。

高管被定义为是一群患有注意力缺失症（attention deficit disorder）的人。当监管流程改进实施时，这一病症需要治愈。你和你的高管团队成员必须在再设计上线的过程中持续保持聚焦。对于一个复杂的流程，实施或许会持续 9~18 个月。

如果你去访问我们所知的一家通信公司的总裁办公室，你将看见一个 3×6 英尺的纸板贴画。它是该公司付出的金额为 13 亿美元的一张银行支票。支票备注栏写着："流程再造重构费"，签名栏为"股东"。那张支票能让高管们将焦点及承诺锁定在流程变革上。

需要让组织做好准备以缓冲实施带来的变革冲击：要指定实施领导人、建立详尽的行动计划、为团队定义角色及奖励政策。这个团队规模往往是流程设计团队的 6~10 倍大。这个项目与投放一个新产品或是进入一个新市场的管理强度及规模类似。

实施往往包含政策、规程、计算机系统、岗位描述和薪酬等的变化。

说到底就是，如果你不准备煎蛋，就别找人设计荷包蛋。实施过程

（阶段 3）是用来避免这宗罪祸害我们的。

7 宗罪：团队没留下持续改进流程所需的测评体系和其它必要的基础设施。如果没有从流程改进（项目）转入流程管理（持续改进），那么一个组织仅仅是解决了若干问题，而没有把投资回报潜力挖掘出来。

我们不能把这宗罪归咎于设计小组的执行人员。如果他们没有对再设计的流程建立持续改进的工具，很可能是因为流程改进的发起人没有沟通出他对持续改进的期望。

流程管理必须建立在测评的基础之上。这样可以确保部门目标是为跨职能流程有效性的最大化而服务的。测评体系指标既反映客户需求，又反映财务需求；既在流程末端，又在流程的上游；而且这个测评体系要向管理层展示一个流程管理仪表盘，其中有与流程健康度相关的若干关键参数。如果你的设计小组设计了一个新流程而没有设计相关的测评参数，那么说明他们还没有完成全部的工作。

一旦测评体系建立起来，管理层就该依据测评体系来监控绩效，并将这些测评信息作为决策制定、问题定位、反馈，以及薪酬的依据和基础。部署一个基于流程的测评体系不是件容易的事情。但，若想持续改进绩效，我们别无选择。一套有效的流程测评指标能将全组织的绩效参数（如盈利率和市场份额）与个体和团队的测评参数作连接。

除了测评体系，流程管理通常需要有一个负责人去对应每个关键流程。陶氏化学的高管团队确定了全公司范围的 8 个最为关键的流程，并为每个流程指定了全球统帅。这些高管们被要求监督流程、就流程绩效提出报告、解决流程绩效问题、协调流程改进工作、向不同的产品线及不同的区域分享最佳流程管理与改进实践。

流程管理工作也可通过建立永久的流程改进团队，实施常规的流程检视，根据流程做规划与预算，以及在某些情况下，根据流程来组织等来完成。

问题是，我们如何确保能持续对再设计过的流程保持聚焦。一个地区级的电话公司对此问题给了个有力的回答。尽管为 6 至 7 年的流程改进项目中获得的成绩而倍感自豪，但这家公司却一直关注如何将"靠流程管理"贯彻在日常工作中。最终高管们得出结论，要透过告知大家我们如何衡量及支付员工来发出最强的信号。这家公司如今依据每个人——从高管到一线员工——在他参与的流程中所贡献的绩效为依据来发奖金。也就是说，他们构建了磐石般坚固的持续流程改进基础。

如果你尚未准备好持续管理流程，那就不要对不断被要求投资一个大规模的、临时的流程改进项目而感到意外。（为避免第 7 宗罪，我们提议建立第 12 章所描述的测评体系以及第 13 章所描述的流程管理基础设施。）

在多数公司中，CEO 不再会问"什么是流程改进？"或"我为什么要改进我的流程？"这些问题了，今天，他们会问"如何提升我在流程改进方面的投资回报？"我们相信，其答案的大部分内容就是"通过规避这 7 宗罪来实现"。

第 12 章　绩效测评及管理体系设计

不衡量绩效，就无从管理绩效。

——无名氏

流程改进项目并不是终点，反而才刚刚是个起点。若不能针对流程建立一套持续的管理机制，流程就会像经重构的汽车引擎疏于定期调试一样，因长久失修而很快报废。流程管理就是一套措施，以确保对关键流程实施持续的监控和改进。

对于流程管理和"系统地管理组织"而言，测评是基础，即构建了持续改进的基础架构（如第 13 章所描述）。测评是直接沟通行为导向的重要工具，是建立责任归属的重要工具，是角色定义的重要工具，是资源配置的重要工具，是绩效监控与评估的主要工具，是贯通绩效三层面的主要工具、更是实施改进行动的重要工具。

对测量指标及其相关的目标选择是组织系统有效性最重要的决定因子。例如，我们曾遇到一个制造且经销油漆的企业，其主要客户是一些独立的分销商。企业正在亏损，其市场份额正在下降。它的工作流十分简单直接：销售代表从分销商处获取订单，然后，将订单下达给公司的区域分销中心。由区域分销中心向分销商供货。而分销中心则向工厂下订单以补充库存。

在与新任事业部总裁的讨论过程中，我们发现：

- 销售代表的测评是基于他们的预订（订单）数的。

- 储运中心的测评（与报酬）是基于"单程载荷率"的，单程载荷率要求卡车或货柜车在发车时的实际载荷必须接近最大载重量。

- 制造厂的测评则是基于"产量"的。产量指生产的油漆量。

如果就各个职能金钟罩——销售、分销、制造——孤立来看，这样的测评似乎是有道理的。而就整体绩效而言，我们不妨来看看其带来的后果。储运中心的测评体系带来的后果是：产品交运日期由卡车何时装满来决定，而不是由客户要货时间来决定。其结果自然是订单延迟交付。制造厂的测评体系带来的后果是：每条油漆生产线尽量少换产，尽量多生产同种油漆（以最大化产量）。往往，储运中心需要及时补充某种油漆以满足当前订单，而制造厂却在生产另一种油漆而不情愿换产。结果当然又是订单交付延迟。这种情形叫做"部门效率指标凌驾于客户满意指标之上"。谁会为这种测评系统埋单呢？开始当然是客户，但最终一定是公司自己。

所有的组织都会首先以一套几乎涵盖企业方方面面的财务测评指标为基础，随后会参照过往的问题来增添测评指标，会参照新领导的新的关注点来增添测评指标，会参照企业新的运动（如质量运动、周期时间运动、客户服务运动等）来增添测评指标，结果形成了大量的、不相干的、不受管理的指标集合，导致"测评指标大撞车"——经理们处于无所适从的状态，因为他们做不到让某个绩效指标变漂亮的同时，而让另外两个绩效指标不变得难看。

虽然就绩效测评在阐述组织层（第 3 章）、流程层（第 4 章）和岗位层（第 5 章）绩效目标与管理时我们已经作过讨论，但我们仍然强调，测评是绩效改进与绩效管理的核心工具，因此，要受到特别关注。

没有测评指标，我们无法获得预期绩效。而错误的测评指标，只会令组织绩效次优。你将会看到，三层绩效框架使我们摆脱指标互锁（Gridlock）的困局，指导我们抓住"关键少数"（80/20 法则）测评指标；也令测评从指标的罗列，升级为建立一套测评体系。结果是使我们具备了针对影响组织绩效所有变量实施管理的能力。

为什么要测评？

我们已经认同，组织就是一个系统，而这个系统的三个层面——组织、流程和岗位——必须受到很好的管理，以获得持续的、高水平的产出。通过测评，我们可以在三个层面上监测、控制和改进系统绩效。如图 12.1 所示（在此图及本章，我们用仪表盘来呈现各测评点）。

没有测评，经理们便没有做以下事情的依据：

● 与下属沟通对其业绩的具体期望与要求；

● 洞悉组织运行状况；

● 定位绩效差距，以便分析和消除差距；

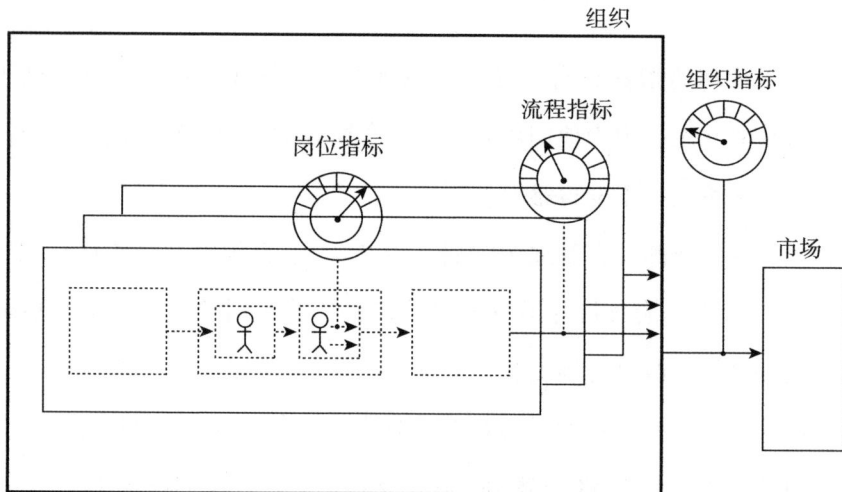

图 12.1　在组织系统中测评三层面绩效

- 参照标准绩效值提供绩效反馈；

- 找出值得表彰的绩效；

- 基于资源、计划、方针、时间进度和结构，作有效决策及决策支持。

没有测评，各个层面的员工便没有做以下事情的依据：

- 明确组织对自己的期望值；

- 绩效的自我监督和自我反馈；

- 自我嘉许，并明晰如何获得他人对自己绩效的嘉奖；

- 找出绩效可改进之处。

组织系统高效管理的要求

仅仅建立测评指标是不够的。如果我们要将组织作为一个系统来管理，就必须具备：

1. 有效的测评指标，以确保我们实施了正确的监测；

2. 一个完整的测评体系，而非不相干的——甚至是起反作用的——测评指标的罗列与堆砌；

3. 一个绩效管理流程，能将测评系统产生的数据转化为明智的改进行动。

基于经验，我们谨就以上三个方面给出一些准则。

开发有效的测评指标

我们所要测评的是绩效——那其实就是产出——在所有 3 个层面上的产出。无论在哪个层面（组织、流程和岗位层），我们都建议按如下顺序开发测评指标：

1. 选出组织、流程或岗位的最重大产出；

2. 就各个产出，选出绩效"关键维度"。质量的关键维度包括：准确性、易用性、新颖性、可靠性、易维修性及外观。生产率的关键维度包括：数量、成品率和及时性。成本的关键维度包括劳动力、材料和营运费用。

关键维度应该来源于承接产出的内部及外部客户的需求，以及企业运营的财务需求。

3. 基于每个维度开发测评指标。例如，如果"易用性"被定义为某项产出的质量关键维度，那么，必须有一到多项测评指标能回答这个问题："哪些指标能体现出客户认为我们的产品或服务（产出）易用与否?"

4. 为每个指标设定目标或标准。所谓目标，就是期望绩效达到的具体要求。例如：如果针对易用性维度的测评指标是"客户问题数/产品使用投诉数"的话，其目标应该是"投诉数少于等于 2 个/每月"。

随着持续改进的努力产生好的收效，目标值可设得更具挑战性。

表12.1列出了用此方法开发出的几个测评指标例子。这个开发测评指标方法的重要特性在于：

表12.1　"有效测评指标"案例

产出	关键维度	指标	标准
保险索赔资格确认	准确性	残值识别比例	残值识别率达75%
		保险责任识别延误率	保险责任识别延误率低于5%
		报损通知归类错误比例	报损通知全部输入且归类错误为零
	实效性	报损通知平均处理/确认时间	每单报损通知15分钟
订单获取	准确性	总订单中的准确比例	100%
	实效性	分钟数	2分钟以内

1. 它们是产出导向的。在这一点上，其与常规使用的方法正相反。惯常的方法是从局部和易于衡量的角度来选择指标及目标，而不是从有助于实现关键产出的角度来选择。

2. 它们是面向客户的。产出、关键维度以及目标全部在极大程度上由客户需求所决定。

3. 它们反映了一个重大事实：绝大多数的产出都有若干关键维度，而往往测评指标也必须是多维度的。那种"质量与数量之鱼与熊掌不可得兼"的固有思维应该被我们摒弃。不仅质量与数量必须得兼，甚至质量、数量与及时性三者都要得兼。因为，这是新的客户需求。

理想地，每一个测评指标及其目标或标准都是按照以上三部曲开发出来的。

建立一个测评体系

组织有效性只有当组织层、流程层和岗位层都朝同一个方向发展之时才会实现。实现的关键在于要具备一套测评网络，能将绩效三层面紧紧地绑在一起，形成一个系统。这样的一个测评体系，能使以下各项成为可能：

1. 在三个层面上监测绩效，并解决故障问题。例如，组织层面的一个带缺陷的产出可以追踪到其所产生的流程及流程步骤，甚至追踪到产生这个错误的岗位缺失或误操作。这样，便可以实施改正行动。

2. 整个产出链条上的工作者能够观察及衡量自己对组织关键产出的影响力。

建立测评体系的过程分为两个阶段：

1. 建立从组织层产出到流程层产出，再到岗位层产出的链路（我们的制图技术在此阶段非常有用）。

2. 遵循之前所述的"有效测评指标"的步骤将这些产出的相关测评指标开发出来，并将这些指标标注在这些产出上。

为阐明如何建立测评体系，让我们来重新审视 Computec 公司——在第 3、第 4、第 5 章中我们作为案例的那家软件与系统集成公司。

组织层 测评体系的开发由组织层开始，首先确定组织的关键产出及其目标。Computec 公司的一个战略目标是"在 3 年内获得航天项目管理市场 60% 的份额。"

由于组织层目标驱动所有其它测评指标，它自然是尤为关键。所以这个目标：

- 必须以客户需求文件及组织发展战略需求文件为基础

- 必须为整个组织所认同与理解

- 反映出全组织（流程、部门和岗位所有子系统必须贡献的）

绩效

流程层 将流程指标链接到组织指标的第一步是将组织产出与流程产出挂钩。在 Computec 公司案例中，组织产出是"项目管理软件"。然而，管理层认识到渗透进这个特殊市场并实现市场份额目标的关键，在于推出新的项目管理软件产品系列。而实现这一组织目标的关键流程是"新产品开发与推广流程"。Computec 公司确定流程指标的第一步，就是要启动新产品开发流程（图 12.2）。这张图实际描述了一条从步骤产出到子流程产出再到流程产出的产出链。

我们一旦建立了流程与组织层的链接，便可以标出相应的测评指标（图 12.3 中的 M1 指标）以描述流程出口的绩效。可以同时有与客户需求直接相关的"M1-外部"指标（如客户投诉量），以及同时反映客户需求及组织业务需求的"M1-内部"指标（如上市头一年内的获利可能性）。M2 则是评估子流程的指标，它与 M1-外部和 M1-内部指标都相关。例如，对于"提案开发"子流程而言，其 M2 指标为"每季完成 3 个提案"。

M3 则用于测评关键流程步骤的产出。例如"产品创意市场测试"步骤的指标是"测试数据符合标准"。为避免指标过量，我们仅对那些与流程成功至关重要的关键步骤设置 M3 指标，以便流程管理小组监测（参见第 13 章）。

这个指标系列受客户以及经营战略驱动。它令我们能对流程绩效实施监测，在影响组织产出达到预期时，实施绩效修正，并着重关注与流程健康相关的少数几个指标。

一旦设定了流程目标，高管——特别是流程业主——需要一种工具以跟踪流程的绩效（流程业主相关内容参见第 13 章。Computec 公司的市场副总裁最合适作为产品开发与推广流程的责任人）。表 12.2 显示了一种简单的绩效跟踪表的格式。

我们发现需要三种类型的指标：

●常规正式指标：用以周期地收集并计算的真实绩效信息。例如，我们会发布打印的月度报表，显示出"销售代表的销售额"和"中标/丢标数量"。

●常规非正式指标：用以周期性地收集的，容易确定且毋需计算的信息。例如，客服代表每天记录的"垂询数"。

●非常规指标：用于特殊情况。例如，当销售下滑时，我们跟踪"每周销售电话数"、"每月销售方案数"和"方案平均金额"以帮助我们理解销售下滑的原因。一旦业绩恢复，便可以停止这部分的测评。

一个测评体系需要包含以上 3 个类型的指标。

将流程指标和目标与职能/部门指标关联。若要让图 12.2 所示的流程目标成为职能（部门）绩效的动因，那么，Computec 公司就必须确保各职能的指标能反映出：

●该职能对整个流程（进而是整个组织）目标的贡献度；

●该职能对其它职能所必须提供的贡献度，以便职能间相互协作，为整个流程和整个组织绩效作贡献。

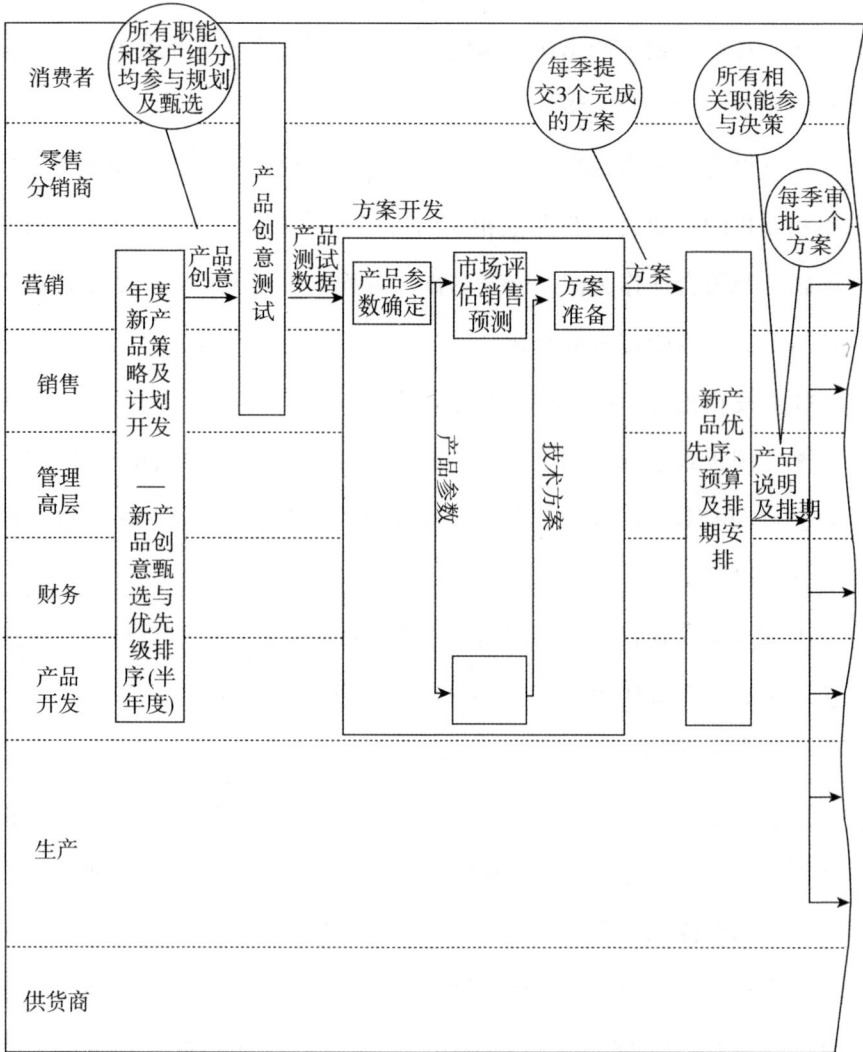

图12.2 Computec 产品开发及推广：Should流程图及目标

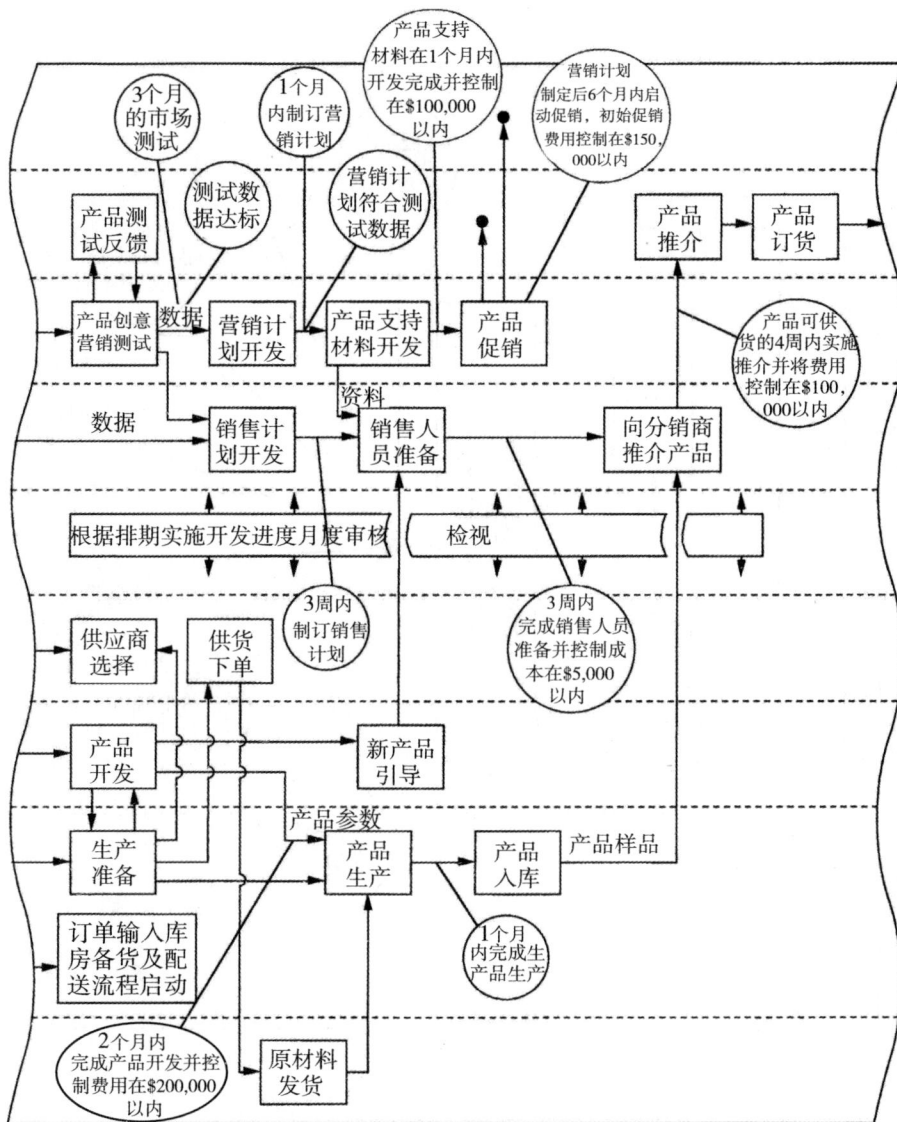

图12.2（续）

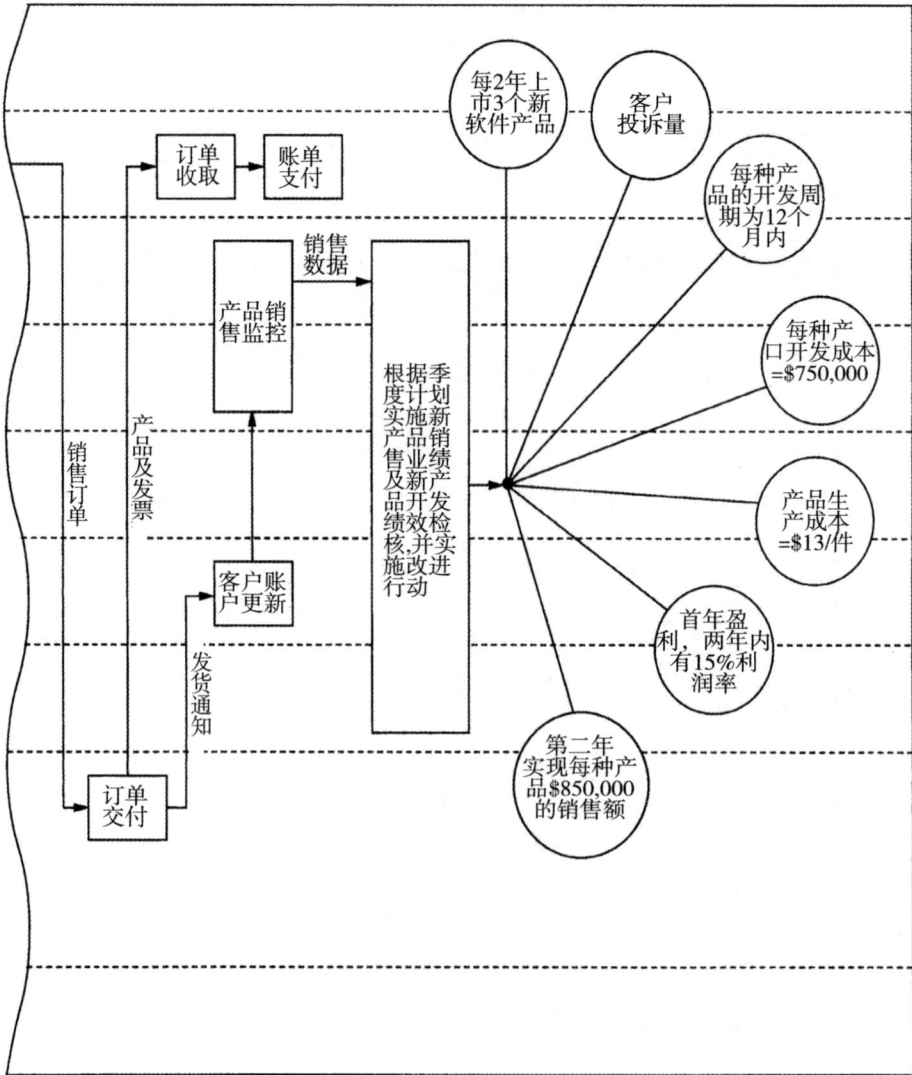

图12.2（续）

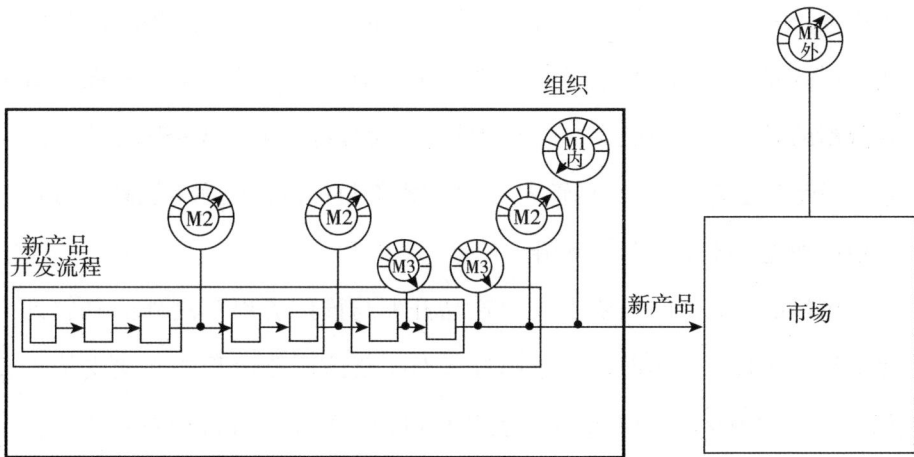

图 12.3　产出指标

　　这种流程图的格式使我们能清晰地看到每个职能（部门）必须为流程提供的贡献度。图上落在每一个泳道中的气球便成为相应职能的指标和目标。图 12.4 显示出我们如何扩展标准的泳道式流程图，以反映出每一个职能（部门）对产品开发流程必须贡献的目标。这些目标可以作为财务资源及人力资源的配置依据。

　　例如，若我们管理市场部，在图 12.4 中市场部泳道的任务一旦完成，我们就能清晰地理解我们要贡献给产品开发流程的应该是多少、这个贡献度是如何测评的、对于当前开发的产品而言，我们目标的具体值是多少，以及为达成这些目标，我们可支配的资源有哪些。

　　对于一个复杂的流程（类似产品开发流程）我们常常使用一个工具，叫"角色/责任矩阵"这个矩阵将流程图转译为各个贡献部门的责任集。通过这样的格式来表示责任，令流程步骤的管理真空、管理重叠的可能性极大地降低，同时使每个人知道"谁该干什么"的可能性极大提高。表 12.3 显示了 Computec 公司产品开发与推广流程的部分角色/责任矩阵（类似表 12.3 格式的角色/责任矩阵是跨职能流程图中所含数据的另一个表现形式，这个矩阵只在流程特别复杂或跨职能流程图细节不足时才有必要）。尽管表 12.3 中没有目标值，但你会发现，将目标值添加进矩阵中去会很有用。

市场部毫无疑问地要支持"产品开发与推广流程"之外的其它许多流程。同时，市场部还要承担许多对主要跨职能流程的间接支持责任。表 12.4 所示的"职能模型表"可以使管理层跟踪部门对企业的整体贡献度。

岗位层 通过将目标分解到岗位层，Computec 公司的高管层便可确保组织层和流程层绩效能被日复一日地驱动。第一步是要分派部门内各岗位的产出（来自于流程需求）。通过类似表 12.3 所示的从流程角色/责任矩阵延伸出来的一个职能角色/责任矩阵，就可以帮助我们构造并表示出这些岗位产出。表 12.5 显示了市场部的产出是如何分派到该部门内各个岗位的。

在部门的角色/责任矩阵中，每一列表示一个岗位所被要求的产出。在岗位层，"产出"就是个体贡献于职能/流程产出所达成的成就。无论从职能角度抑或流程角度来看，它们都是子产出。如果一个岗位要支持多个流程（往往会是这样）的话，那么任职者的岗位职责就会是该岗位所有角色/责任矩阵表的产出的总汇。

表 12.2 Computec 公司产品开发与推广：绩效跟踪表

产品创意		产品开发与				
		数据测试	提案研发/审批	产品测试上市	产品开发	
"白头鹰"	时间	（计划）（实际）				
	预算					
	质量					
"北美红雀"	时间					
	预算					
	质量					
"隼鹰"	时间					
	预算					
	质量					

表 12.2　Computec 公司产品开发与推广：绩效跟踪表续

推广子流程					
产品生产/ 备货	产品 促销	销售队伍 准备	产品 推介	首批（1千 件）配送	首批销售 目标达成

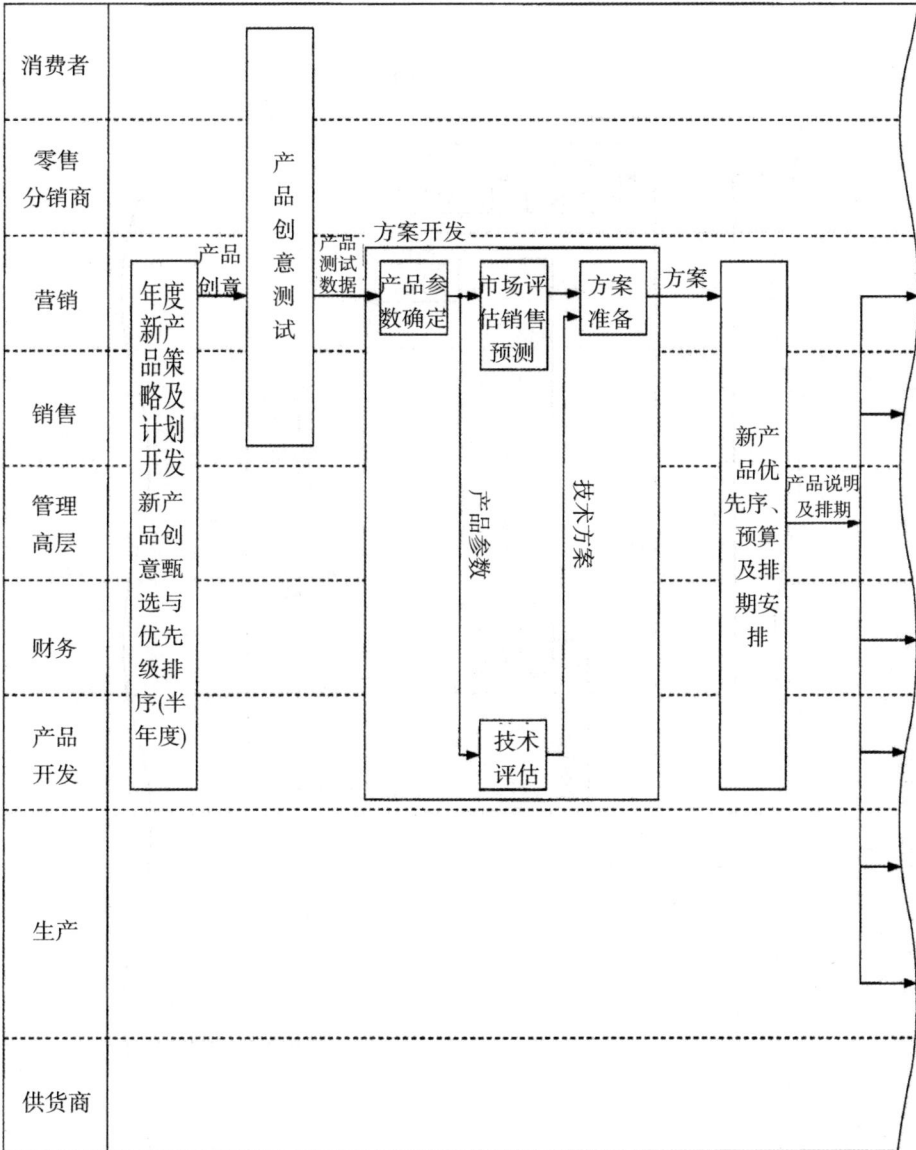

图 12.4　Computec 公司产品开发与推广："SHOULD" 流程图及职能目标举例

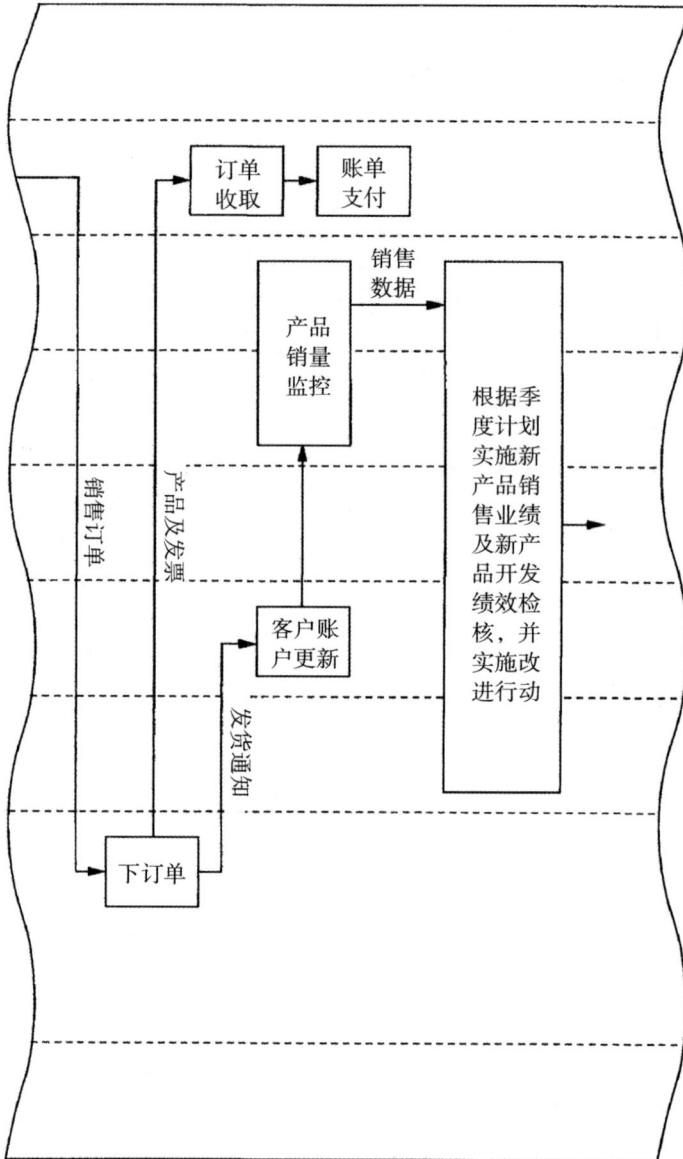

图 12.4 （续）

职能部门目标汇总						
职能	测评指标及目标					
	实效性		预算		质量/其它	
	指标	目标	指标	目标	指标	目标
整体流程	开发时间	12个月/产品	开发成本	$750,000/产品	销售额	$850,000/产品
					利润	2年内保持15%
			单位成本	$13/个	新产品上市数	每2年3种新产品
营销	方案	创意4周后	产品支持	$100,000/产品	参与甄选	100%的客户及部门
	市场测试	采集3个月的数据				
	市场计划	测试后1月内	促销	$150,000/产品	参与决策	100%的部门
	产品支持	计划后1月内产品资料就绪			市场计划	由测试数据确认
销售						
管理高层						
财务						
产品开发						
生产						
供货商						

图 12.4　（续）

241

表 12.3　Computec 公司产品开发与推广流程角色/责任矩阵

主要流程步骤	职能与责任				
	营销	销售	高层管理	财务	产品开发
1.新产品创意征集并格式化以便正式论证之用	• 提交产品创意	• 提交产品创意	• 提交产品创意	创意估算并做优先排序	• 提交产品创意
	• 创意评估、优先排序	• 创意评估、优先排序	• 创意评估、优先排序		• 创意评估、优先排序
2.主持创意的讨论、评估及优先序确定	a.产品评估问卷准备	b.产品评估问卷检核			
	c.与选定的消费者及分销商代表共同实施产品评估				
	d.主持产品评估				
	c.问卷汇总				
	f.校订测试数据并为开发方案选定创意				
3.产品方案开发	a.产品参数描述以便技术论证				
	c.就各个产品的市场规模评估并清晰描述营销和销售策略；评估营销及销售成本和时间				b.产品技术可行性评估及成本时间预估
	e.销量预测及制订各产品的盈亏平衡点			d.产品开发成本预估	
	f.方案定稿				

表 12.4　Computec 公司市场部职能模型（局部）

职能模型			部门：营销 时间：1/2 ~ 12/31	
Ⅰ.跨职能流程支持				
流程	职能产出	关键维度	指标	目标
产品开发与推广	方案撰写	时限	开发时间	12小时
		预算		
		质量		
	市场测试			
市场规划与研究	市场计划撰写			
促销				
Ⅱ.其它支持				
种类	职能产出	职能指标/目标		
常规支持	实施业务分析			
	参观引导			
特殊项目	企业宣传册更新			
	客户会员管理			

表 12.5　Computec 公司市场部职能模型：新产品开发与推广

主要流程步骤	营销职能		营销职能各岗位及职责		
	产出	目标	研究分析员产出	产品经理产出	营销副总裁产出
1.新产品创意甄选及优先排序	新产品创意征集并格式化以便正式论证之用	•向所有部门、客户细分征集创意 •按指南检核格式 •每年3月1日和9月1日检核	•向销售员、产品软件设计师及产品经理征集新品创意 •格式化新品创意以供流程团队检核		
	新产品创意的甄选、评估、优先排序	•所有通过—淘汰的评估都具合理性 •优先序与战略需求一致 •终选在4周时间内完成			•新产品流程团队组建 •新产品创意提出 •与团队就新产品创意检核及优先排序
2.产品创意测试	新产品评估问卷准备	•评估问卷符合有效性原则	•评估问卷设计	•制定问卷评估标准并检核问卷	
	研讨人选设定(含零售业务员)	•参加者代表了所有相关方利益		•问卷检核	
	主持评估	•所有代表同意决定 •评估不超预算	•邀请代表参与	•生成候选者名单并与零售销售人员讨论 •商定参加者代表最终名单	

　　我们使用一种称为"岗位模型"的格式来最终描述岗位。岗位模型是角色/责任矩阵的扩展。它不仅包含岗位产出，还包含测评指标和目标。而这些指标和目标，是以部门的指标和目标为依据的（特别留意，岗位模型可作为标准格式直接用于"有效指标"的开发）。表 12.6

是 Computec 公司市场部研究分析员岗位模型的部分内容。

表 12.6　Computec 公司市场部研究分析员岗位模型（局部）

营销部门		市场研究分析员			
产出	目标	产出	关键维度	指标	目标
新产品创意征集并格式化以供正式讨论之用	半年一度地让所有部门为新产品创意投票	产品创意问卷设计及管理	质量—完整性	问卷派发范围中客户及部门占比	每个细分市场的10%客户100%的部门
			质量—易用性	就问卷内容的质疑/投诉占比	∅
			质量—及时性	问卷派发频度	每年3月1日及9月1日
			成本	调查成本	$15，000
		将问卷反馈整合入潜在产品报告中	质量—完整性	报告中的创意占比	100%
			质量—易懂性	对报告的理解方面的质疑与投拆占比	2个/份
			质量—及时性	从调查到出报告的时限	4周

在指标体系中，岗位模型代表着将组织层产出与个人产出相连接的最后一环。这样的一个指标体系为我们提供了一个从个人产出到组织产出的链路，并使管理层有效监测绩效和解决绩效问题成为可能。

我们提供了够多的表格，图 12.5 显示出了各表之间的关系。

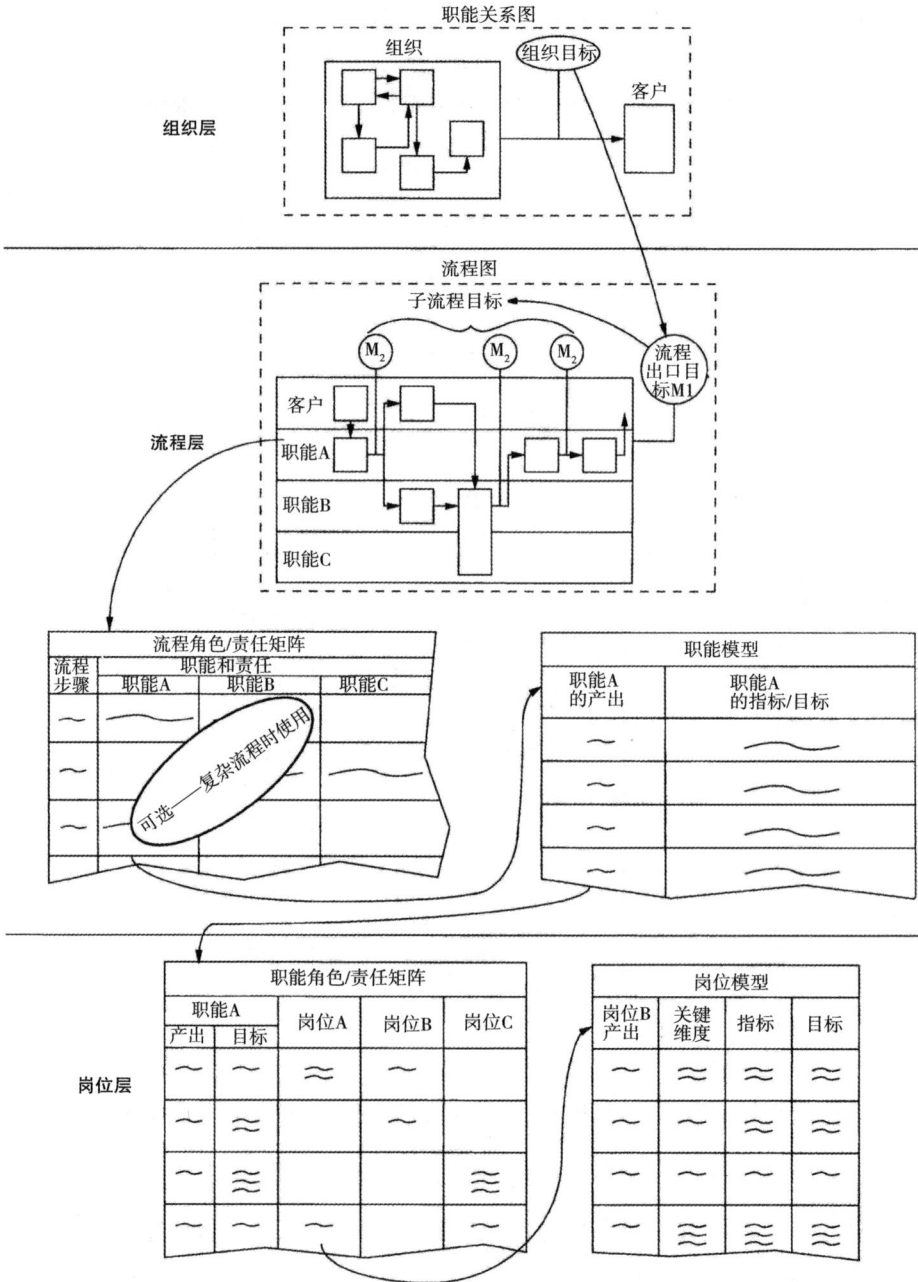

图 12.5　三层面绩效指标/管理体系

绩效逻辑

另一个确保组织指标到流程出口指标到流程步骤指标到职能（部门）指标到个人指标具备清晰链路的方式，是开发一个称为"绩效逻辑"的东西。绩效逻辑从最高层开始，用 1~3 个指标来表示组织的健康度。许多组织用净资产回报（RONA）或经济增加值（EVA）作为公司或分公司的绩效指标。

我们来谈谈使用经济增加值 EVA 的情况。EVA 等于税后利润减去全年资本成本。我们试图搞清楚什么指标可以影响 EVA，最后我们得出结论，是资本成本、税金以及税后利润。随后我们要搞清楚又是什么指标可以影响资本成本、税金和税后利润。我们发现是毛利润和收入影响税后利润。进而，当我们识别并量化影响收入和毛利润的变量（表示为测评指标）时，事情变得更加有趣了。接下来，我们再看影响这些变量的每一个因素，依此类推。

当这个推演完成时，我们建立了一个涵盖从宏观到微观的测评指标层级。这个指标层级的图景，并不囿于图或矩阵，它让我们能理解依存关系，并使我们能跟踪到各个流程、各个部门、各个个体或团队为组织整体绩效所作的贡献。

将指标作为绩效管理系统的基础

大部分的经理没有有效的、集成的、可管理的指标。然而，即便是具备适当且全面指标的经理也会在下一个步骤，即将指标作为指标体系的基础中失败。这个基础包括采集真实绩效信息的机制、将数据与目标作比较的机制、和与需用该信息的人员沟通的机制。而即便有这套指标体系，经理们也往往不会正确地使用。

为阐明最后一种缺陷，不妨举一个例子。我们曾为一家持续一段时间绩效欠佳的制造厂开发了一套绩效体系。该厂的经理每天举行生产例会。由于各层经理都没有足够的有关质量和数量的信息，这个例会已经堕落成为令人挫败的互相指责的闹剧。当我们第一次展示新指标体系所产生的信息时，工厂经理说："太棒了！现在我终于能知道是哪个狗娘养的弄砸锅的了。下次生产例会我会给他好看的！"如此错误地使用指标体系明显地削弱了它的效用。

另一个例子是一家酒店连锁企业，我们已为它开发出了管理信息和绩效评估体系，一位分区经理在某个晚上巡查了其辖区内的一家酒店，当看到大堂的一个烟灰缸未按公司规定清理干净时，便怒不可遏。第二天早餐时，这位分区经理就常规保洁质量，特别就大堂烟灰缸问题训斥了酒店经理。跟着，酒店经理打断了管家部主管的早餐，并适当夸张地转达了区域经理的口讯。管家部主管即刻冲到大堂，清理了烟灰缸。

以上两个案例，我们可以肯定地说，两位经理对绩效数据（在工厂经理那里是以正式报告的形式表示的，而在分区经理这里是以非正式的发现形式而获取的）的反应既不能提升下属的绩效，最终也不会提升组织的绩效。

工厂经理倾向于基于信息去责备和惩罚犯人。结果，各级的经理自然会很快地学会指责他人。这样，逃避指责就变得比交付产品要重要得多。当我们指出这一点时，工厂经理说："我还能做什么？这是我知道的唯一管理办法。"我们随后与该经理一起，为生产例会设计了一个议程并指导他学会提问。这样，生产例会的中心思想从"互踢屁股"变为解决问题。3 个月之后，更有效地运用绩效信息使得工厂经理将生产例会的时间从 2 个小时缩短为半个小时。更为显著的是，工厂的产量和质量获得了奇迹般的好转。所以，如何使用指标体系所产生的信息与信息本身和信息范围同样关键。信息不应该用于惩处人，而应该用于解答"为什么"。

第二个案例显现了错误使用绩效信息所带来的两个副作用——经理们趋向于管理行为而非结果，同时，自降级别地去做自己下属该做的事情。酒店分区经理与其触发上述的连锁反应，倒不如：

1. 将脏的烟灰缸理解成管家流程出现问题的征象。区域经理的主要关注点应该在管家流程的状态上，而非特定的烟灰缸。

2. 告诉酒店经理发现了脏的烟灰缸，然后询问有关管家流程的问题：

   ● 你认为管家流程有按标准运行吗？

   ● 你如何能知道管家流程是否在按标准运行？

   ● 我们俩都认同管家流程的标准或目标吗？

3. 如有必要，通过询问以下问题以与酒店经理检核管家流程的状态：

   ● 程序手册有否使用，其版本是否最新？

   ● 流程绩效是否被跟踪，而且，绩效信息是否在被用于解决问题及决策制定？

- 有必要的工具可用吗？

基于这些数据，区域经理可能需要与酒店经理采取相应的改正行动。

4. 建议酒店经理与管家部主管开会，共同确定是管家流程的哪个地方出了问题而导致脏的烟灰缸的出现。他们应该共同回答以下问题：

- 流程或流程指标方面有否不足？

- 是我们执行流程不力吗？如果是的话，保洁员接受了正确的培训吗？他们有足够的资源可用吗？

- 管家部主管对流程实施了正确的管理吗？

基于以上问题的回答，酒店经理应该采取相应的行动以避免问题再次发生。

在上述两个案例中，问题就在于要明智地使用测评数据来提升绩效。

绩效管理系统

如果我们要有效地管理绩效，在三个绩效层面（且在每一个"绩效逻辑"层上），我们必须：

- 建立相应的指标和目标（流程层指标、岗位层指标，以及将这些指标与高层指标挂钩）。

- 跟踪实际绩效，识别实际绩效与目标的差距，确定差距的原因，并采取行动克服差距。

- 将测评信息作为管理层决策制定和绩效改进的依据。

图 12.6 展示了一个绩效管理系统的 3 大构件。以岗位层为例：

步骤 1：为每个岗位设定产出和绩效期望值（目标设定）。

步骤 2：确保岗位任职者能够持续地监控自我绩效，一旦偏离目标，就要对现状实施诊断并采取改正行动。另外，岗位任职者的主管和经理应该能够跟踪岗位层及流程层的关键部分并排除偏离目标的绩效。然而，我们需要强调的是，岗位任职者不必依赖其主管/经理来获得绩效数据。绩效数据应该直接提供给任职者本人，以允许他们做必要的调整。

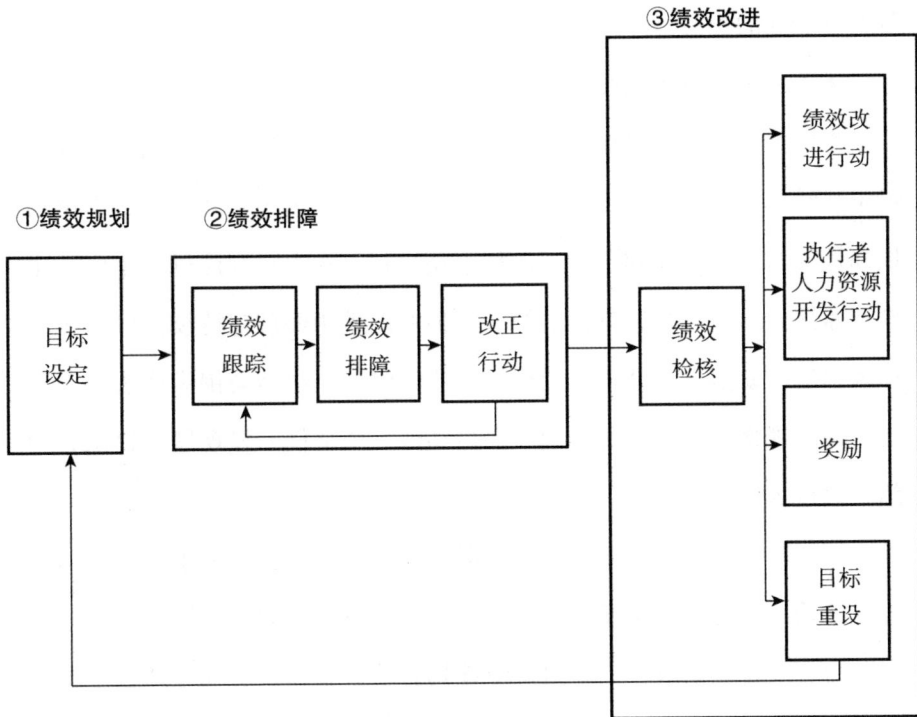

图 12.6　绩效管理系统

步骤 3：特别留意岗位任职者和其主管/经理要周期地（季度或半年度）检核绩效。这个检核应该概括分析任职者和经理之间最频繁讨论的问题，并聚焦于绩效的发展方向上。在这个正式的检核过程中，会产生绩效评估的总结及以下方面的决策，同时岗位任职者不应感到意外：

- 为改进工作绩效，岗位任职者及经理都需要采取的行动

- 任职者的晋升

- 任职者报酬的变动

- 对任职者的培训，以改进当前工作的绩效以及/或者让他们准备好升迁到新的岗位

- 下一个绩效周期绩效目标的调整

在这个系统中，目标应该由岗位任职者和他们的经理共同周期性地设定。绩效要由岗位任职者持续地监测、诊断和改正，并由其经理进行周期性地监测、诊断和更正。例如，销售代表在客户拜访过程中应该定期地监测、诊断和改进自己的绩效。他们的销售经理应持续关注销售业绩及销售活动信息。经理与销售代表应该隔周一次地与销售代表跟踪随访，期间观察销售代表的表现并探讨绩效，就他们的发现展开讨论并为绩效改进提供建议。

绩效改进构件（步骤3）应该定期进行，以制定着眼于长线的绩效改进行动、实施对岗位任职者的奖励和订立下一个周期的绩效目标。

为有效管理绩效，一个组织应该具备绩效管理系统以管理各个层面的任职者绩效，如图12.7所示。回到酒店管理的例子，分公司经理应该与区域经理设定区域目标，而区域经理应该与酒店经理设定酒店目标，依此类推。目标要与岗位层相关联，确保组织的所有岗位都朝着组织和流程目标而努力工作。每一层所监控的测评信息很大程度上由该层的产出要求所决定。每一层的管理工作就是监控下级的关键绩效指标，

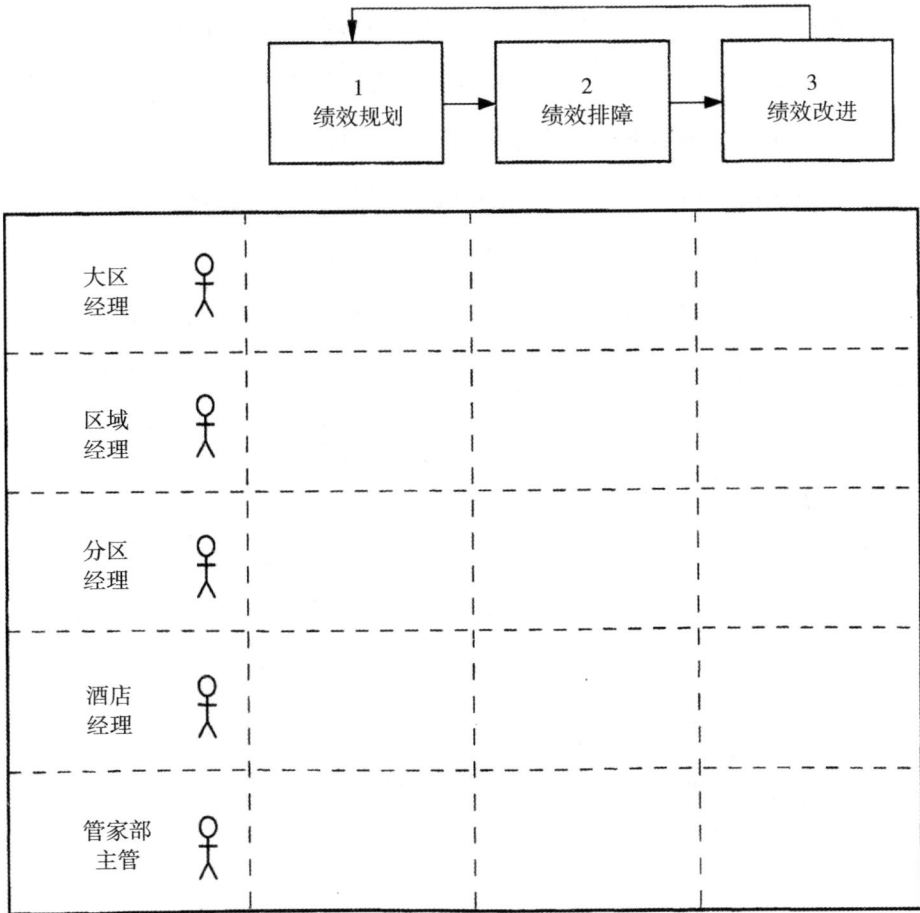

图 12.7　组织绩效管理系统的部件

诊断并提出改进行动的建议。每一层的经理周期性地检核下属的绩效，与第 1 步所设定的目标做比较。并与下属共同决定哪些行动能持续改进绩效。这样的体系能避免错误地使用测评指标并在以下方面提高指标的功效：

1. 绩效规划/目标设定构件可以令每个绩效层面的期望产出清晰明了。这会令经理们干预、插手下属工作的情况极少出现。为确保跨职能流程的绩效，高管层应该检核产出的层次结构以确保整个组织的责任都与相应的层面相关联。在我们为前述酒店连锁集团所开发的绩效管理系统中，最重要的部分是一个流程，即在岗位层建立产出层次结构的流程。本章之前所讨论的角色/责任矩阵、职能模型、岗位模型所构成的系统（参见图12.5）是确定并展现岗位产出的有效方法。

2. 在本章之前讨论的测评体系中，提供了为排除绩效管理系统故障所要跟踪的信息。步骤1所确定的岗位产出和目标，在很大程度上决定了那些测评信息（步骤2）必须对每个岗位任职者开放。绩效管理系统的这个部分旨在建设性地解决问题。这是制造厂经理召开生产例会和酒店区域经理微服私访的正确目的。

3. 步骤2使用测评信息以实现短线的故障排除。而步骤3使用这些信息用于长线的个体/团队的来访以及用于持续改进运营绩效。

测评体系能确保测评指标在三个层面与所有部门相互关联，也令同一个部门内处于三个层面的人员也互相关联。而绩效管理体系则是为利用测评指标有效地管理绩效提供了一个框架。

小结

测评是绩效管理的关键。虽然这个主题大到必须用整本书来讨论，但，我们只限在与"将组织按系统管理"有特殊关联的几个领域来作讨论。

我们坚信下述的几个有关测评的"事实"是有效管理组织和人员

绩效的基础：

- 没有测评，绩效无从管理。

- 没有测评，人们无法具体鉴别、描述并设置问题的先后次序。

- 没有测评，人们无法完全理解组织对自己的期望与要求。

- 没有测评，人们无法确定自己的绩效是在轨还是脱轨。

- 没有测评，就没有目标，就没有奖惩（加薪、奖金、升职，以及惩罚、降级、开除）的依据。

- 没有测评，就无法触发绩效改进行动。

- 没有测评，管理就是无知的猜谜。

- 没有测评，就没有流程管理的基础。

坏消息是，建立好的测评指标并不容易。而好消息是，直接而明了的技术和准则（本章所提供的）能确保测评指标在数量和质量上符合经理和基层人员的需求。

仅有测评指标还不够，即便有正确的测评指标也仍然不够。要发挥指南和工具的作用，测评指标必须作为绩效管理体系的基础。这个系统的各个构件已在前面讨论过。

绩效管理的唯一障碍在于人们不愿投入时间来建立绩效管理系统。尽管这项投资并非无足轻重，但我们的经验表明，更大的理由不只在于短期与长期的回报。在第 13 章，我们描绘了一个"将组织按系统管理"的情景，以展现基于测评的绩效管理的诸多益处。

第 13 章　将组织与流程作为系统来管理

　　没有资本，劳动力将徒劳无功；没有劳动力，资本效力也无从发挥。没有指导天才的管理，劳动力与资本都将无所作为。

　　　　　　　　——威廉姆·莱恩·麦肯西·金（W. L. Mackenzie King）

　　指望你的经理们都能展现"指导天才"不大现实，但可以指望他们具备"指导胜任力"。一个具备此胜任力的经理能明晰自己组织发挥功效的方式，也能够管理好组织变量以使组织功能发挥得更佳。第 1 章描述了我们的世界观，其中包括我们认定组织（在各个层面上）如同一个自适应系统在运行。而正因为你的组织是系统地运行着的，所以，若你将其作为系统来管理，那么就会获得最佳成效。

　　迄今，我们已经给出了一个方法论，也指出了流程改进的诸多陷阱（第 9 章、第 10 章、第 11 章），并且也探讨了作为流程管理基础的绩效测评体系（第 12 章）。我们可以用图 13.1 来诠释方法论框架的阶段 4。

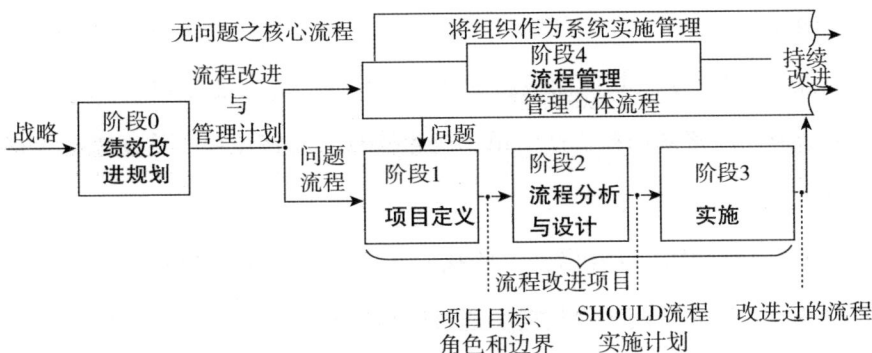

图 13.1　拉姆勒-布拉奇方法论

流程管理

阶段 4 首先要确保核心流程在持续地改进中，该流程通常是经过了阶段 1 到阶段 3 处理之后的核心流程。

通常阶段 2——流程分析与设计——往往是由非执行层人员完成的，而阶段 4 则是经营者的责任之所在。为有效地承担这个角色，高管需要：

- 理解流程改进和流程管理是什么、为什么、怎么做
- 制订流程改进和流程管理的计划，这是阶段 0 的主要产出
- 提供必要的沟通、指标、资源、技能、奖励和反馈（即人力绩效系统构件）以强化流程管理
- 构建一个基础设施，然后采取下述的行动

选择核心流程。流程管理计划的长期目标应该是覆盖所有流程的，但多数的组织会选择少数关键流程来着手，这样可以保障投资，以利流程管理的持续推行。这些流程就是对组织战略成功至关重要的流程。

因此，流程管理的"种子"在阶段 0 确定核心流程时就播下了。在阶段 0，高管层就具体而最新的战略达成了一致。他们继而根据组织的关键成功因素从流程资产清单中的主流程、支持流程、管理流程中遴选出核心流程。

在图 13.1 中可以看出，一些核心流程，由于需要根本的或是增量的改进，在进入阶段 4 之前需要通过阶段 1 至阶段 3 的处理。同时，另一些有待改进的核心流程若暂不是绩效改进项目的优先重点，则直接进入阶段 4。

所谓核心流程，是指影响组织竞争优势的流程。而这些竞争优势，要么是组织亟待解决的，要么是高管层急需建立、强化、开发的。例如，如果订单周期时间是潜在竞争优势，那么订单处理流程就是战略性流程。而如果客户服务质量是竞争优势的话，那么客服流程就是核心流程。如果新产品是竞争优势的核心，那么，产品开发与推广流程就是核心流程。

上述这些核心流程都属主流程（即直接为客户提供可参见的产品与服务的流程，参见第 4 章），而支持类和管理类（纯粹内部的）流程也可能成为战略性流程。例如，如果产品与服务的制造成本是竞争优势的话，那么预算与资本支出流程与设计流程、物料管理流程，以及制造流程一道构成战略流程群。如果在迅速变化的市场上对需求的快速响应能力是竞争优势的话，那么市场研究与规划流程就会是核心流程。同理，培训流程、销售预测流程、安全管理流程也可能成为核心流程。

流程测评。如果我们一定要选出一个对持续流程管理贡献最大的行动的话，那它就是研发并部署基于流程的测评体系。该体系与组织层指标和岗位层指标相关联。第 12 章已对此主题展开过讨论。

流程业主。为确保具备影响力的人关注并采取行动以改进整个跨职能流程的绩效，许多组织为每一个核心流程指定一位流程业主。流程业主扮演以下某些或全部角色：

● 监测流程绩效并定期就流程达成组织内部目标和满足客户需求的情况向高管层汇报，同时将任何有关流程次优的征象报告给高管层。

● 领导跨职能流程管理小组，该小组为该流程绩效负责。小组为流程设定目标，设定流程的计划与预算，监测流程绩效是否达成流程目标，并对任何流程改进机会及时反应，采取改进行动。

● 作为"空白地带监察员"，致力于解决流程涉及的各职能间的接口问题。

● 维护流程的公正性。

● 评估流程，并在高度结构化的组织中认证流程。

没有流程业主，"空白地带"就会被忽视。若每个直线经理都在管理各自部门的流程片段，就会出现职能最优而流程次优（如第 1 章所述）的状况。

与监管产品或项目的跨职能绩效的矩阵经理类似，流程业主管理跨职能流程的绩效。与产品经理或项目经理所不同的是，流程业主并不代表着二级组织结构，他所管辖的成员不会"一仆二主"地既要受垂直的直线经理的管理，又要受水平的产品或项目经理的管理。在有效的流程管理中，汇报关系仍旧维持在垂直方向，部门经理保留着自己的权力。若以部门对流程的贡献度来衡量职能经理，同时流程业主可以确保部门接口问题得到解决，且流程的设计顾及到了职能的利益，那么水平维度才真正得以强化。另外，流程业主与产品或项目经理还有一个不同在于，产品和项目会来来去去，而流程却是永久的。

基于角色的举足轻重，流程业主的甄选显得十分关键。即便以下的特征不是全部必需的，但一个流程业主还是应该趋近于：

- 担任着高层管理职位；
- 其所担任的职位赋予了他整个流程的主要权益（流程成功，获益最大；流程失败，受损最大）；
- 在整个流程中，管理的人数最多；
- 深入理解整个流程的运行；
- 对环境之于流程、流程之于公司经营方面具备全局性认识；
- 具备自身职权之外的个人魅力，以影响他人和决策。

流程业主的职责通常与其职位相对应，而非与任职者个体相对应。例如，我们曾咨询过的一家电话公司，它的财务副总裁被指定为记账流程的业主。当他离开这个岗位后，其继任者成为流程业主。

起初，直线经理与高效流程业主之间的冲突，其程度之低曾令我们颇为吃惊。随后我们确信，好的流程业主并不会威胁部门经理，因为他们只是做了该做，而以往却不曾有人做的事情。他们带给其它经理的只有价值而无任何损失。

使流程管理制度化

在一个正在实施流程改进项目或已将流程管理制度化的组织中，每个关键流程都有：

- 一幅流程图，记录了各个步骤和执行各步骤的职能部门。

- 一系列客户驱动的测评指标，这些指标与组织层面的测评指标相关联，并且驱动职能部门的指标（参见第 4 章及第 12 章）。在一个流程管理已制度化的组织中，不会允许职能部门在追求自身测评结果好看的同时使其它部门及整个流程的利益受损。

- 一个流程责任人。

- 一个永久性的流程小组，他们定期开会以鉴别并实施流程改进。

- 一个针对所有核心流程的年度业务计划，包括期望的结果、目标、预算、非财务资源需求。

- 持续流程绩效监控机制（如流程控制图）。

- 流程问题解决及流程机会投资的程序（如根源分析）和实体（如流程小组）。

为确保流程符合这些及其它绩效标准，有些组织，包括福特和波音，建立起了流程认证评定体系。为达到 4 级中的最高级，福特的流程必须符合 35 项标准。这些标准包含从流程必须有名称到按照客户零缺陷的评定要求来格式化的各种标准。流程业主则对流程评估与认证承担主要管理职责。

流程管理制度化并非仅仅意味着一套认证了的流程，它还是一种文化：

- 流程业主、流程小组以及直线经理持续践行流程改进，而不是间或地解决问题。

- 经理们运用职能关系图和流程图工具规划并实施变革、开展新员工入职培训、评估战略备选方案、改进对内外部客户的服务。

• 以内外部客户的需求来驱动目标设定与决策制定。

• 经理们就本部门的流程以及与本部门相关的跨职能流程的效果与效率反复质询并寻求答案。这些问题需要一套基于流程的测评体系来回答。

• 基于流程需求来配置资源。

• 每个部门经理都是其内部职能流程的业主。

• 通过强化对其它部门的理解、疏通部门接口、协调目标来建立跨职能团队。

• 通过人力绩效系统 HPS（参见第 6 章）来强化最优流程绩效。

当流程管理在组织中实现制度化之后，系统视图（参见第 2 章）就成为识别流程绩效问题与机会的框架。其实，方针、技术、人事决策的最终意义在于流程效率与效果。

管理垂直与水平的组织

流程管理的制度化要求组织的纵向与横向维度和平共处。在大多数情况下，仅围绕流程来设计组织并不可行。当一个流程式的组织结构（将在第 14 章中讨论）消除了垂直与水平的矛盾时，它不过是生成了另一类的，流程之间的"空白地带"。进而，它也许需要更多的人员、妨碍资源与知识的共享，而且构成职业发展路径上的障碍。在多数的基于流程的组织中，职能（部门）被作为"培训基地"而保留。

那么，一个组织如何构建高效的垂直与水平结构呢？据我们的经验，关键在于测评。正如我们在第 12 章所建议的，建立客户导向的、流程驱动的测评指标是第一步。在流程驱动的环境中，每个职能经理仍然为达成目标、配置资源、制定方针与程序负责。与传统的（纯垂直型）组织的唯一区别在于，每个职能按照其对流程的贡献度来衡量、来考核。直线经理的权限与传统组织中的一样多，而且没有在众多矩阵型组织中常见的"一仆多主"现象。

总之，流程管理可以十分平和地与职能型组织共处，因为：

- 它并不改变企业的业务方向。

- 它没有（必要）改变组织结构或汇报关系。

- 它确保职能目标与流程目标相一致。

- 它没有改变责任或权力。

- 它只是靠确保流程（早已存在的流程）的合理性而改变了对待业务的方式。

高管的角色

一个组织不必同时对所有流程实施管理。如果高管对流程管理兴趣浓厚，可以以启动一两个流程改进项目为开端。如果这些项目成功地解决了关键业务问题 CBI，他便可考虑将流程管理制度化，起码对组织的核心流程实施制度化管理。高管在流程制度化中所扮演的角色包括：

- 识别核心流程

- 指派或担当流程业主

- 建立永久性流程小组

- 对应绩效9变量背后的问题，提问并寻求答案

- 将流程测评指标作为绩效评估、奖励和问题求解的基础

- 主持流程业主参加的对话会议，检核流程。类似于传统的运营检核会

- 设立并管理一个流程规划系统，类似于业务规划系统

- 确保工作环境（奖励、反馈、资源）支持流程效率与效果

流程改进与管理和绩效三层面

有效的流程改进并不仅限于绩效的流程层面。最具影响力的流程改进项目往往从识别与组织的关键业务问题（CBI）相关的流程开始，而关键业务问题和流程的识别必须基于组织层面的战略目标。而仅仅在流程层面，流程改进不可能生根。因为系统的所有优化行为，都必须反映在岗位层面的工作及其环境中。

相应地，持续的流程管理也不仅是流程层面的管理，持续对组织层面的需求实施评估决定了流程管理的先后次序。更进一步，流程管理要以对岗位层的监控与改进为基础。为了管理流程绩效，就必须管理流程的执行者。为了管理执行者对流程效果的贡献度，就必须管理人力绩效系统（HPS）的各个变量——绩效说明、任务支持、结果、反馈、知识与技能，以及素质能力。

将组织作为系统来管理

至此，我们所阐述的所有内容构成阶段 4 的第一部分。它与我们对单个的流程实施管理与持续改进的活动相关联。在某个时刻，所有单个的流程管理工作有必要依照组织层目标而相互整合起来。我们称这个整合叫"将组织作为系统来管理"。

在你开始将你的组织按照系统实施管理之前，你应该建立一套管理的逻辑体系。我们还要以在本书中频繁提到的组织 Computec 公司为例来进行阐述。Computec 公司的高管们一度很担忧公司营业收入的稳定性及市场份额的下滑。于是，他们着手建立一套情报系统来解决相关问题。

1. 高管团队制定了一个战略以解决当前外部（市场、竞争、经济）现实。为开发这个战略，Computec 公司的管理层回答了本书第 6 章所列举的所有问题。作为战略的一部分，高管团队决定在三个领域建立自身的竞争优势：客户服务的深度、新品持续创新的吸引力，以及套装软件的订单交付速度。

2. 通过创建 Computec 公司的职能关系图（参见第 3 章），高管团队加深了对组织系统的理解，团队成员意识到，亲自构建和分析这个业务系统图让自己颇为受益。结果是，他们抵住了诱惑，未将此项工作指派给专业分析师去做。

3. 高管团队将组织层（战略）目标标注到职能关系图上。

4. 高管团队识别出了 8 个跨职能流程，并选定其中对组织目标影响最大的几个流程。以 Computec 公司所企望的竞争优势为基础，高管团队选择了4个战略性关键流程：产品开发与推广流程（在第4章中我们称为主流程）、订单履行流程（另一个主流程）、采购流程（支持类流程），以及运营规划流程（管理类流程）。

5. 团队为这4个流程分别指派了一位副总裁作为流程业主。

6. 就这4个战略性流程，高管们团队合作，为每个流程开发出了客户驱动的、流程出口目标。并回答了这个问题：在组织目标给定的情况下，我们要获得流程的哪些绩效？

7. 团队组建了流程小组。流程小组按照第9章中描述的流程改进步骤来绘制并分析流程。流程小组的3个关键产出是：未来态（SHOULD）流程图（它将成为组织修理的详细的路线图），从当前态（IS）到未来态（SHOULD）的建议计划，对流程关键部位推荐的目标集合。

8. 高管团队整合各种建议，以便4个流程可以和谐运作（譬如，就产品开发流程而言，管理团队不能允许其优化是以其它流程为代价）。

9. 团队实施未来态（SHOULD）流程，这个未来态（SHOULD）流程包括步骤和流向的改变、职能职责指派的改变（以及，有些情况下组织架构的改变）。接着，要围绕所设计的流程目标和职能目标建立绩效测评/管理体系（参见第12章）。随后，改变岗位职责，必要时调整人力绩效系统（HPS）（参见第5章）。由于同时改变这4个流程会令Computec公司难堪重负，所以高管团队决定分阶段实施。

评估系统

流程变革成功实施后，Computec 公司就建立了一个行之有效的系统。现在，高管团队的挑战在于如何管理好自己建立的系统。然而，在系统被高效地管理起来之前，有必要开发出一个测量并评估系统关键构件的机制。为实现这个目标，Computec 公司作了如下工作：

● 为每个战略性流程开发出了一个成绩单，该成绩单的评估领域包括客户反馈、内部需求（如预算的绩效）、响应变革的能力、持续改进的程度。评估数据直接来自于绩效测评系统，该系统存有准确的绩效数据并与流程目标（参见步骤 9）相对比。

图 13.2 描绘了将流程绩效信息汇总形成供高管使用的"仪表盘"的原理。低一层级的经理们使用的仪表盘，主要包含子流程指标刻度和部门指标刻度。在更低一层级（是或许不是管理级别）上，仪表盘或会包含流程步骤执行者和岗位的测评指标刻度。这个方法确保每个层级都有一个仪表盘，而仪表盘的表头刻度都与上级和下级表头刻度相关联。

● 评估每位流程业主时，成绩单是按其对流程有效性的贡献度来评估的。成绩单的条目是根据高管给流程业主下达的清晰明确的责任范围来设计的（参见本章前面提供的责任清单模板）。例如，Computec 公司对流程业主的评估是基于两点：一是其在保证团队其它成员知悉流程绩效方面做得有多好；二是其在帮助消除职能冲突的"空白地带"方面做得有多好。

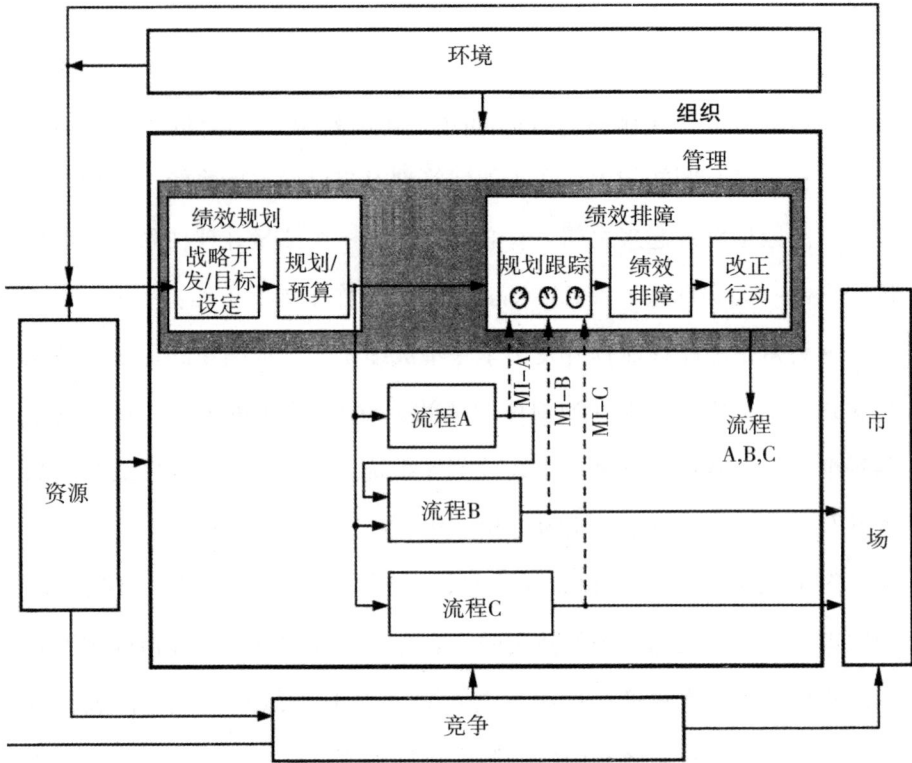

图 13.2 将组织作为系统来管理

• 评估分管各职能的副总裁时，成绩单是按职能对流程的支持程度来评估的。例如，对营销副总裁的评估，是考察营销部对产品研发与推广流程支持得有多好。即基于该职能所执行的流程步骤和由流程目标所推衍出的职能目标来评估。Computec 公司的职能模型（参见第 12 章）对开发这些分级类别显得特别有用。

对副总裁的评估，既要考察他管辖的职能部门达成目标的程度，也要考察一些"软"的方面，比如，为使流程运行得更好而与其它职能部门合作的程度、对关乎流程成功的变革的响应，以及人力绩效系统

HPS 为确保流程成功而对流程执行者提供支持的程度。对这 4 个流程业主而言，Computec 公司既将其作为流程业主，又将其作为支持流程的职能部门领导来评估他们的绩效。

管理系统的流程

至此，Computec 公司已创建了一个有意义的系统，而且公司还开发出了一套机制来评估系统的关键方面：流程、流程业主、职能经理。现在，让我们来考察一些基本的管理流程，看看它们是如何帮助高层经理团队将 Computec 公司作为系统来管理的。

在年度规划流程中，Computec 公司的总裁、流程业主和副总裁们要：

- 更新战略和运营计划。

- 识别新的组织层产出和组织目标。

- 确认战略性流程并更新流程目标以确保它们反映了组织目标。

- 识别为实现新的流程目标所要进行的流程变革。这些变革或许包括流程自身的修正、新的流程分段目标或资源调整。

在年度预算流程中，Computec 公司的总裁、流程业主和副总裁们要：

- 商定流程预算。流程预算以流程规划所建立的流程目标为基础（流程业主对预算分配的接受与承诺尤为关键）。

- 商定职能预算。职能预算以流程预算和每个职能对流程目标的贡献度为基础。

• 累计流程和职能预算，并与战略中确定的组织预算相结合。

在月度运营检视流程中，高管们要：

• 基于客户满意度目标考核产品与市场绩效。

• 基于营业收入目标和利润目标考核产品与市场绩效。

• 基于预算目标考核成本绩效。

• 基于按客户满意度、收入与利润，以及成本所确立的流程目标考核流程绩效。每个职能部门的绩效，依据事先商定的其对流程所提供的支持度来考核。在此考核步骤中，团队适合提出以下一系列问题：

• 绩效为什么好于（差于）期望值？这是偶然还是趋势？是意外吗？如果是，为什么？是流程有缺陷吗？职能的优先权僭越了流程的优先权吗？是我们的目标设定、规划，以及预算有缺陷？

• 需要增加或修改我们的目标吗？

• 需要改配资源吗？如果是，哪些流程或职能要多配置些呢？需要增加多少呢？从哪里调配呢？

在运营检核会上，往往由总裁提出这些问题。而多数的答案应该由流程业主提供，并获得职能经理们的支持。这些回答会导致决策的制定，进而产生指派给个体的行动项。这些行动项会按照方针变更、目标变更、资源变更、流程变更、汇报关系变更，以及管理实践变更来分门别类地记录。

在半年度绩效检核流程中，总裁为流程、流程业主以及职能经理评级。而年度奖金分配则按等级发放。奖金的多少决定于公司的收益情况。我们确信，以下的情节与传统的管理有着本质的区别：

• 由于测评指标是以客户为中心的，所以，客户的声音能通过绩效检核流程听到。

• 由于目标是以流程为驱动的，所以，高管团队能够全面地检核业务绩效。

• 由于目标是以流程为驱动的，所以，高管团队既能检核结果，也能检核达成结果的方式。因为团队理解结果的成因，故而具备更强的业务掌控力。

• 由于流程业主在管理流程中扮演着关键角色，所以，"完成工作的方式"和"空区管理"的声音不会被其它的关注点所掩盖。

• 由于职能目标从属于流程目标，所以，任何部门的头头都不能要求非分的资源。

• 由于绩效 3 层面并入到了绩效管理流程中，所以，可以更明智地管理变革。高管团队不太可能制定出不含流程层和岗位层实施计划的所谓战略决策或方针决策，也不大可能在没有确定对组织层和岗位层的影响时启动一个系统改进项目，更不大可能在不曾有组织层与流程层需求的情况下实施员工绩效改进行动。

系统管理文化

我们发现一个被系统化管理着的组织，其文化不同于常规的组织文化。表 13.1 对照了传统（垂直的）和系统（水平的）文化的区别。在系统文化中，我们发现各层级的经理能肯定地回答表 13.2 中的系统管理问题。

表 13.1 传统（垂直的）与系统（水平的）文化对比

传统文化	系统文化
• 决策受职能需求支配	• 决策受客户和流程需求支配
• 职能间的交互活动极少	• 职能间的交互活动极为广泛
• 大多数员工只是知道自己工作所在的职能	• 大多数员工了解公司整体和需要协同工作的其它职能的业务
• 员工不知道与其职能部门相关的内部客户和内部供应商是谁	• 员工知道连接自己职能与其它职能间的投入、产出关系
• 职能间的交互关系趋向于对抗	• 职能间的交互关系趋于共赢、解决问题和共同决策
• 职能部门互为竞争者	• 职能部门互为合作伙伴
• 职能的测评指标将自身隔离于其它职能	• 职能的测评指标既反映出其对直接客户的贡献，也反映出其对整个组织系统的贡献
• 职能部门以牺牲其它职能为代价图自我表现	• 职能部门只在为整个组给带来贡献时才能表现为绩效卓越
• 仅当出了问题时才会检查系统（"不出问题就不要管它"）	• 整个组织系统持续地被分析和改进（"我们做得不如应该的好"）
• 通常职能间都不共享信息	• 职能间会为共同的利益而例行地共享信息
• 经理不允许员工与交接手的其它职能部门的员工直接处理问题，而是希望其将问题上报到指令链的高层去。	• 经理鼓励员工与交接手的其它职能部门的员工直接处理问题
• 普通员工不参与决策，即便有，也在职能部门内部	• 跨职能团队在所有 3 个层面上频繁碰头，解决关键业务问题 CBI
• 员工只在对本职能作贡献时才获得奖励	• 当员工对各组织有贡献时会获得奖励

表 13.2　系统管理问题

• 你部门的战略与整个组织的战略相关联吗？
• 你能识别出自己部门所有的内部和外部客户吗？
• 你知道自己部门所有的产品和服务吗？
• 你知道客户对你部门的产品与服务的需求吗？
• 你是基于自己的产品与服务与客户需求的符合度来测评自己绩效的吗？
• 你能识别自己部门的供应商吗？
• 你为部门供应商所提供给本部门的产品和服务设定了明晰的目标吗？
• 你是否有跨职能流程所定义的自己部门要承担的角色的文本呢？
• 你是否按自己部门对跨职能流程的贡献度来测评本部门呢？
• 你会测评流经自己部门的流程的"上游"绩效吗？
• 你有快速有效采集绩效信息以提供给所需之人的跟踪及反馈系统吗？
• 你具备解决系统中的绩效差距（解决根源问题）的技能吗？
• 你有否花费大量时间用于改进自己部门与其它部门间以及本部门科室间的接口（"空白地带"）问题？
• 你部门的员工是否在一个有效的环境下工作，该环境的岗位设计、目标、反馈、奖励、资源以及培训都能使员工最大限度地为流程的效果和效率做贡献？

小结

按照系统来管理组织包含理解绩效 9 变量与管理绩效 9 变量两部分内容。绩效 9 变量是本书的主题。商业系统是由组织层、流程层和岗位层的投入、产出、与反馈所构成的。在各层面的每一层，系统都需要清晰而合理的目标、逻辑设计和支持性的管理实践。

　　绩效测评指标提供了一个栅格系统。而 3 层面测评系统则提供了一个不仅限于观察结果的窗口。通过监测、改进那些影响结果的要素，经理们能够启动更加系统的改进项目，也能够理解实施变革还有哪些需求。

　　在系统管理文化中，通过对自己业务的理解、与其它部门协同以完成工作、为流程的最优而牺牲部门的最优、设计人力绩效系统 HPS 来武装员工，让他们为系统做出最大贡献，继而强化自身能力，管理者就可创造丰功伟绩。

第 14 章　设计奏效的组织结构

如果我是造物主，就会留下些启示，以便宇宙更加有序。

——阿方索十世（Alfonso X）

各层级的经理都倾向于按组织架构来施行管理。流行的智慧建议说，如果一个高管能够在组织架构图中选对方框，在层级结构中将它们合理地安置，并指派强有力的人才去统辖，组织就会成功。依此路径，多数的大公司至少会每年一度地着手对组织架构实施大调整。

在第 2 章，我们曾讨论过从流程的角度，而不是组织架构的角度来看企业的好处（参见图 2.1 和图 2.3）。在组织再设计时，持垂直视角还是持水平视角，十分关键。因为组织再造的目的在于改进组织绩效，而大多数时候，组织绩效在于跨职能流程（水平系统）的产出有效性。因此，组织再造的目标应该在于提升水平组织的效率和效果。由此我们建议，组织再造应该遵循以下的 2 步流程来实施：

1. 分析和重设计水平系统——关键跨职能流程——以使其符合客

户需求和组织目标。

2. 重新划定组织边界（汇报关系）以支持水平系统的效率和效果。所谓形式要为功能服务。

但遗憾的是，众多的组织再造只是关注了垂直视角——汇报关系——而缺乏对水平系统需求的理解。最终，最差的情况会是，在特定部门的绩效实现最优的同时，组织水平系统的绩效实现了次优。而最好的情况会是，再造无心插柳地有益于水平系统。但水平系统的有效性要求太为重要，以致我们不能听天由命、心存侥幸。组织设计只应该意味着：如果我们指望组织能发挥功效，那么就要设计得让它能出功效。而且设计工作要以对跨职能流程的理解和对水平系统的理解为前提。工作是靠流程来完成的，而流程则驱动组织结构。

我们还坚信，组织设计（绩效 9 变量之一）不应该以组织架构图为开端，也不应该以组织架构图为结束。组织设计应该包括：

- 一个组织层的结构，它定义存在于职能之间的投入-产出关系
- 一个流程层的结构，它定义将投入转化为产出的所有步骤，它还标明执行各个步骤的单位
- 一个岗位层的结构，它定义了执行者和工作团队的责任和环境

让我们来考察开发组织结构的一系列步骤，它让组织架构能有效工作，因为它涉及并描述了绩效 3 层面的所有层面。

设计一个组织结构

我们认为，一个有效的组织结构产生于如下的行动与决定。从阶段

0（参见第 10 章）的完成开始，提供投入给步骤 1 至步骤 3，或者协助为步骤 1 至步骤 3 设置工作优先级。流程再设计工作（阶段 1、阶段 2、阶段 3）则为步骤 3 和步骤 4 提供燃料。部署一套集成的测评系统并实施其它持续改进行动则为步骤 5 提供实质性的投入。所以，在步骤 5 之前的工作量大小完全视完成了多少工作而定。在下一节，我们会提供完整的案例来描述这些步骤。

步骤 1：建立清晰的战略。你的组织结构应该有助于战略的实现。如果一个组织没有战略，那么什么样的结构都是好的。第 7 章列出了一个组织的战略决策，它包括定义产品与服务的、定义客户与市场的，识别竞争优势、设定资源配置优先级。一旦这些决策确立了发展方向，高管层就可以着手设计组织结构以帮助组织沿着战略路径发展。

步骤 2：绘制并分析组织系统现状（IS）。运用职能关系图（参见第 4 章）来表示当前组织中各部门间的投入产出关系，识别"断点"所在。断点指连接缺失、连接重复和连接不合理。特别要识别出那些影响组织的能力从而阻碍战略实现的断点。

例如，一家我们曾提供服务的小型通信公司，它将新产品快速上市定义为自身潜在竞争优势之一。当他们绘制出当前态的公司职能关系图后清晰地发现，图上有关产品能有效开发和生产的一系列的连接关系（流程）缺失。甚至，产品开发部尽管在组织架构图中赫然在列，但实际上员工数为零，因为该部门正是"砍掉成本"运动的受害者——凭此结构，战略何以达成！

步骤 3：绘制并分析流程现状（IS）。组建跨职能小组运用流程图（参见第 5 章与第 10 章）来绘制当前会对组织战略产生重大影响的主流程、支持类流程和管理类流程。阶段 0 能帮助识别关键流程。应特别留意那些已有或潜在会削弱竞争力的断点。

例如，一家我们曾服务过的航空企业，其高层决定要进一步投资于当前的竞争优势——他们满足顾客独特需求的个性化定制能力。一个小组绘制了从客户偏好到形成产品的整个过程的流程图。该图显现出一些重大的断点。这些断点会导致客户迷惑、导致交付期延误、导致利润菲薄甚至利润为负。

步骤 4：开发 SHOULD 流程图和测评指标。使用流程图模板为在步骤 3 中分析过的战略重大相关流程开发 SHOULD 未来态流程图。这些 SHOULD 流程图理应消除了所有在步骤 3 中识别出的断点。然后，按照第 12 章中框定的格式设定一系列流程测评指标。在这一步，你或许要设计 SHOULD 子流程（进一步的分解动作）和支持（人员配置）流程。

步骤 5：设计组织架构图。基于 SHOULD 流程图，确定最符合逻辑的部门划分和汇报关系。目的在于通过划定组织边界令流程效率与效果最大化。这个最大限度地服务于流程，并反哺战略的结构设计准则如下：

- 最大化产品与服务质量

- 最大化客户需求响应度（适应性最大化及周期时间最小化）

- 最大化效率（重复工作及成本最小化）

为符合这些准则，组织结构应该具备：

- 最小接口数以便流程质量目标的达成

- 最大限度趋近内部客户与供应商

- 最合宜管理幅度（经理的分管下属数）

● 最少管理层级

● 最大的明晰度（责任重叠与模糊为零，或最低）

另外，如我们在第 2 章讨论的，组织要成为自适应系统（Adaptive Systems）。市场、竞争、法规的不确定性要求组织要设计成既便于收集/处理来自于诸多领域的变化信息，又能迅速并明智地对变革需求做出反应，同时自身还不太难以顺应变化的结构。我们不建议所有人都采纳前述的"虚拟组织"，但应接是受它的客观性。最佳的组织结构应该是那些能帮助我们在持续变化的环境中茁壮成长的结构。

组织设计，如同测评和人力绩效管理一样，是一个值得用整本书来讨论的主题。因而，在此我们从经验中萃取出以下几个指导方针：

● 组织设计（狭义的定义是资源分组与汇报关系定义）比你想象的更为次要。如果流程设计得很明智，角色定义的也很好，且为角色配置了恰当的人员与机器设备的话，组织结构就无甚意义了。别误会，组织设计既可以是流程的一个了不起的"断点制造者"，也可以是流程的一个了不起的"使能者"。然而，指望一个新的组织设计自身就能消除断点，就如同指望一幢新屋能令我们的生活过得更畅顺一样，纯属痴人说梦。单靠组织设计自身是绝无可能的。如果我的岗位是设计成要为我所工作的流程做最大贡献，而且我理解岗位是什么、为什么和怎么干，我也清楚自己在流程中的位置（包括知道我的客户是谁、供应商是谁），甚至我还被重要因素所激励（通过我的测评指标和奖励）……的话，我才不在意是要向莎莉汇报还是要向鲍勃汇报呢！

● 任何情形下都不存在"对的"组织结构。对于一个企业而言，由战略和流程所确立的组织结构，只在给定的时间点上具有合理性。集权制有其优势，而分权制亦有其优势。职能制结构（按工作性质分组，如生产或财务）相较于事业部制结构（按产品、按市场、按流程、按地区、按班次分组）对战略和流程的支持可以更佳抑或更差。

（在本书中，我们采用过"部门"、"单位"、"职能"这些通俗意义上的同义词。而在组织设计范畴中，职能是指相近工作的分组。所以，人力资源和分销是职能，而塑料业务部和欧洲分部则不是。）

● 由上述指导方针导出的一个推论是：所有组织结构都有空白地带。因而，我们的使命不是消除空白地带，而是缩减空白地带的范围以降低其对流程的阻碍，同时管理必然存在的空白地带。如果按产品来构造组织，那么产品间必然存在空白地带；如果按职能来构造组织，那么职能间必然存在空白地带。如今有个流行的"虚拟组织"的概念，它用流动性的资源池来代替正式的结构。这样就能敏捷地以任何必要的方式部署人员以便工作的完成（前提是下一个工作往往是不同的）。但，空白地带仍然会出现在项目之间、虚拟结构的流程之间以及工作于临时组织的员工之间。其流程的质量较之在更稳定的环境而言，至少同样重要。

● 由上述两个指导方针导出一个推论：按流程来构造组织并不比用其它方式构造组织更好。如我们在第 13 章所述，按流程来构造组织可消除部门间的空白地带，但它又会在流程间产生同样需要关注的空白地带。其次，为满足某个流程而设计组织结构，会导致另一个流程的次优。其三，如果我们消除一个职能，譬如财务，然后把财务专业人员分配到各个需要他们的流程中去，那我们就不得不增加员工数量（例如，将具财务专业能力的人派往报价/提案流程中。而该流程或许仅需其25%的时间。若在财务部的话，他剩余的 75% 时间便可分派给其它流程）。这样我们还会令财务人员互相难以共享知识和资源，从而导致其专业能力下降，并阻断了他们的财务职业发展路径（我们发现这样倒是有利于跨学科的职业生涯开发）。按流程构造组织并不是个坏主意，但它如同其它构造组织的方法一样有利有弊。

• 最佳的结构是便于管理变革的结构。正如我们在第 2 章讨论的，组织需要成为一个自适应系统。当今的失稳的环境呼唤组织设计能：

1. 有利于收集和处理市场、竞争、供应商、法规和技术领域的变革信息。

2. 让业务能根据变化作快速而明智的反应。

3. 令自己不用颇费周折地实施变革。

我们不建议每个人都接受之前描述的"虚拟组织"，但我们应该接受它的客观性。一个自适应的结构会帮助组织在持续变化的环境中茁壮成长。

• 当设计我们的 SHOULD 流程时，不要将我们的思考限定在只考虑那些让当前结构能运作得好点的那些改进（除非指导小组界定结构不可变）。为确保不限定自己的创造力、确保我们不是在组织设计的断点下构建流程，SHOULD 流程的设计循环必须聚焦于该做什么，而不是谁该去做。

• 在基层，即"工作是如何完成"的层面上，组织应该如何构建是最为重要的。太多的时候，组织仅仅关注最上面的几层（那些组织者可见的层面），而将剩下的几层置之不理，希望它们能"自有序（Sort itself Out）"。我们认为，应该逆向来构建，顺序应该是：

1. 设计需要完成的工作（主流程）。

2. 设计结构以支持主流程。

3. 设计支持与管理类流程。

4. 设计人员与管理结构以支持以上三类流程。

事实上，以流程为驱动的组织设计方法的一个优点在于，它能评估管理各层级的附加价值。我们的客户企业中，有一位副总裁在用角色/责任矩阵（参见第 12 章）检核审批层次数时设定：审批不能超过一层。在把多余的审批取消之后，一些岗位也就没有了存在的必要。

因为，如第二指导方针所建议的，可行的结构或许不止一种，我们建议，将几种结构都做模拟试验，从流经的流程角度评估结构的合理性。这个演练可以通过流程图和/或实际"流程穿越"的方式完成。例如，跟踪一票订单或跟踪一件新产品。这种模拟提供了一个终极检验，以确定结构是否符合之前所提到的所有准则。

为鉴别组织结构的可行性，需要开发出一个 SHOULD 未来职能关系图以消除在步骤 2 中识别出来的所有断点。这个 SHOULD 职能关系图可以为组织架构图的精细设计提出建议，也可以作为步骤 6 所要开发的职能模型的关键输入。

步骤 6：为每个部门开发职能模型。使用第 12 章所述的格式和逻辑顺序，就可根据每个组织（即新图中的大方框）的产出和目标来定义其职能。职能模型的内容必须来源于职能关系图的产出以及关键流程的产出及其目标。它必须把责任描述得足够细致，如：

- 清晰并完整地沟通组织中每一个职能的角色
- 确保职能产出没有重叠
- 确保所有的流程产出和流程测评指标都在职能责任中完全反映
- 作为开发岗位模型（参见步骤 7）的可靠基础

我们发现角色/责任矩阵（参见表 14.1）能将职能的关键产出与管理流程的产出挂钩，能作为职能模型开发的背景。

表 14.1　Ace 复印公司产品开发角色/责任矩阵

新产品开发 流程步骤	职能与责任	
	现地运营	
	管理	销售
1.产品需求确定	• 产品策略制定 • 产品增项检核 • 产品优先排序	• 客户需求识别
2.产品可行性确定	• 可行性研究通过 • 可行性研究检核	• 现场支持需求识别
3.项目计划制订	• 成本参数设置 • 排期 • 资金预算 • 计划沟通	• 计划接收
4.产品设计		• 配置检讨

销售职能模型

表 14.1 （续）

职能与责任		
现地运营		制造
营销	产品设计	产品工程
• 市场需求识别 • 需求评估 • 新产品建议		
• 产品概念测试 • 市场容量估算 • 定价参数确定	• 产品概要设计 • 产品开发进度排期 • 可行性报告准备	• 产品成本估算
• 计划接收	• 计划接收	• 计划接收
	• 初步产品设计开发	• 可替代配置开发 • 配置成本匡算 • 配置完稿
↓	↓	↓
营销职能模型	产品设计职能模型	产品工程职能模型

　　步骤 7：为每个岗位开发岗位模型。 运用第 12 章描述的岗位模型的格式在新组织中识别出每个岗位所需的产出和目标。如果新的组织需要新的岗位，或岗位需要新的职责，那么岗位模型就显得至关重要。新的组织结构只有通过岗位模型才能贯达至工作执行层的人员。

　　步骤 8：为每个岗位构建人力绩效系统。 许多组织再造的失败，并不是因为组织结构图有缺陷，而是要么由于其次优了流程绩效（参见步骤 4），要么由于新的结构未能在从事具体工作的员工的人力绩效系统 HPS 上得到强调。人力绩效系统 HPS（在第 6 章中深入描述过）包括岗位担当者的能力（Capacity）、知识技能（Skills & Knowledge）以及工作环境。经理要设定好环境以支持新的结构，就要对绩效说明（岗位模型中的产出与目标）作充分沟通，就要提供任务支持（明晰投入及必要性资源），设计结果（奖励）以强化目标的达成，并提供工作绩效的定期反馈。

　　步骤 9：建立管理流程。 一旦新组织在组织层、流程层及岗位层的基础设施建立就绪，整个系统就要被管理起来。用来实施新的组织架构的管理流程包括我们在第 4 章、第 5 章、第 6 章所描述的具体行动：

- 设定目标
- 绩效管理
- 资源配置
- 接口（空区）管理
- 人力绩效系统管理

设计奏效的组织结构

Ace 复印公司是一个真实的组织，其真实名称在这里我们做了一些改动。Ace 遵循刚刚描述的 9 步骤流程来构造一个奏效的组织结构。以下就是他们实施的过程：

第 1 步：建立清晰的战略。Ace 设计、制造、分销办公复印机及配件并提供售后服务。在之前 18 个月的期间内，它快速增长的态势明显放缓，市场份额也丢失了一大块。Ace 在 3 年中只推出了 2 款新产品，大大低于行业平均值。这两款产品不仅研发和生产超预算，而且都不叫卖。

这些问题促使 Ace 管理委员会作了一段时间的自我反省，他们躲进了山里，等出来时带来一份全面的战略。作为战略的完整组成部分之一的，是要在接下来的 5 年中，每年推出 2 款新产品。

第 2 步：绘制并分析当前 IS 组织系统。图 14.1 显示了 Ace 之前的组织框图。图 14.2 显示了其职能关系图和图中的断点。

第 3 步：绘制并分析当前 IS 流程。根据当前战略和系统中的断点，Ace 将产品开发与推广流程识别为其最为关键的流程。一个跨职能小组开发出了一个 IS 当前流程图及流程断点清单。

第 4 步：开发 SHOULD 流程图及其测评指标。图 14.3 显示了 Ace 团队所开发的产品开发及推广流程的未来态 SHOULD 流程图。完成此图后，该团队开发了该流程的一系列的测评指标。由这些指标牵引出了以下若干准则：

• 新的产品必须达成销售数量和销售额的目标

● 新产品的推出（从产品概念到第一批 5000 套成品出产和现场培训）必须限定在 9 个月内

● 新产品的单位成本必须在设定的预算之内

● 开发成本和生产成本必须在设定的预算之内

这些终端的测评指标和标准可推衍出流程关键结合部的子指标和子标准。

第 5 步：设计组织框图。当把产品开发及推广的 SHOULD 流程图放置到职能泳道上去的时候，团队成员就为每个职能指派职责。他们决定将原来的产品开发职能分成产品设计（负责概念设计）和产品工程（负责复印机的内外部配置）两个职能。新的产品设计职能与市场和销售合并形成一个集成的现场运营单位。

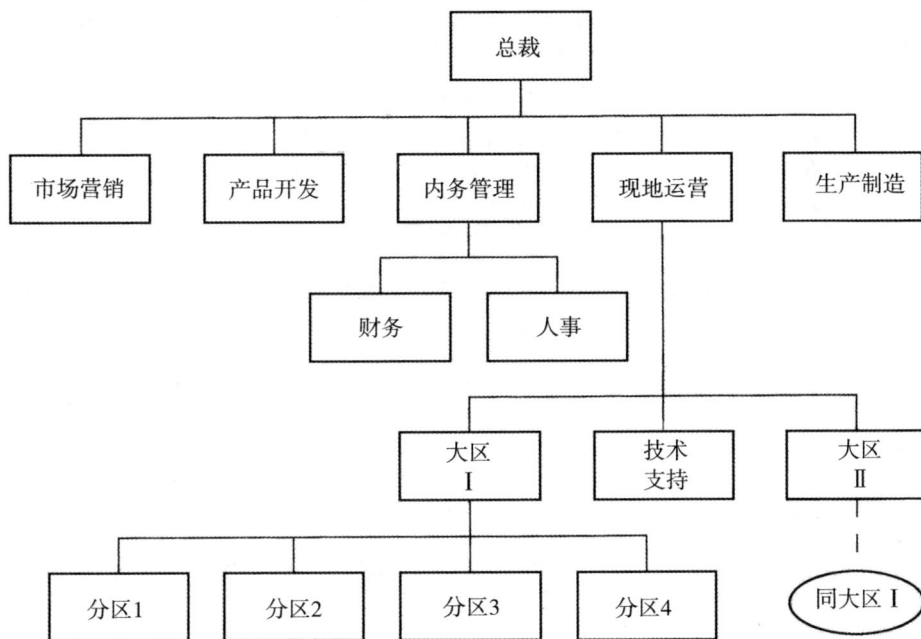

图 14.1 Ace 复印公司原组织框图

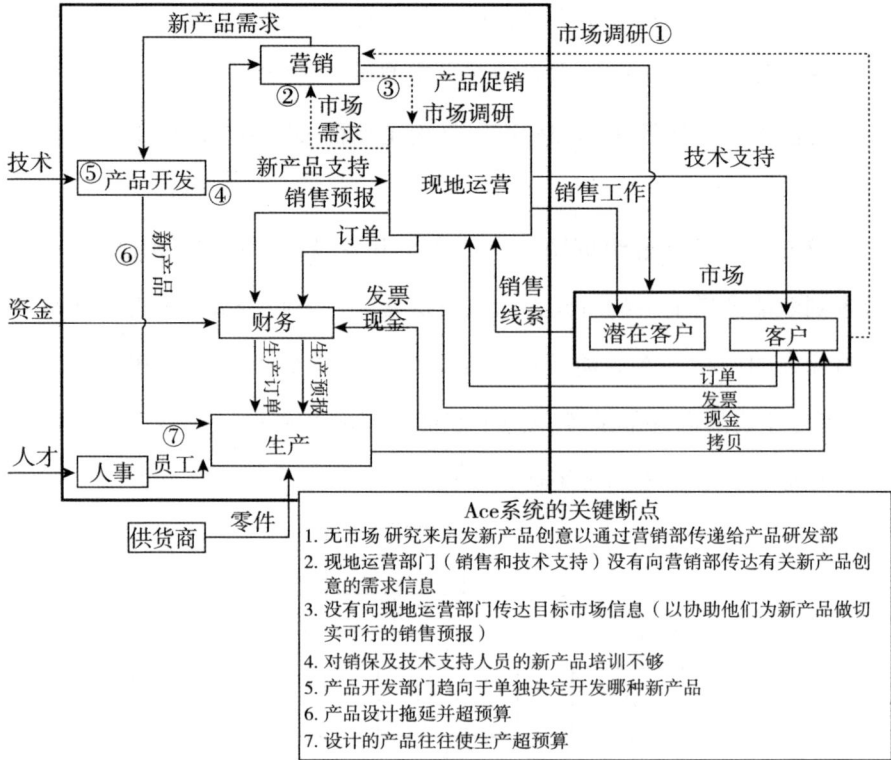

图 14.2 Ace 复印公司当前 IS 职能关系图及断点

Ace系统的关键断点
1. 无市场 研究来启发新产品创意以通过营销部传递给产品研发部
2. 现地运营部门（销售和技术支持）没有向营销部传达有关新产品创意的需求信息
3. 没有向现地运营部门传达目标市场信息（以协助他们为新产品做切实可行的销售预报）
4. 对销保及技术支持人员的新产品培训不够
5. 产品开发部门趋向于单独决定开发哪种新产品
6. 产品设计拖延并超预算
7. 设计的产品往往使生产超预算

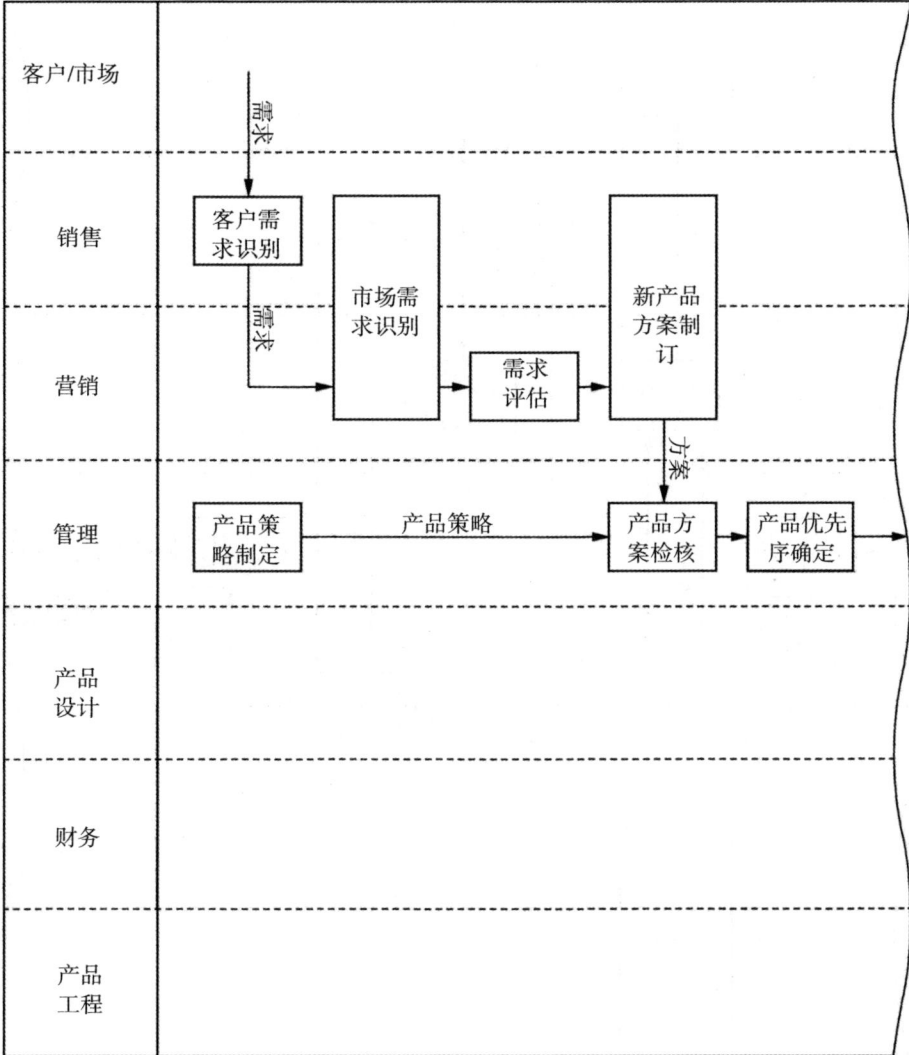

图 14.3 Ace 复印公司产品开发：部分未来态 SHOULD 流程图

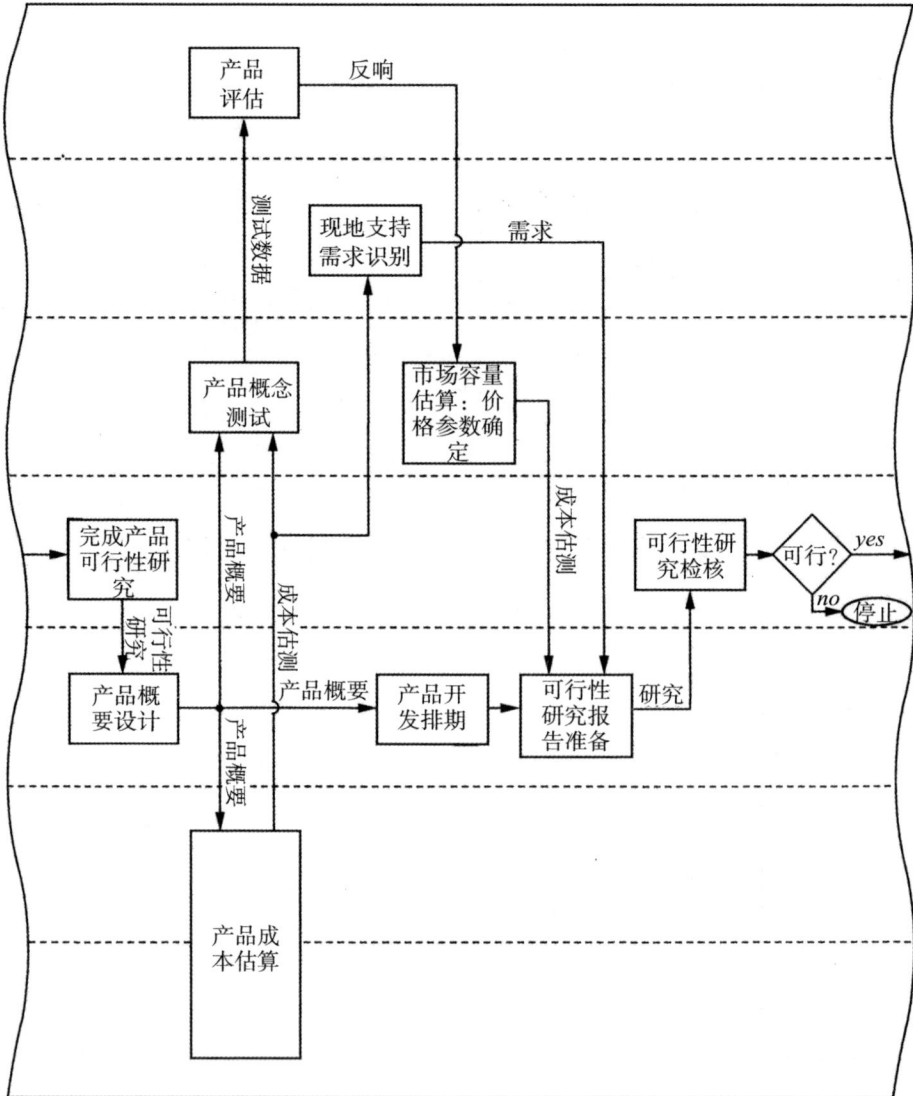

图 14.3（续）

图 14.3（续）

这个现场运营结构使 Ace 加快产品开发决策并提高决策执行速度成为可能。将产品工程职能并入制造职能后令 Ace 配置的复印机能以低成本制造。

在组织框图定稿之前，它又经由其它 Ace 的关键流程测试。Ace 要确保新的组织结构不会仅使产品开发流程最优而其它关键流程次优（如果职能的阻隔可以用筒仓来形容的话，那么流程的阻隔便可用隧道来形容）。图 14.4 显示了新的组织架构框图。图 14.5 显示了新的职能关系图。

第 6 步：为每个部门开发职能模型。为确保新的职能的职责清晰，Ace 团队开发了一个产品研发职能的角色/责任矩阵。该矩阵的局部图见表 14.1。测评指标和目标都添加在每个职能的流程职责之中。这些职责（即产出）和目标便可形成每个部门的职能模型（参见第 12 章）。

第 7 步：为每个岗位开发岗位模型。每个部门的任务团队以职能模型为基础为每个贡献于产品开发流程的岗位（例如销售代表、市场调研分析师、设计工程师）开发岗位模型。这些岗位模型包含岗位应承担的、贡献于职能产出的个人产出，以及每个产出所要求达成的产出目标。

第 8 步：为每个岗位构建人力绩效系统 HPS。清晰地确定每个岗位的反馈、奖励以及培训。

步骤 9：建立管理流程。在组织层、流程层和岗位层建立了新组织结构之后，Ace 建立了一套基础设施以管理 3 层面绩效。高管团队创建了一系列的管理流程以确保目标被持续地设定、绩效能参照目标值在 3 个层面被持续跟踪、资源被合理配置，使得产品开发流程保持最优、流程接口受到管控，并且人力绩效系统 HPS 的所有部分都被管理起来。这些职责成为经理绩效评估的核心。

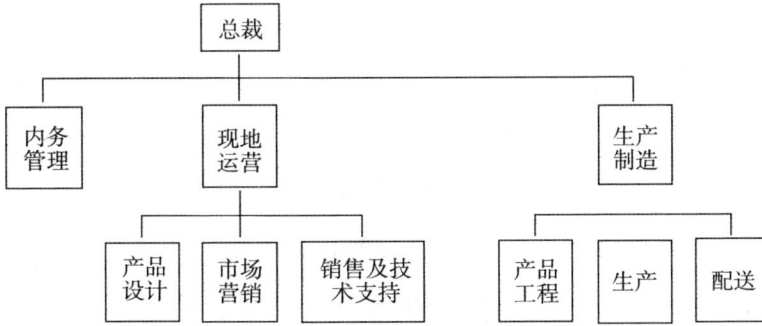

图 14.4　Ace 复印公司新组织结构框图

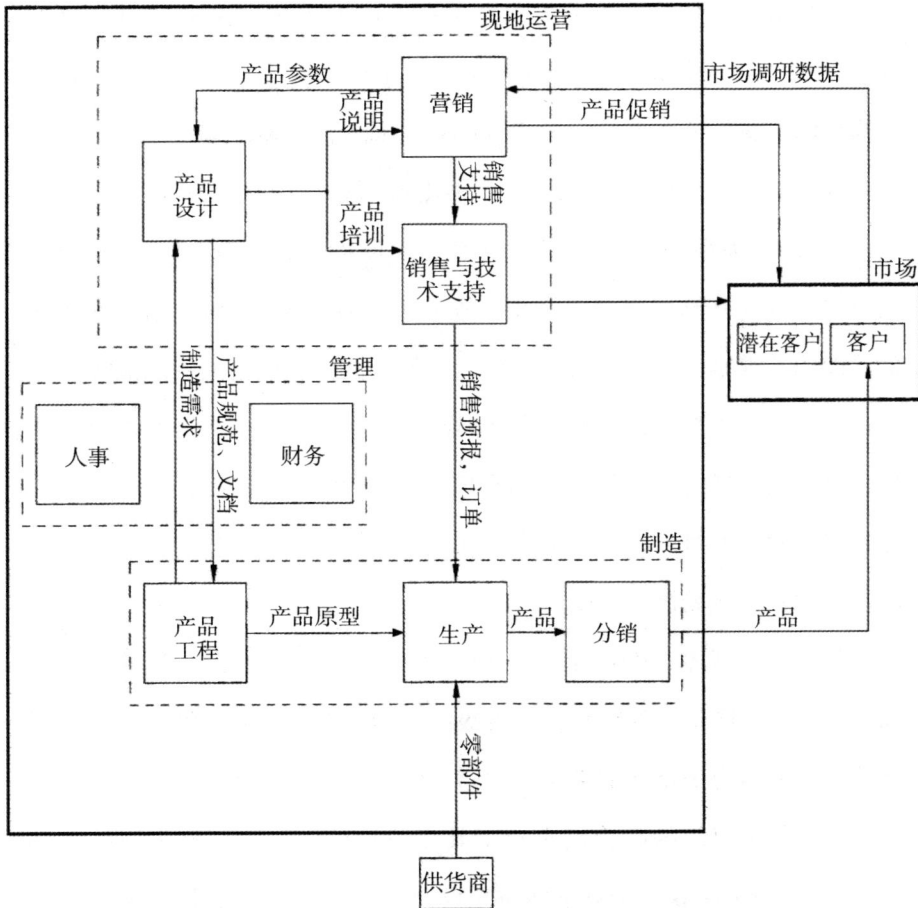

图 14.5　Ace 公司 SHOULD 未来态职能关系图

小结

设计一个组织结构并不是在组织框图中给各个框命名、排位和填充这么简单。在上下级的回报关系在管理上不可或缺的同时，提供产品与服务以满足客户则要求组织要聚焦于工作的本身和工作的"流"。为此，我们第一要做的是确定什么工作必须完成（参见步骤 1），第二要做的是理解工作当前是如何达成的（参见步骤 2 和步骤 3），并设计达成的方式（参见步骤 4），然后，也只有此时才构建一个行得通的组织结构框图。我们的观点是，形式（结构）服从于功能（流程）。

我们对组织结构的定义涵盖了组织层绩效（在这层设定战略、定义客户-供应商关系）、流程层绩效（在这层流程化并绘制工作流）。以及岗位层绩效（在这层定义岗位并设置人力绩效系统）。组织结构在各绩效层面的关键维度是绩效指标和令组织架构能持续改进的管理流程。

我们自然不会夸口说组织结构若能支持业务流程，就不再令人头疼。经理层仍然要为如响应时间和成本间的矛盾寻求妥协与平衡。但，如果在控制台上可以看清关键流程和流程目标的话，管理者就能明智地沟通矛盾，达成妥协与平衡。

从"不惜成本，响应至上"到"不惜响应，成本为王"的频谱范围间存在着不同定位的组织，世界级的公司正在通过展示低成本下实现高响应率的能力来重新定义这个频谱。

一旦一个组织的高管层决定了其竞争地位（作为战略表述的一部分），就可以为实现这个竞争地位来设计流程（第一）和汇报关系（第二）。为确保地位的实现和保持，管理者可设定响应率目标和成本目标并密切地参照这些目标来监控绩效。

好消息是，传统上我们认为互相矛盾的变量其实并不冲突。我们频繁地发现，一个流程，它可以设计成为既实现质量最大化，同时也实现成本最低化。

第 15 章 构建基于绩效的人力资源开发职能

天才毋需受训就能生存和成功。

——玛格丽特·富勒 (Margaret Fuller)

在多数组织中，培训是笔不菲的投资，其额度往往超出高管的估计。尽管高管明了人力资源开发部的预算，但包含参训人员工资在内的培训总体投资额，却往往是隐形的并让多数的高层管理者感到意外。更重要的事实在于，只有极少数的高管了解培训的投资回报。如果有位经理说不出他价值 5 万美元的通信系统的投资回报，你做何感想？而如果一位经理说得出他价值 5 万美元的有关经理层沟通培训的投资回报，你信吗？

培训往往被视作员工福利（就像为员工投保或公司野餐会），并不要求提供有形的回报。难道培训只是启发式管理的一部分，其切实的价值和内在的好处的确无法度量吗？

不，培训应该与其它投资等同看待，因为：

● 如果培训投资不易衡量，那么管理者如何明确培训给组织带来的收益？

● 如何在培训投资前对效果评估（相较其它投资）？

● 如果高管许诺拿出营业额的一定比例投资于培训，他们如何确保投资在正确的培训上呢？

以上三个问题的答案相同。除为适应新岗位所需接受的开发培训外，培训的目的在于提升员工的当前绩效。因此，培训效果当以该培训对员工绩效的影响来衡量。

绩效改进的两种观点

有两种绩效观。盛行的一种绩效观：员工活在真空中，如果管理者要达成或改进某一绩效的产出，他所要做的一切就是安排合适的培训作为投入。图 15.1 显示了这种狭隘的绩效观。当人力资源开发部人员持此绩效观时，他们在接到培训请求时就会说："你说对了！你何时需要培训？你有预算做多媒体式的培训吗？"

知识/技能　——→　Ｘ　——→　绩效

图 15.1　绩效"真空"观

遗憾的是，绩效的世界并非是简单地投入技能和知识，就能产出绩效的。这个现实引发出第二种绩效观，即系统观，系统观的核心就是本书的主题：绩效 9 变量。在系统观中，人力绩效：

● 是岗位层的一项功能，它定义了岗位产出，并且人力绩效系统 HPS 为员工建立了其工作的环境

● 是流程层的一项功能，它定义了工作流

● 是组织层的一项功能，组织战略给出了方向，组织配置确定了员工工作的组织结构

每位受训者（或潜在受训者）都是执行者，他们在绩效 3 层面发挥作用，并受绩效 9 变量的影响。正如表 15.1 所示，技能和知识（培训所能提供的全部）只是绩效 9 变量中的一小部分。没有绩效 3 层面的视野，培训往往会在没有切实需求时举办。即便是有切实需求的培训，如果没有人力绩效系统 HPS 的支持、没有工作流程的支持、没有战略与组织结构的支持的话，培训仍会必然地失败。

系统（3 层面）观对于人力资源开发 HRD 职能具有特殊的意义，主要因为培训是管理者乐于采用的绩效改进解决方案之一。

组织往往要求人力资源开发 HRD 职能通过小的撬杠来启动重大组织变革，如表 15.1 中的阴影部分所示。从绩效 9 变量的视野来看，岗位绩效是岗位目标、岗位设计和岗位管理的职能，而技能与知识仅仅是 6 要素之一。在 30 余年的经验之中，我们极少见到岗位绩效问题能藉由技能和知识培训一个要素获得明显改进的。高管必须要么为 HRD 提供更长的撬杠，要么认同 HRD 对组织绩效的影响尽管十分重要但却非常有限。

表 15.1　绩效 9 变量中的培训角色

绩效需求

绩效层面	目标	设计	管理
组织层	**组织目标** • 组织战略/方向有否明确表述并沟通？ • 就外部威胁与机会以及内部优势与劣势而言，该战略合理吗？ • 现有战略确定并充分沟通出了组织产出及各产出的绩效水平吗？	**组织设计** • 所有相关队员能否全部到位？ • 所有职能都不可少吗？ • 现有职能间的投入产出关系都合适吗？ • 正式的组织架构能支持战略并强化整体效率吗？	**组织管理** • 有否设定合适的职能目标？ • 与目标相应的绩效测评指标有否设定？ • 资源配置合理吗？ • 职能间的接口实施管理否？
流程层	**流程目标** • 关键流程的目标与客户/组织需求挂钩否？	**流程设计** • 本流程是达成流程目标的效率最高/效能最优的流程吗？	**流程管理** • 流程合适的子目标有否设定？ • 对流程绩效实施管理否？ • 为每个流程配置了充足的资源吗？ • 对流程步骤间的接口实施了管理吗？
岗位层	**岗位目标** • 岗位产出与流程标准（进而与客户和组织需求）挂钩了吗？	**岗位设计** • 流程需求反映到相应的岗位中吗？ • 岗位的工作步骤符合逻辑顺序吗？ • 为岗位开发了支持性的方针和操作程序吗？ • 工作环境符合人体工程学要求吗？	**岗位管理** • 操作者理解岗位目标（所期望产出的标准）吗？ • 操作者具有充分的资源、清晰的指令和优先级和符合逻辑的岗位设计吗？ • 操作者是否知道自己有否达成岗位目标？ • 操作者是否具备达成岗位目标所必备的知识与技能？ • 若以上五个问题的回答为 yes，操作者的体力、智力以及心理能力能否支持其达成岗位目标？

3 层面绩效的内容及工具对人力资源开发 HRD 的所有领域都颇有意义。我们将用本章接下来的篇幅来探讨一下四个领域：

- 确定培训与人力资源开发需求
- 设计培训
- 评估培训
- 设计与管理人力资源开发 HRD 职能

确定培训与人力资源开发需求

我们的基本假设是人力资源开发 HRD 属绩效改进工作。在规划与实施人力资源开发 HRD 的介入时，必须回答一个问题，就是"这个行为会如何影响组织绩效？"

HRD 可以通过两个途径发现培训需求：被动（响应培训请求）和主动（实施组织培训规划、通过培训来满足组织需求）。3 层绩效方法能帮助识别被动的和主动的培训需求。

响应培训需求

当对一个培训需求作出响应时，HRD 专业人员必须意识到，请求者很可能并未进行过深入的分析，甚至很可能不知道培训对绩效改进的局限性。他所知道的全部就是感觉到"疼痛（Pain）"。人力资源开发分析师的一项主要工作目标，就是要了解培训请求的绩效背景。只有通过了解，才能确定哪些培训是适合的，以及培训应达成哪些具体目标。

如图 15.2 中的 A 部分所示，对培训请求的理想的响应流程应该是

"由外而内"的。它开始于组织层，经由流程层而到岗位层。有时，政治因素会阻止人力资源开发分析师从组织层开始分析，在此情形下，我们建议采用次理想（但仍然是基于绩效）的"由内而外"的流程，如图 15.2 中的 B 部分所示。

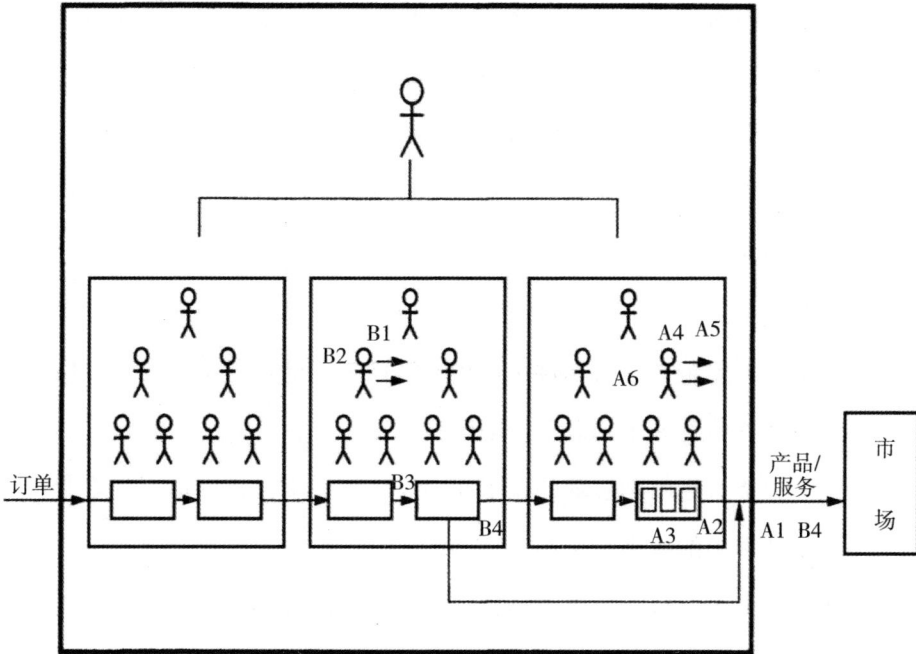

图 15.2 培训需求分析的两种方法

A——理想
A1. 组织或部门的哪些绩效不达标？
（是什么让你认为有培训需要？）
A2. 哪个流程影响这个绩效？
流程的什么产出不达标？
A3. 流程的哪个步骤"断流"？
A4. 组织中的谁影响关键流程步骤？
A5. 这个关键执行者的哪项期望产出不达标？
A6. 产出不达标的原因是什么？

B——有时必要
B1. 哪个期望产出不达标？
B2. 产出不达标的原因是什么？
B3. 哪个流程和步骤受这个不达标产出的影响？如何影响的？
B4. 不达标的流程绩效如何影响职能和组织绩效的？

理想的需求分析流程更趋向于掌握培训请求背后的问题，并更趋向于发掘培训所不能满足的绩效需求。然而，它会有更多的风险，因为相较正常的 HRD 职能而言，它"捞过了界"，它还会更耗时。而"有时必要"的方法尽管不很耗时，且较少反文化，但它往往不能很好地满足组织需求。因为，一旦人力资源开发分析师证实了培训需求进而着手开展下步行动，他就被框定在一种假设之中，就是，有培训需求的发起人所确定的培训对象就是最大的绩效改进机会之所在。

为描述理想流程，让我们考察一个培训请求。雪伦·菲芬是财产事故处理公司 PCI（第 8 章中谈及过，名字虚构）的副总裁，她要求 HRD 部门总监史蒂文·威纳比设计一个综合的培训项目，培训现职的理赔代表。雪伦告诉史蒂文，这个理赔代表的培训是自己本财年的高优先级的工作，也从运营预算中划拨了一笔经费。

如果史蒂文经由副总裁的要求而引发培训需求分析的话，他多半会使用以下技术中的一个：

• 培训需求调查，要求理赔代表和他们的经理确定理赔工作所需的知识与技能

• 胜任力研究，要求由理赔代表和经理组织的小组确定有效的理赔代表所必须具备的通用胜任力（分析能力、计算能力、口头与书面沟通能力）

• 任务分析，由有能力的理赔代表提供一份日常工作的任务清单

使用三种方法中的任何一种，都比没有需求分析而设计一个培训计划要强。诚然，这些方法都采集真实信息，都可以快速且经济地达成，甚至都对史蒂文而言零风险。但是，这些方法有着一个共同的缺陷，就

是它们与组织产出、流程产出、岗位产出都没有挂钩，而对理赔代表这个职位而言，有产出才是自己存在的理由。对于 PCI 公司指望理赔代表努力达成的产出而言，知识与技能、胜任力、任务都属"投入"。

如果史蒂文被要求为理赔代表开发一套入门级的培训的话，这三种技术就会起误导作用，因为它们都不聚焦于绩效产出。在此情况下，史蒂文的定位错误，会比被误导更糟。乐观地说，会很浪费；悲观地说，会很危险。因为副总裁要求为现职理赔代表培训，我们有理由假设她是想要改进当前的绩效。经这三个需求分析技术所得出的课程或培训或许会确定培训要求背后的、真实的绩效需求。或许资料翔实的培训确实涵盖了理赔代表的大部分工作，但会不会这些工作，代表们本已做得够好了呢？这个给理赔代表的培训能解决雪伦所关注的问题吗？理赔代表的工作是问题之所在吗？真实的绩效需求到底是什么？如果史蒂文采用图 15.2 中 A 部分所显示的理想方法的话，他将：

1. 在组织层，识别关键业务问题 CBI——副总裁关注的绩效问题或机会。已经处理过了的理赔案有太多错误，从而导致赔付对象投诉并大规模地返工？赔付金额过高？雪伦在 PCI 公司的理赔处理时间上看到了建立竞争优势的机会？

2. 在流程层，识别对关键业务问题 CBI 影响最大的业务流程，假定是理赔裁定流程吧。

3. 运用流程图（参见第 4 章）模板，绘制理赔裁定流程并识别流程各个步骤中的实际绩效与预期绩效的差距。

4. 针对绩效差距最大的流程步骤，识别对该步骤绩效影响最大的岗位。或许这些岗位或是理赔代表，或是理赔主管。

5. 理出一个针对理赔代表和理赔主管的预期产出清单。找出不达标的产出。

6. 识别不达标产出的成因。可能的成因（在第 6 章深入分析过）包括缺失或不明确的绩效说明、任务接口、缺失或不相符的结果评价、缺失或不明确的反馈、知识技能缺乏、个人能力缺乏。

史蒂文或许会仅就知识和技能实施培训。理想地，他应该享有在非培训领域（环境方面）倡导变革的特许权。

在这个 6 步流程（第 9 章所述的 14 步绩效改进流程的浓缩版）中，史蒂文最有可能去视察业绩最好的理赔办公室（按与关键业务问题 CBI 相关的测评指标评价）以及其它的两到三个理赔办公室。在每个办公室，要通过访谈办公室经理、业绩好的与业绩差的理赔主管和理赔代表来收集相关信息。

PCI 公司的培训要求确实是由保险公司的高管提出的。幸运地，史蒂文安排了一个绩效 3 层面分析。结果发现，与公司关键业务问题 CBI（超额的赔付）相关度最高的岗位竟然是理赔主管岗。因此，理赔代表不仅不需要培训，而且也不是绩效改进的最大机会点。理赔主管则需要改进自己的两个产出：理赔界定和指派理赔代表处理理赔案。培训只是解决方案的一部分，而最为必要的是一套测评与反馈系统。如果 HRD 总监对运营副总裁的要求无条件地执行的话，他或许会弄出针对理赔代表的一套令人印象深刻的培训方案——令人印象深刻的浪费方案。

主动式人力资源开发规划

人力资源开发 HRD 专业人员当然无法对培训请求置若罔闻，但也不能只受培训请求的驱动。超越纯粹被动响应模式的方式可以是组织制定一个人力资源开发 HRD 计划。制定流程是：

1. 识别主要客户（按事业部或部门来分，指定各组织的高管为联络人）。

2. 与客户联络人一起设计 HRD 计划。首先，确定客户组织预期的未来 18 个月内的运营需求。这些需求应基于事业部的战略，或部门对战略的贡献度。根据这些需求，确定能满足需求的培训。这个计划要明确 HRD 职能与客户双方为达成计划所要做的工作清单。

3. 将所有事业部的 HRD 计划汇总为 HRD 职能的计划与预算。

4. 每 6 个月与客户共同检核计划进度。

5. 年终与客户总结进度并调整下年度计划。

如果有计划外的培训请求，HRD 专员应与客户联络人讨论是要增加或是替换计划中的内容。若是加项，可与客户就所需资源商议。

即便 HRD 职能只允许介入培训领域，这个简单的规划流程也能就客户的长线需求而得出任务优先级。这个规划流程能将需求放置在公司整体绩效背景之中，令 HRD 部门能基于更踏实的公司立场来做资源决策。

设计培训

"真空"绩效观会导致"主题驱动"人力资源培训与开发。这样，设计出来的培训项目则倾向于考虑当前的热点主题，或对培训真实需求的臆断。

关于"主题驱动"式培训，有一实例。HRD 部门被要求培训一大批新人。这批人的工作是做失业补助申请人的面试官。培训设计工作指派给了培训专员马修。首先，他确定与面试官相关的主题领域。在考察了现有的关于面试技术与面试心理的知识体系后，马修确定将面试技术作为主题领域，包括开发提问的问题类型、提问和质疑技巧以及回答解析。在探索面试心理时，他又发现了一个主题领域，就是应试者的行为及个性标志。经过对大量的明显与该主题相关领域的研究之后，马修开发出了一个含大量视频和角色扮演练习的 3 天培训。

作为比照，3 层面绩效观则会引向基于之前描述的需求分析法的所谓绩效驱动式人力资源培训与开发。绩效驱动培训设计（十分符合教育学的"目标参照评价教学 Criterion-Referenced Instruction"或"学习者控制的教学 Learner-Controlled Instruction"技术）所建议的方法在下边的例子中来表述。教育专员格雯负责为新入职的面试官设计面试培训。她首先确定这些新的面试官期望在岗位中做些什么。具体来说，她识别出所有要求面试官必须做出的决定，特别是就一个典型面试做出的最终决定（产出）。通过这个分析，格雯了解到，在任何情况下，面试官的产出就是确定被试者下一步去哪个办公室。有四种可能性：办公室 A，申请者将收到失业救济；办公室 B，申请者将被推荐工作（因为他们具备工作能力，而不符合救济要求）；办公室 C，接受心理辅导（因为申请者有妨碍就业的心理问题）；办公室 D，由主面试官面试（因为申请者表现出特殊问题或明显不属于前三个办公室）。基于这些信息，格雯总结出，新面试官的任务主要就是某种归类或分类工作。工作要求他们决定申请人该去哪个办公室。因此，她决定培训的主题应该包含如下几步，按序排列为：

- 4 个决策选项

- 每个选项的标准（进入各办公室的条件）

- 基于选项标准进行决策所需信息

- 挖掘所需信息的提问技术

作为成果的 1 天培训既不需要精致的制作，也不需要昂贵的多媒体。这个培训就专注于教会面试官区分各种申请者并指引他们分别去适合的办公室而已。

毋需详尽而全面的正规分析，格雯就明晰了绩效 3 层面：她明确了组织对面试官的要求；她考察了面试流程，并据此信息，识别了任职者应具备的知识与技能。与马修不同，格雯让她按组织的真实状况来驱动课程主题。格雯的课程设计是基于绩效的。

评估培训

在真空中评估培训必定是浪费时间的。一个培训方案应该有表述清晰的学习产出、适合的教学媒体、优质的资料和有效的教学。但如果培训指向了错误的绩效领域，没有强化结果评价和反馈，没有设计完好的工作流程支持，或未与组织发展方向挂钩的话，它就不值得投资。依照典型的评估方法，一个工作坊（Workshop）课程有可能在该企业申请破产保护（Files for Chapter 11 Protection）的同一个星期荣获教学设计大奖。作为对比，基于绩效影响性的培训评估绝不允许任何一个课程是

"看上去很美"，但对公司绩效却起不到显著影响。

图15.3 显示了嵌入我们的基本体系框图的4类评估。4类评估都很有效。那些受学员欢迎、教所需教、提供岗位所需技能，还提供可对组织起到积极影响的技能的课程才算是理想的课程。但，大部分的评估都只属类型 I 或类型 II，都限于最为重要的绩效的上游。而绩效影响性评估则聚焦于类型 III 与类型 IV。

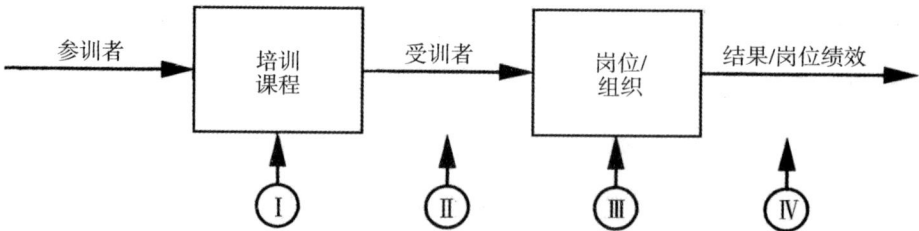

图 15.3　四种评估类型

I 类：参训者对课程感到高兴吗？
II 类：培训课程传授了概念吗？
III 类：概念被用在岗位工作中了吗？
IV 类：概念的运用对组织有积极影响吗？

绩效影响性评估的一类应用是帮助避免或取消不必要的培训。例如，如果一位工程总监要求针对撰写报告举办一个工作坊，那么，如何评估参训者的满意度（一份反应反馈调查问卷）和学习（一份考卷），就要清晰明确。如果培训请求者并不能确定写作技能是否能运用于本职工作，甚至，更为重要的是，并不能确定它对工程部的绩效是否有帮助的话，这个培训就会是个问题投资。

绩效影响性评估的另一类应用是，确定管理层需要支持的培训领域。例如，有关质量控制的培训应该能相当简单地用类型 I 和类型 II 来评估。就已经讨论过的类型 III 和类型 IV，HRD 专员和客户该意识到，如果管理层不采取行动支持质量控制技术的使用（通过提供资源和奖励）的话，基本是世界最好的培训对绩效也无济于事。

如果 HRD 分析师确定了培训需求，则评估（尤其是类型 IV）就不会暴露出什么问题。因为培训需求直接反映了已记录在案的组织绩效问题和机会，该培训可根据其对问题和机会的影响来接受评估。在图 15.2 的 A 栏所显示的问题为绩效影响性评估提供了一个思考框架。

设计管理人力资源开发 HRD 职能

用 3 层面绩效方法来确定培训需求、来设计培训、来评估培训，就能启发出一个不同类型的人力资源开发 HRD 部门。事实上，这类的人力资源开发职能可将自身从一个培训运营部转型成为组织的绩效部门。

绩效部门与传统的培训职能有许多的不同，其员工：

- 明白自己的使命是改进绩效，而不是提供知识与技能。

- 只实施与组织绩效需求相关联的培训和人力资源开发。

- 只针对其工作受环境支持的受训者提供培训和人力资源开发。

- 根据对组织绩效需求的贡献度来评估培训与人力资源开发。

- 实施"后培训诊断"以及"开发-需求匹配"分析。他们有能力、有兴趣发掘非培训相关问题，如任务接口、糟糕的反馈，以及不受支持的结果评价。

- 对培训与开发和非培训与开发提供方案建议。

- 理解公司的 3 层面绩效及绩效 9 变量的影响力。

● 理解部门就是一个商业实体，必须当商业实体来运作。

我们展开最后一条，绩效部门应该是一个组织子系统，它遵循第 1 章所描述的系统论的规律。作为一个商业实体，它也该有清晰的战略（包括具体明确的产品服务与客户识别），该战略还要与全组织范围的战略挂钩，它还要合理构造以作为绩效商业实体来运营，其子功能在于需求的分析、设计、开发、交付和评估。图 15.4 显示了作为一个绩效部门的职能部署。

你不必从图 15.4 去推断一个绩效部门必须有起码 20 个员工，因为一个员工可以承担多个职能。事实上，类似图 15.4 的一个部门最少靠 3 个员工就可以开展工作。

从组织层具体到流程层，我们可以看到绩效部门含有传统的培训流程：课程开发流程、课程交付流程和课程评估流程。然而，它还包含有组织需求分析、流程需求分析和岗位需求分析的流程，以及非培训介入类流程（测评系统设计、反馈系统设计、结果评价系统设计）。

在岗位层，绩效部门的岗位工作包括：分析、设计、规划、评估及咨询，还有开发和交付职责。最后，绩效部门的经理要创建一套人力绩效系统 HPS 以支持整体绩效使命。因为部门经理需要绩效部门员工找出绩效改进机会并设计多种解决方案，他自然不会仅用"课时数"来考核员工。

坦率地说，我们并不在意绩效部门的角色是由 HRD 部门来承担还是由其它谁来担当。我们之所以聚焦在 HRD 上主要是考虑就专长及成套服务而言，它具有天然优势。但是，我们曾服务过的几个组织，其 HRD 都只充当传统的培训角色，而综合全面的绩效诊断与改进工作却是另外一个独立部门的使命。

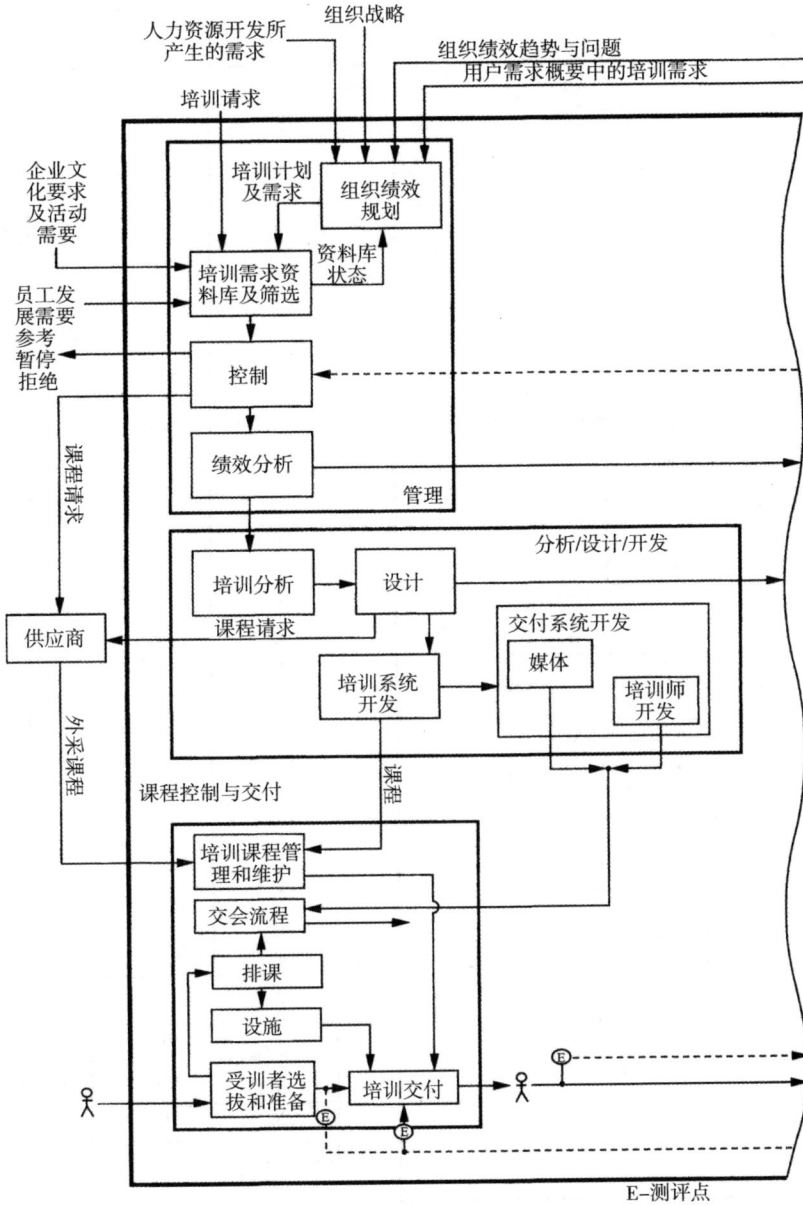

图 15.4　面向绩效的培训职能模型

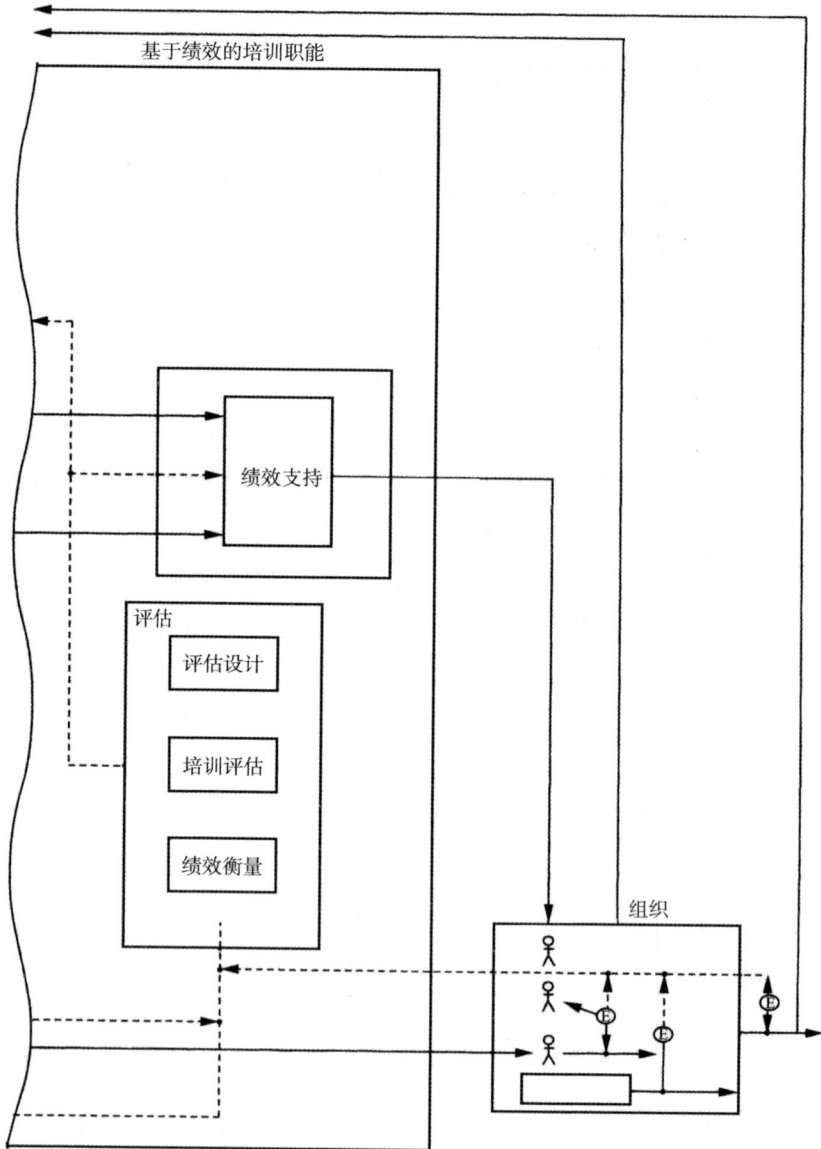

图 15. 4（续）

小结

我们确信，一个组织中，唯一堪当绩效部门的就是人力资源开发 HRD 职能（起码是基于绩效的 HRD 部门）。为体现基于绩效 3 层面的系统观，而非受限定的、可又适得其反的"真空"观，绩效部门要意识到培训只是一根很小的撬动世界的杠杆，无论支点放在何处。绩效部门的员工更应该在绩效 3 层面的各层识别需求并评估贡献。他们应该如同在教室里一般自在地在组织层、流程层和人力绩效系统的非执行部分执行绩效工作。他们应该是可靠的、能为公司的竞争优势做出突出贡献的商业人士。

第 16 章　开发绩效改进行动计划

千里之行始于足下。

——老子

假如你相信组织系统观的确能够体现完成工作的方式；你也决意要去管理所辖系统的每一个部分；你也赞同在诸如战略制定与实施，质量/生产力/生产周期/成本改进，以及组织设计等全面而大量的工作中，绩效 3 层面该被当做核心工具来使用；你也立志将绩效 9 变量中的问题作为你管理系统的基础。此时，你或许会迷惑，你最大的问题最可能是："我该如何开始？"

一种开始的方式是发起一个 3 层面绩效项目。在组织成员广泛认同将 3 层面绩效作为生活与工作的方式之前，绩效 3 层面本身首先必须证明自己"物有所值"。让它产生短期效果和展现远期潜力的最佳途径就是从战略入手，将 3 层绩效工具用于解决你组织当前所面对的战略问题。下列各步骤表示一个初始的 3 层绩效工作。依循它表述的顺序，你就能制订出行动计划。在以下表述中,"你"被定义为组织高管,组织则指整个企业或其中任何一个实体部分。

步骤 1:组织层

我们以开发业务战略为开端。战略开发并非一定要花 6 个月之久,它也许只消几个小时来确定或是更新愿景和方向。若你与同事间尚未就第 7 章所列问题的答案达成一致的话,那么,任何的改进工作都将会在方向性错误的风险中展开。

战略一旦厘清并更新,我们建议实施在第 9 章的阶段 0 所述的改进计划。这项工作中,战略和"超系统"图(参见第 1 章)能帮助识别若干关键业务问题 CBI,这些 CBI 其实就是消除竞争劣势、建立竞争优势的机会点。

阶段 0 还将帮助识别几个流程,这些流程一旦被改进,就能对具最高优先级的 CBI 起到最重大的影响。

尽管你可以从自己感到得心应手的那些机会点着手,但你要抵住诱惑,不要拣容易或小的问题来验证方法行不行得通。绩效 3 层面工具可以解决任何复杂问题。事实上,它对多面性问题最有效。这个方法在你将它运用于重大问题时才体现出真正的价值。

步骤 2：流程层

在确定了 CBI 和流程之后，我们建议你启动一个流程改进项目 PIP。一个 PIP 起始于阶段 1，此时，你和你的高管团队已经确定了项目的目标、角色以及边界。阶段 2 由高管和流程执行人员共同参与，绘制并分析当前流程。进而流程将被再设计（与阶段 1 的目标要求的时间彻底一致）、流程指标将被开发出来。阶段 3 则生成具体详细的行动计划和实施步骤，它包括了所有 3 个绩效层面的所有行动。

阶段 1、阶段 2 和阶段 3 的步骤及工具都在第 9 章描述过。

步骤 3：岗位层

阶段 3 的一个关键工作，是要识别出对步骤 2 所设计出的改进后流程的成功实施至关重要的那一个或多个岗位。流程小组（与岗位任职者及其主管一道）要描述新的流程对每个岗位所要求的产出和目标。随后，要求团队确定，就这些岗位而言要对任职者提供哪些环境支持。

我们建议你使用在第 12 章推荐的岗位模型来明确岗位产出和目标。然后使用第 5 章中的人力绩效系统 HPS 所列举的问题来厘清支持新岗位职责所需要的资源、反馈、奖励和培训。

这个 3 步流程将使参与者和其它人看到采用绩效 3 层面方法的好处。他们将学会运用其中的关键工具——职能关系图、流程图和岗位模型以及人力绩效系统 HPS 来解决组织面对的关键问题，并为组织绩效的持续改进（参见第 13 章）奠定基础。

但，我们不希望你认为 3 层绩效方法只能"打包运用"才有效。对"我该如何开始？"的第二种回答是，通过将一到两个 3 层绩效工具运用到一个具体应用之中。除了之前所述（特别在第 9 章）的复杂项目之外，许多组织曾将单个的 3 层绩效工具以如下的方式成功运用：

● 某通信公司运用职能关系图和流程图对整个组织实施校正，强化了对客户的关注。

● 某电子制造公司运用职能关系图和流程图来图示化及强化其美国总部与海外分公司长期以来的疏离关系，使经营业绩在 3 年内翻了两番。

● 某航空公司运用职能关系图作新员工培训，使新晋员工迅速知道自己在整个公司中的位置。

● 某造纸厂运用组织绩效指标、流程绩效指标和岗位绩效指标使从厂长到操作工的全体人员统一了方向，劲往一处使。

● 某消费信贷公司运用角色/责任矩阵和岗位模型明确其分店经理的职责；而另一家有 1400 个摊档的零售机构同样运用这两个工具明确其 4 级管理层的职责。

● 某出版公司运用人力绩效系统 HPS 诊断并消除销售人员高流动率的问题。

● 某政府机构将岗位模型和人力绩效系统作为其绩效评估体系的基础。

小结

我们的卷宗里保有 30 余年来咨询的超过 200 宗绩效改进项目的数据。它们都包含 3 层绩效工具从宏观（某国际电子公司通过实现快速交付来建立竞争优势）到微观（某快餐公司改进机器操作工的绩效）的应用。我们还不断地发现，3 层绩效方法还被高管、中层经理和绩效分析师这三类用户用做：

- 诊断和解决绩效缺陷的一套工具
- 驱动持续改进系统高效运行的引擎
- 指引组织新方向的路线图
- 设计新组织实体的蓝图

然而，3 层绩效改进方法并非不仅限于介入特定主题。这套工具可以让经理及普通员工引入许多的文化变革，这些变革被谈论的多，但被系统实施的少。这些文化变革包括：

- 确保客户导向是所有行动的驱动因子
- 通过目标绩效测评建立责任机制
- 极小化部门冲突
- 导入并实施参与式管理
- 创建既追求更佳绩效，又注重高质量工作生活的工作环境

我们相信，即便是最佳的管理类书籍，能让读者掌握的观念和工具也是有限的。所以，我们曾讨论过的最重要的观点在于：

- 组织按自适应系统行事。为有效、敏捷和主动地适应快速变化的环境，系统所有的部分——投入、流程、产出和反馈——都要获得有效

的管理。

● 组织的战略有效性和运营有效性都是 3 层面绩效——组织层、流程层和岗位层绩效的产物。由此，每个绩效改进活动，都可透过绩效 3 层面这个镜头窥视得到。

● 3 个绩效层面必须满足 3 大绩效需求——目标、设计和管理。疏于管理绩效 9 变量，必然会导致全盘业务管理的失败。

● 跨职能流程对任何业务的质量、生产力、周期时间和成本至关重要。

● 对员工的管理应含对其人力绩效系统 HPS 各部分的需求的识别。

● 在 3 层面绩效的每一层，都有相应的工具用来记录、分析和改进绩效。

我们是绩效改进的践行者，我们只对能帮助我们拿到成果的理论感兴趣。我们发现 3 层绩效框架为我们提供了绩效改进的整体理论。更为重要的是，它还带给我们一系列的工具。

我们在本书中所描述的方法并不是个一招制敌的速成法。我们尚未遇到过一个毋需前面所述的投入便可给组织带来全面而持续改变的利器。3 层绩效观将使你能更好地理解你的组织和影响你组织绩效的各个变量。以此理解为基础，你便能运用 3 层绩效技术来导入自上而下的绩效改进。我们相信你能战胜那个挑战。

关于作者

吉尔里·A. 拉姆勒（Geary A. Rummler）是 RBG 咨询（Rummler-Brache Group）的创始人。他于 1959 年获学士学位，1960 年获 MBA 工商管理硕士学位，1971 年获密歇根大学博士学位。

在创立 RBG 咨询之前，拉姆勒在 Kepner-Tergoe 战略咨询集团（Kepner-Tergoe Strategy Group）任总裁，Kepner-Tergoe 战略咨询集团是战略决策方面的专业咨询公司。他还与人共同创立了 Praxis 公司（Praxis Corporation），并任总裁。Praxis 公司是人力绩效分析与改进领域的创新者。他还与人共同创立了密歇根大学工商程序化教学中心（University of Michigan's Center for Programmed Learning for Business），并担任主任。

拉姆勒是将教学技术与绩效技术运用于组织的开拓者，他将这方面的实践经验用于解决组织效能问题。他的客户，属私立机构类的，有飞机公司的销售、服务、制造部门，汽车、钢铁、食品、橡胶、办公设备、医药、通信、化工，以及石油业。他还为如美国国税局、社会安全局、住房与城市发展部、审计总署、交通部等联邦机构提供专业咨询服务。他的研究与咨询工作遍及欧洲各国、日本、韩国、马来西亚、中国和墨西哥。

拉姆勒出版了主题涉及从劳工关系到培训系统开发的多种专著，他的文章还出现在大量的专业类和管理类期刊和手册中。他还是《培训与开发：专业人士指南》的合著者（1988，与 G. S. Odiorne 合著）。

作为培训研究论坛（Training Research Forum）的会员，拉姆勒还担任美国绩效与培训协会主席，拉姆勒还是美国培训与开发协会研究与战略规划委员会成员、《培训》杂志编委。1986 年，拉姆勒成为第七位入选美国人力资源开发名人堂（Human Resource Development Hall of Fame）的名人。

艾伦·P. 布拉奇（Alan P. Brache）是 RBG 咨询的合伙人、总裁兼 CEO。在过去的 7 年中，他的顾问咨询、培训和写作都聚焦在流程改进与管理（Process Improvement and Management）方面。流程改进与管理是一种方法论，它通过识别、建档、分析、设计、测评及持续改进业务流程（Business Process）来实施战略和解决组织关键问题。布拉奇的近期工作都在将流程改进与管理作为工具去做组织战略实施、设计组织测评体系、为组织建立持续改进的基础架构、将流程改进与管理运用于全面质量管理、标杆分析、ISO 9000。

在 1987 年加入 RBG 咨询之前，布拉奇在 Kepner-Tergoe 战略咨询集团工作了 9 年，担任过产品开发部副总裁和战略部技术总监。

布拉奇曾为分布在 16 个国家的公司提供咨询服务，他定期在美国及国际协会与会议中发表演说、演讲。

321

RBG 咨询是一家研究及咨询机构，致力于为商业组织和政府机构提供组织绩效系统设计与开发咨询，在阿根廷、巴西、加拿大、智利、中国 、哥伦比亚、丹麦、芬兰、法国、德国、爱尔兰、墨西哥、新加坡、瑞典、瑞士、英国和美国都开展业务。RBG 主要为制造业与服务业的大中型企业提供咨询服务。客户涵盖电子、银行、通信、办公家具、石化以及消费品公司。RBG 根据项目对客户质量的改进、成本的削减、和/或周期时间的降低来评估自己的咨询效果。RBG 不仅基于项目结果，而且基于客户将 RBG 方法论在组织中体制化的程度，以及客户将自身组织转型成为流程化企业的程度来评价自己与客户的成功。

RBG 为客户提供一套技术、一套工具集、一套经验库和一套引导（Facilitation）体系，而非仅仅提供特定学科的知识内容和专家意见。RBG 方法论已经被应用于从产品开发、订单执行、采购、分销到招聘、专利申请、规划、法律服务响应等领域的流程之中。这套方法还被用于改进特定行业的流程，如抵押贷款、银行的信用卡处理、通信的拨号音配置以及消费品的贸易促进流程等。

RBG 认为，外部顾问只能提供工具、经验、最佳实践和洞察力，而客户自身必须为变革与结果负责。为达成项目目标，RBG 会与客户的内部团队一起工作，在咨询以外，通过系列培训来强化客户内部团队的能力，使客户最终能扔掉咨询公司这根拐杖，实现"自给自足"。

访问 www.RummlerBrache.com 网站可与 RBG 咨询取得联系。800-992-8849 cservice@ RummlerBrache.com

教学参考

第三版 *Improving Performance：How to Manage White Space on the Organization Chart* 的教学参考按章节专为高校教学提供参考材料。该教学参考有别于且也不是以拉姆勒-布拉奇针对公司的"流程改进和培训认证工作坊"为基础的。(参见本书第9章中的步骤2项目定义部分"有关拉姆勒-布拉奇培训的更多资讯。") 读者可通过登录 www.wiley. com/go/college/rummler 免费浏览和下载教学参考。

各章内容概要

第1章将传统的职能化组织观（以组织结构图为代表）与更直观且更有用的系统化组织观来进行对比。我们还描述了若要建立一个具有竞争力、适应性强（反应迅速且积极）、关注持续绩效改进的组织，那么就必须要管理好哪些系统构件。

第 2 章介绍了绩效 3 层面以及影响组织效率与效能的绩效 9 变量。针对 3 层面中的每一层，即组织层、流程层和岗位层，描述了 3 个绩效需求，即目标、设计与管理。同时，还展示了高管层、经理与分析师们应怎样运用这 3 个绩效需求。

在接续三章的每一章里都单独深入介绍了绩效 3 层面中的每一层。在第 3 章中还提供了一系列的问题，用于诊断组织层的目标、设计与管理的效能。同时，还通过列举一间公司来说明，怎样具体使用这一系列问题，以及如何应用关系图作为了解和改进组织层绩效的一个工具。

第 4 章针对组织向客户提供产品与服务的跨职能流程，为读者提供了用来了解和改进跨职能流程的目标、设计与管理的一些工具。另外，还继续借由第 3 章中列举的这家公司。

来展示如何应用流程图这一方法，用于达成这一绩效层面的需求。

第 5 章用在第三章列举的组织来探索人在改进组织绩效和流程绩效方面的角色作用。展现了人力绩效系统 HPS 是了解和满足员工个体与工作群体的绩效需求（目标、设计与管理）的一个工具。

接下来的几章讨论了大多数北美企业将组织系统观和 3 层面框架运用在当前所面临的，各种各样的绩效改进机会中。第 6 章明确了组织的高管层为了能够制定出清晰的、切实可行的战略，怎样运用系统观来回答全部 11 个必答问题。接着还展示了绩效 9 变量怎样帮助实施既定战略。

通过列举 4 个案例，第 7 章展示了一旦质量、效率、周期时间、客户导向及文化的变革活动无法与绩效 3 层面的各层面都建立紧密的关联，那么，所有这些努力都将注定徒劳。接着还举了两个例子，展示它们是如何通过与各绩效 3 层面全方位挂钩，而使绩效改进颇为受益的。

第 8 章为人力资源从业人员、工业工程人员和系统分析师们提供了用于诊断组织绩效需求的，非常全面的一个流程，使他们在给出诸如培训、重组结构或开发管理信息系统之类的解决方案之前，可以先运用这一流程来诊断组织的绩效改进需求。本章结合了一个具体的案例，对这一绩效改进过程中 14 个步骤中的每一步骤都进行了阐述。

第 9 章与第 10 章描述了如美国电话电报公司（AT&T）、卡特彼勒（Caterpillar）、通用电话与电子公司（GTE）这样的公司应用流程绩效方法体系，从而改进了产品/服务质量、客户满意度并减少了周期时间及运营成本。第 11 章描述了我们所曾目睹的，组织在流程再设计方面导致回报锐减的诸多陷阱。

测评绩效以及设计一个绩效管理系统正是第 12 章的核心内容。本章论述了围绕绩效 3 层面，应当建立什么样的测评系统，为什么要建立测评系统，以及怎样建立测评系统。并且举例说明了将建立测评系统、开发绩效跟踪系统以及应用测评系统来作为绩效的规划、反馈、绩效改进与奖励的基础。

第 13 章描述了当流程经重新设计以后，如何运用测评来作为持续管理流程的基础。展示了如何将流程管理实践融入企业范围内的“将组织作为系统来管理”。本章向读者们形象地描绘出，系统观下的组织文化与传统等级的组织文化之间存在哪些差异。同时，也为诊断他们所在组织系统的有效性提供了一系列问题的清单。

第 14 章展现了一个用于设计组织架构的 9 步骤流程，使得组织架构可以支持而不是抑制有效地为客户提供满足其需求的高品质产品及服务。以一间样本公司为例,应用关系图和流程图(在第 3 章和第 4 章中介绍的),为其设计了切实可行的组织架构。

第 15 章透过我们与人力资源部门专业人士一起工作的经历,展示了此 3 层面方法怎样能够帮助这些专业人士为组织绩效带来更为持续的贡献。同时,也描述了怎样将此 3 层面工具运用到需求分析、培训设计和评估,以及他们如何将培训职能变型为组织的绩效部门。

最后一章描述了 3 层面项目启动所需的一个 3 步骤流程。还举例说明了如何通过分别应用 3 层面工具的每一层,来解决具体的问题,并帮助建立一种客户导向、积极参与、规避矛盾、责任为重的组织文化。

本书第三版有何不同之处?

对于熟悉本书先前版本的读者来说,第三版有以下不同:

● 新增第 9 章和第 10 章。在这几十页的内容中,包含了大量对流程改进项目极其有用的,且经实践验证有效的工具。

● 其余各章的内容仅稍作了适度修改。

译后记

　　读书人虽奉行"行万里路，破万卷书"，但窃以为，读书破万卷，不如精研一两部。读者手上的这本书，就是一本值得读透、参通的经典著作。史上的流程改进革命由它而发动。它在国际咨询界被尊为"流程圣经"。

　　本书是世界流程改进与管理 BPM/BPI 的开山之作。但国内的流程咨询界，甚至是流程顾问大多不甚了解这本书，也不了解两位流程教父拉姆勒博士与布拉奇先生。原因除了两位大师十分低调之外，还与这本书的书名 Improving Performance：How to Manage White Space on the Organization Chart 未曾有"流程"（Process）二字有关。

　　论渊源，这本书属绩效技术领域专著，其姊妹篇 Serious Performance Consulting According to Rummler 还作为国际绩效促进协会 ISPI（International Society for Performance Improvement）的出版物由 Wiley 出版公司出版发行。正是在本书的两位作者拉姆勒博士和布拉奇先生对组织与人力资源绩效的深入研究，发现了流程作为连接组织绩效与个人绩效的纽带、作为连接组织战略目标与个人业绩目标的链条，在组织绩效改进方面具有举足轻重的地位之后，管理咨询界和企业界才开始给予流程越来越多的关注与重视。

本书的经典之处在于：

● 它不为流程而谈流程，它为组织绩效而谈流程。

● 它给出了迄今为止仍然最系统、最科学、最完整的流程方法论、流程工具集和流程项目管理体系。

● 它虽然阐述的是方法论，但理论依据则是 20 世纪经典三论：系统论、控制论和信息论。它运用系统论与控制论的核心原理，如"部门最优往往导致系统次优"、采用反馈机制实现绩效控制等，指导组织绩效改进，使这套方法论与工具广泛适用于从私营企业到政府机构的几乎所有类型的组织。它历经 30 余年在多国、多地区的各种组织中的实践检验，是史上最有效、最经典的流程改进与管理方法。

● 它所提出的流程改进与管理方法论是从 250 个成功实施的项目中总结而来的，历经惠普、3M、壳牌石油和花旗银行这样的 500 强企业所验证，具有原生实操性。

这本书还凝聚着心理学和认知科学的学术成果。今天的工作环境相较以往发生了巨大的变化。从业者的受教育程度在逐年提高，工作的性质已经发生了根本性的变化，知识成为经济发展中越来越重要的主导因素，影响工作绩效的因素变得更加复杂，更加多元化，在组织绩效指标通过流程绩效分解为执行者个人绩效指标后，在如何提升人力资源绩效方面，本书提出了不同于只注重外部奖赏的传统方法，注重分析执行者内部的精神方面的胜任能力、信念与期望，提出了人力绩效体系，并将

HPS 与流程有机地结合，从而构建了一个组织、流程、个人三层面有机一体绩效系统。

译者自 2006 年完整而系统地接受 RBG 咨询集团的流程顾问培训与训练后，在多年的咨询实践过程中与第二作者布拉奇先生以及 RBG 咨询集团的资深流程顾问保持着长期的交流与探讨（频密时，每周有一小时网络电话会议沟通），以译者对 RBG 系统的理解与实践，可以保证本版译本的准确性。但因文学功底所限，未能淋漓尽致地将原书练达的语言与字字珠玑转译为精当的中文奉献给读者，是为遗憾。

愿这本流程圣经，能指导中国企业的转型升级、实现从中国制造到中国创造的，从蛹到蝶的进化！

王　翔（rbg. richard@gmail. com）

杜　颖（duyingbpm@gmail. com）